DROEMER ✪

Stephan Lucas

Täter und Opfer

Der Rechtsanwalt über Verbrechen, die Leben zerstören

Die in diesem Buch geschilderten Fälle spiegeln die Erfahrungen und Erlebnisse des Autors wider. Jedoch wurden Namen und Ortsangaben geändert und Sachverhalte und Dialoge verfremdet, insbesondere um der anwaltlichen Schweigepflicht Rechnung zu tragen. Mag sich also die eine oder andere Begebenheit tatsächlich anders zugetragen haben, so sind doch alle Schilderungen, Vorkommnisse und Dialoge im Buch an die Wirklichkeit angelehnt oder hätten sich so zutragen können.

Besuchen Sie uns im Internet:
www.droemer.de

Aus Verantwortung für die Umwelt hat sich die Verlagsgruppe Droemer Knaur zu einer nachhaltigen Buchproduktion verpflichtet. Der bewusste Umgang mit unseren Ressourcen, der Schutz unseres Klimas und der Natur gehören zu unseren obersten Unternehmenszielen. Gemeinsam mit unseren Partnern und Lieferanten setzen wir uns für eine klimaneutrale Buchproduktion ein, die den Erwerb von Klimazertifikaten zur Kompensation des CO_2-Ausstoßes einschließt. Weitere Informationen finden Sie unter: www.klimaneutralerverlag.de

Originalausgabe April 2022
Droemer Verlag
© 2022 Droemer Verlag
Ein Imprint der Verlagsgruppe Droemer Knaur GmbH & Co. KG, München
Alle Rechte vorbehalten. Das Werk darf – auch teilweise – nur mit
Genehmigung des Verlags wiedergegeben werden.
Redaktion: Dagmar Weindl / www.promotiontext.de, Friedberg
Covergestaltung: ZERO Werbeagentur, München
Coverabbildung: Pixxwerk.de / Helmut Henkensiefken
Satz: Adobe InDesign im Verlag
Druck und Bindung: GGP Media GmbH, Pößneck
Printed in Germany
ISBN 978-3-426-30302-3

2 4 5 3 1

*Meinem Großvater,
dem Schriftsteller
Carl Johannes Rummel,
gewidmet*

Inhalt

Vorbemerkung — 9

Hetzjagd durch die Nacht — 11

Zimmer 4-8-6 — 41

Blonder Engel — 72

Liebe bis zum Ende — 107

Wellness im Kindergarten — 139

Spiel mit dem Feuer — 167

Vier auf einen Streich — 194

Grausame 6c — 219

Heiße Nacht, kalter Tod — 243

Nachwort — 273

Dank — 281

Vorbemerkung

Wo Menschen miteinander zu tun haben, passieren Straftaten. Schon immer. Es gibt wenig Grund, zu hoffen, dass sich das jemals ändern wird. Oft genügt eine Kleinigkeit, und man wird zum Opfer. Vom kleinen Diebstahl bis hin zum Mord kann es jeden treffen. Und wenn nicht uns selbst, dann womöglich von uns geliebte Menschen. Wir alle tragen diese Möglichkeit in uns. Erst auf dem Sterbebett wissen wir, ob sie Wirklichkeit wurde. Bis dahin kann sich jeder bis zu einem gewissen Grad davor schützen, in eine Straftat verwickelt zu werden. Die wahren Geschichten über Täter und Opfer erzählen davon, wie das gelingen kann.

Hetzjagd durch die Nacht

»Was macht der da vorne denn?«

Marc war genervt. Er befand sich mit seiner Schwester Julia auf dem Ausläufer der A 661 in Richtung Frankfurter Berg. Keine zwei Kilometer mehr, und sie würden zu Hause sein. Doch trotz der schnurgeraden Straße schlich der Fahrer des alten 3er BMW mit knapp dreißig km/h in Richtung grüne Ampel vor ihrem Mini her. Es war früher Donnerstagmorgen. Marc und Julia hatten die Sommernacht gemeinsam mit Freunden in ihrem Lieblingsclub in der Nähe von Frankfurt verbracht. Jetzt waren sie müde und wollten nur noch ins Bett. Marc fuhr näher an den Vordermann heran und blendete kurz auf. Den BMW-Fahrer schien das nicht zu beeindrucken; er setzte seine Fahrt in unverändert langsamem Tempo fort.

»So ein Depp!« Marc gab Gas. Kurz vor Erreichen der Stoßstange des Vordermanns scherte er ruckartig nach links aus und überholte den BMW geräuschvoll bei überhöhter Drehzahl.

»Natürlich wieder ein Mann.« Julia konnte sich den Spruch nicht verkneifen.

Marc grinste. Beim Einscheren schnitt er den BMW und bremste ihn kurz aus, ehe er wieder kräftig Gas gab. Ohne sich vorher abgesprochen zu haben, setzten die Geschwister noch eins drauf und zeigten dem Kriecher durch die geöffneten Fenster den Mittelfinger. Beide lachten.

»Vielleicht schnallt der Typ ja jetzt, dass er nervt.« Marc gab noch stärker Gas und erreichte die vor ihnen liegende Ampel gerade noch bei Dunkelgelb. Mit quietschenden Reifen bog er links ab in die Homburger Landstraße.

Julia und Marc wohnten im Blumenviertel im Stadtteil Frankfurter Berg, wo die Eltern vor langer Zeit ein kleines Fachwerkhaus gekauft hatten. Mit Baujahr 1937 war es zwar für ein Fachwerkhaus nicht alt, aber insgesamt doch deutlich in die Jahre gekommen. Ein riesiger Garten bei 90 Quadratmetern Wohnfläche: So hatte man in den Dreißigerjahren des letzten Jahrhunderts gebaut, als Gärten noch zur Viehhaltung und zum Anbau von Obst und Gemüse dienten. Mittlerweile lebten die Geschwister allein in ihrem »Hexenhäuschen«, sozusagen als WG, was sich manchmal immer noch ungewohnt anfühlte. Schließlich hatten sie schon den Großteil ihrer Kindheit dort zusammen verbracht. Marc war beim Einzug zehn Jahre alt gewesen, Julia acht. Mit dem Umzug aus der früheren Hochhauswohnung im achten Stock hatte sich damals für ihre Mutter ein Traum verwirklicht. Leider nur ein kurzer Traum, denn nur vier Jahre später war sie an Krebs gestorben.

Zu ihrem Vater hatten die Geschwister bis heute ein tolles Verhältnis. Nachdem erst Marc und dann Julia das Abi gemacht hatten, war er ausgezogen und hatte ihnen das Haus überlassen. »Mich kommt es billiger, wenn ich mir etwas anderes suche und ihr beiden einfach hier wohnen bleibt,« hatte er scherzhaft gesagt, aber es war natürlich etwas Wahres daran.

Mittlerweile war Marc 22 und studierte an der Frankfurter Johann-Wolfgang-Goethe-Universität BWL. Die 20-jährige Julia ließ sich in Bad Homburg zur Europasekretärin ausbilden. Bei ihren ursprünglich getrennten Freundeskreisen hatten sich im Laufe der Zeit immer mehr Überschneidungen ergeben, und da sich inzwischen alle irgendwie untereinander kannten, legten die Geschwister private Unternehmungen immer öfter zusammen. So war es auch in dieser Nacht gewesen.

»Wo kommt denn der Typ auf einmal wieder her!«

Marc warf einen irritierten Blick in den Rückspiegel, in dem der 3er BMW aufgetaucht war. Der Fahrer musste hinter ihnen bei Rot über die Ampel gefahren sein. Zuvor hatte er offensichtlich ordentlich Gas gegeben.

»Was hat denn der für ein Problem? Erst schleicht er wie eine Schnecke und legt es förmlich darauf an, mit uns das Grün zu verpassen. Und jetzt klebt er uns am Hintern.«

»Vergiss den Spinner«, sagte Julia und gähnte.

Das war allerdings nur schwer möglich, da der Mann mit seinem BMW unangenehm nah auffuhr.

»Der will's echt wissen. Ich sag dir, der verfolgt uns.«

Jetzt wurde auch Julia ein wenig nervös: »Du musstest ihm ja unbedingt zeigen, wer der Stärkere ist. Kannst du ja gleich machen, wenn wir anhalten und der Typ dich herausfordert.«

Marc fand die Bemerkung höchst überflüssig, ging aber nicht darauf ein. An der ersten Kreuzung bog er nach links in den Berkersheimer Weg ab. Ein besorgter Blick in den Rückspiegel: Der Fahrer des BMW tat es ihm gleich. Na und? Vielleicht wohnte der ja einfach auch hier. Eine Möglichkeit, mit der Marc sich zu beruhigen versuchte, ohne recht an sie zu glauben. Naheliegender war, dass der Mann sich über das Fahrmanöver und die gestreckten Mittelfinger geärgert hatte. Marc bereute die bescheuerte Aktion inzwischen. So etwas war eigentlich gar nicht seine Art, aber das Herumkriechen im Schneckentempo hatte ihn einfach genervt, und von dem lustigen Abend war er zwar müde, aber gleichzeitig auch aufgekratzt. Blöd gelaufen, okay, aber das war ja wohl trotzdem kein Grund, ihnen mitten in der Nacht hinterherzufahren.

Marc war ein friedlicher Mensch, das Gegenteil von aggressiv. Die einzige Prügelei seines Lebens hatte er in der Grundschule erlebt. Er war zwar seit Jahren Mitglied im Boxverein, aber das war reiner Freizeitsport. Das Letzte, was er sich gerade wünschte, war eine nächtliche Auseinandersetzung mit einem fremden Autofahrer. Aber daran konnte der andere ja wohl auch kein ernsthaftes Interesse haben. Wahrscheinlich würde er an der nächsten Ecke in die andere Richtung abbiegen und die Situation sich in Wohlgefallen auflösen. Marc fuhr weiter und versuchte, den Wagen hinter ihm zu vergessen. Gerade wollte er den Blinker setzen, um in ihre Straße einzubiegen, als Julia ihn aus seinen Gedanken riss: »Nicht abbiegen, fahr geradeaus weiter!«

»Was, wieso? Wir sind fast zu Hause.«

»Ja, eben«, antwortete Julia hektisch. »Wenn der Typ uns tatsächlich verfolgt, dann müssen wir ihm das ja nicht gerade auf die Nase binden.«

»Na toll, und wohin sonst?«, fragte Marc etwas genervt.

»Bieg einfach zwei Straßen später ab. Wenn er dranbleibt, dann biegst du noch mal ab.« Julia klang plötzlich wieder sehr wach. »Einfach weiter! Ist doch vollkommen wurscht, wo wir langfahren. Hauptsache, wie hängen den Typen ab. Irgendwann wird der ja hoffentlich die Lust verlieren.«

»Wenn er uns überhaupt verfolgt – das wissen wir doch gar nicht«, gab Marc zu bedenken.

»Eben drum! Also, bieg da vorne ab. Und wenn er das zwei, drei Mal mitmacht, dann ist der Fall klar.«

Marc sah ein, dass Julia recht hatte. Also bog er nicht wie üblich links ab, sondern erst einige Hundert Meter später nach rechts in den Ebereschenweg. Erneut schaute er in den Rückspiegel. Der BMW bog ebenfalls ab.

»Scheiße, Julia. Das ist kein Zufall.« Marc gab ordentlich Gas. Der BMW-Fahrer beschleunigte sein Fahrzeug ebenfalls. Kurz ging Marc der Gedanke durch den Kopf, wie gut es war, dass er den ganzen Abend keinen Tropfen Alkohol getrunken hatte.

»Jetzt da vorne rechts!« Julias Stimme klang angespannt.

Marc bog rechts ab. Der BMW-Fahrer ebenfalls. Den Geschwistern wurde immer mulmiger zumute.

»Jetzt wieder zurück auf den Berkersheimer Weg«, befahl Julia.

»Das wollte ich eh«, entgegnete Marc gereizt. »Und dann in den Fliederweg.« Gesagt, getan. Um diese Zeit war auf den Straßen des kleinen Frankfurter Stadtteils nichts los. Nur Marc und Julia fuhren hier durch die Nacht, gefolgt von dem 3er BMW, dessen Fahrer ganz offensichtlich nicht von ihnen ablassen wollte.

»Ich kotze gleich. Kann der Typ uns nicht einfach in Ruhe lassen?! Okay, die Aktion war scheiße, aber was soll denn das jetzt hier!? Es ist doch echt nichts passiert.«

»Noch nicht«, sagte Julia leise.

Marc dachte in dem Moment dasselbe, auch wenn es ihm lieber gewesen wäre, wenn Julia es nicht ausgesprochen hätte. Sie hatten ein handfestes Problem, da gab es nichts zu beschönigen. Und er hatte gerade keine Ahnung, wie er es lösen sollte.

Im Schlehenweg bremste Marc den Wagen leicht ab. Notgedrungen tat es ihm ihr Hintermann gleich. Marc blickte erneut in den Rückspiegel. Sosehr er sich bemühte, das Gesicht des Fahrers konnte er nicht erkennen. Es wurde auch nicht leichter, als dieser zu allem Überfluss auch noch das Fernlicht einschaltete. Marc fuhr in gleichbleibendem Tempo weiter. Als plötzlich der Motor des BMW hinter ihm laut aufheulte, versuchte er, trotz des aufgeblendeten Fernlichts im Rückspiegel etwas zu erkennen. Was war jetzt los, wieso verschwand der BMW immer mehr nach links aus seinem Blickfeld? Erst als der Motor des BMW ein weiteres Mal aufheulte, wurde Marc klar, was der andere vorhatte. »Verdammt, der will uns überholen!«

Der fremde Mann steuerte sein Fahrzeug auf den linken Fußweg, auf dem keine Autos parkten, und versuchte ganz offensichtlich, neben den Mini von Marc und Julia zu gelangen. Der BMW kam von hinten gefährlich nahe.

»Marc, los, gib Gas!«

Marc zögerte keine Sekunde. Er durfte den anderen auf gar keinen Fall vorbeilassen. »Wenn der uns überholt und ausbremst, sind wir am Arsch!«

Marc fühlte Panik in sich aufsteigen. Was sollte er denn bloß machen? Und was wollte dieser Irre hinter ihnen? Es gelang ihm, den Abstand zum BMW vorübergehend zu vergrößern. Hektisch und viel zu schnell bog er nach rechts in den Holunderweg ein. Der BMW blieb an ihm dran, aber die Gefahr eines Überholmanövers war erst einmal gebannt, da auf beiden Seiten der Straße Autos parkten. Stattdessen hing er ihnen jetzt praktisch an der Stoßstange.

»Wenn ich jetzt bremsen würde, dann hätten wir den Kerl in unserem Kofferraum«, hörte Marc sich sagen, obwohl ihm überhaupt nicht nach Scherzen zumute war. In Wahrheit hatte er Angst. Zugleich war er wütend. Vor allem auf sich selbst.

Julia schien ihn gar nicht gehört zu haben. Sie hatte angefangen, wild in ihrer Tasche herumzukramen. »Ich ruf jetzt die Polizei!«, schrie sie. »Die müssen sofort kommen!«

»Das bringt doch nichts«, wehrte Marc ab, während er mit zusammengekniffenen Augen in den Rückspiegel spähte. »Was willst du denen denn sagen? Dass wir kreuz und quer durch das Blumenviertel kurven und ein anderer hinter uns herfährt?«

Julia ließ ihre Tasche fallen und fing an zu weinen. »Der fährt doch nicht einfach hinter uns her. Der verfolgt uns«, schluchzte sie, »der bedroht uns! Wir müssen doch irgendetwas machen!«

Im nächsten Moment packte sie Marc am Arm. »Fahr in den Wickenweg!«, rief sie.

Marc hielt kurz inne. Dann verstand er, worauf sie hinauswollte. Außer den Anwohnern wusste kaum jemand, dass es in der kleinen Straße eine Polizeiinspektion gab. Warum war er nicht schon früher darauf gekommen? Vor lauter Erleichterung fing er an zu lachen. »Na, dann fahren wir doch jetzt alle zusammen zur Polizei.«

Er steuerte den Mini in den Wickenweg, ihren Verfolger im Schlepptau, der keinen Verdacht zu schöpfen schien. Die Polizei war in einem kleinen und eher unscheinbaren Haus auf der linken Seite der Straße untergebracht. Marc bog auf den dazugehörigen Parkplatz ein, hielt den Wagen an und schaltete den Motor aus. Ihr Verfolger parkte sein Fahrzeug ganz knapp hinter ihnen. Erst einmal passierte gar nichts. Der andere blieb in seinem Fahrzeug sitzen. Und die Geschwister hatten ohnehin nicht vorgehabt auszusteigen. In der Dienststelle schien sich niemand für die beiden Autos zu interessieren. Kurz entschlossen drückte Marc auf die Hupe, die in der nächtlichen Stille überlaut klang. Immer und immer wieder, bis sich nach kurzer Zeit die Tür der Polizeiinspektion öffnete. Na endlich. Drei Beamte rannten auf die beiden Wagen zu, als plötzlich das Quietschen von Autoreifen zu hören war. Offenbar hatte ihr Verfolger die Situation erst jetzt umrissen. Jedenfalls raste er im selben Moment mit hoher Geschwindigkeit davon.

»Was ist hier los? Was soll das Gehupe?«, rief einer der Beamten.

Marc entschuldigte sich durch das geöffnete Fenster für den Krach – immerhin war es halb vier Uhr morgens. Mit Julias Unterstützung schilderte er den Polizisten in wenigen Sätzen, was vorgefallen war.

»Eine Nötigung ist das allemal, sicherlich auch eine strafbare Gefährdung des Straßenverkehrs«, meinte einer der Beamten schließlich. »Sie können Anzeige erstatten. Haben Sie das Kennzeichen?«

Marc schüttelte betreten den Kopf, und auch Julia zuckte die Schulter. Zu ärgerlich, darauf hatten sie in der Aufregung nicht geachtet.

»Das bringt dann vermutlich nichts«, meinte Marc mit fragendem Blick.

»Da haben Sie leider recht«, bestätigte einer der Beamten freundlich. »Vermutlich war der Typ besoffen und hat deshalb Reißaus genommen. Wenn der nicht einmal gemerkt hat, dass er auf einem Polizeiparkplatz steht …«

Bei den saloppen Worten des Polizisten merkten die Geschwister, wie die Anspannung nach und nach von ihnen abfiel und sie sogar schon wieder lachen konnten. Gleichzeitig wurde die Müdigkeit übermächtig. Sie entschieden sich, die Sache abzuhaken und so schnell wie möglich nach Hause und ins Bett zu kommen. Das Wichtigste war, dass sie den Verfolger abgeschüttelt hatten. Also verabschiedeten sie sich höflich und verließen den Parkplatz. Noch drei Mal abbiegen, und sie wären endlich zu Hause.

»Scheiße, was soll das?« Einige Hundert Meter und eine Kurve weiter trat Marc abrupt auf die Bremse und starrte entsetzt durch die Windschutzscheibe. Die Straße war versperrt. Frontal vor ihnen stand der BMW von vorhin. Ansonsten war weit und breit kein Auto zu sehen, die Straße war menschenleer. Zum Wenden war sie zu eng. »Das ist doch ein Psychopath, völlig durchgeknallt. Wir müssen zurück!«

Ohne zu zögern, legte er den Rückwärtsgang ein und fuhr los. Irgendwie musste er es wieder zur Polizeiinspektion oder jedenfalls in deren Hör- oder besser noch Sichtweite schaffen. Leider war die Straße nicht nur sehr schmal, sondern auch noch rechts und links mit Autos zugeparkt. Bloß jetzt nicht ein parkendes Auto rammen! Trotz des enormen Drucks, unter dem Marc stand, schaffte er es, den Mini unfallfrei rückwärts zwischen den Autos hindurchzusteuern. Der Abstand zum BMW wurde immer größer. Plötzlich hörte er Julia laut aufschreien. Er drehte sich um, schaute nach vorn und sah ein grelles Licht auf sich zukommen.

Der BMW hatte sich in Gang gesetzt und raste mit aufgeblendetem Fernlicht auf sie zu. Auch Marc gab Gas und versuchte, rückwärts zu entkommen. Aber es war klar, dass er gegen den unaufhaltsam herannahenden Gegner keine Chance hatte. Im nächsten Moment krachte der BMW frontal in den Mini, der dadurch seitlich verschoben wurde. Nach dem Aufprall standen beide Fahrzeuge sekundenlang still. Dann nahm Marc wahr, dass der BMW wieder zurücksetzte. Verzweifelt versuchte er, diesen Moment zu nutzen. Er schickte ein Stoßgebet zum Himmel, dass der Mini noch fahrfähig war, brachte ihn in eine gerade Position und gab erneut Gas. Es konnte nicht mehr weit bis zu der Kurve sein, hinter der die Polizeistation lag. Hatte denn kein Mensch den Krach des Aufpralls gehört? Etwas entfernt blendete erneut das Fernlicht des BMW auf. Dann setzte der fremde Fahrer zum zweiten Crash an. Das Scheinwerferlicht wurde greller und greller, bis das Fahrzeug den Mini zum zweiten Mal aus ungebremster Fahrt rammte.

»Scheiße, Scheiße, Scheiße, Julia, ich kann nichts machen! Ich komme nicht weg! Bist du okay? Sag doch was!«

Marc war verzweifelt und merkte, wie Panik ihn übermannte. Julia hatte aufgehört zu schreien. Starr vor Angst schaute sie nach vorne durch die Frontscheibe auf das, was sich da vor ihren Augen abspielte. Erneut versuchte Marc, dem BMW rückwärts zu entkommen. Vergeblich. Ein dritter Aufprall traf den Mini von vorne. Durch die Wucht der Kollision wurde er zur Seite gedrückt und in einen am Straßenrand geparkten Opel Corsa geschoben. Eingekeilt zwischen Corsa und BMW, gab es endgültig kein Vor und kein Zurück mehr.

Die nun folgenden Sekunden fühlten sich für Julia und Marc an wie eine Ewigkeit. Wie in Zeitlupe nahmen sie wahr, dass der Fahrer des BMW ausstieg. Langsam kam er auf den Mini zu. Geblendet durch das Fernlicht des BMW, konnten die Geschwister nur seine Umrisse erkennen. Erst kurz bevor er den Mini erreichte, konnten sie ein weißes T-Shirt, eine Jeans und zu einem Zopf gebundene lange braune Haare ausmachen. Ein junger Mann, höchstens Mitte zwanzig, der ihnen bei einer zufälligen Begegnung mit Sicherheit nicht aufgefallen wäre.

Dieser Durchschnittstyp war der Irre, der sie seit einer Stunde hartnäckig verfolgt und gerade brutal zusammengefahren hatte? Irritiert, aber vor allem angsterfüllt starrten sie auf den Fremden, der sich neben der Fahrertür aufbaute. Hinterher würde Julia sich immer wieder fragen, warum keiner von ihnen einen Notruf abgesetzt hatte, aber jetzt fühlte sie sich in dieser unwirklich erscheinenden Situation wie gelähmt. Dann gab es einen lauten Schlag. Und noch einen. Der BMW-Fahrer musste schwere Stiefel tragen, mit denen er mehrfach kraftvoll gegen die Fahrertür trat.

Viel zu spät merkte Marc, dass die Türen des Mini nicht verriegelt waren. Während er noch verzweifelt nach dem Verriegelungsknopf tastete, riss der Mann die Fahrertür auf, und bevor Marc reagieren konnte, traf ihn schon eine Faust ins Gesicht. Dann ging alles sehr schnell. Der BMW-Fahrer packte ihn mit beiden Händen, zerrte ihn aus dem Auto und schubste ihn mit voller Wucht zu Boden. Marc gelang es, wieder auf die Füße zu kommen. Er holte seinerseits zum Schlag aus. Im Boxen war er wahrhaftig kein Anfänger, und der Treffer saß. Marc konnte erkennen, dass der andere im Gesicht blutete. Julia, die nach wie vor auf dem Beifahrersitz kauerte, hatte die Hände vors Gesicht geschlagen. Sie hörte Flüche und Rufe der beiden Kontrahenten, die dumpfen Laute von Schlägen, war jedoch außerstande hinzusehen. Plötzlich vernahm sie einen lauten Aufschrei von Marc. Dann wurde es still. Julia wagte es nicht, sich zu bewegen, sondern harrte in ihrer Stellung aus. Die Stille hielt an, wurde immer beängstigender. Dann hörte sie Motorengeräusche. Der BMW entfernte sich. Erst jetzt war Julia in der Lage, mit zitternden Händen nach ihrem Smartphone zu fummeln und 110 zu wählen. Danach blieb sie reglos sitzen. Sie hatte keine Kraft, die Tür zu öffnen und auszusteigen.

Nicht einmal zwei Minuten später traf die erste Polizeistreife mit Blaulicht und Sirene ein. Eine Polizistin half Julia aus dem Auto und führte sie zum Polizeiwagen. »Was ist mit Marc? Wo ist er? Was ist mit ihm?«, stammelte Julia immer wieder. Die Polizistin antwortete nicht, sie redete nur beruhigend auf sie ein. Kurz darauf fuhr ein Krankenwagen vor.

Wie Julia später erfuhr, hatte die Polizei Marc blutüberströmt auf der Fahrerseite des Mini am Boden liegend vorgefunden. Er war nicht ansprechbar gewesen, hatte auf Fragen der Sanitäter nicht reagiert und nur sehr flach geatmet. Immer wieder hatte er das Bewusstsein verloren. Man hatte ihn auf dem schnellsten Weg in die Unfallklinik und dort sofort in den Operationssaal gebracht. Erst dort stellten die Ärzte fest, was passiert sein musste. Nach dem Verletzungsbild hatte Marc einen Stich mit einem spitzen Gegenstand in die linke Schläfe erlitten, mutmaßlich mit einem Schraubenzieher. Das gefährliche Werkzeug hatte seinen Schädelknochen mit einem siebzig Millimeter tiefen Stichkanal bis zur rechten Orbitalspitze durchdrungen. Im Inneren waren dadurch Knochen, Nerven und insbesondere wichtige Blutgefäße verletzt worden.

Der Vorfall rief die Staatsanwaltschaft auf den Plan, die umgehend ein Ermittlungsverfahren gegen Unbekannt einleitete. Der Tatvorwurf gegen den BMW-Fahrer lautete: versuchter Totschlag, gefährliche Körperverletzung, Nötigung und gefährlicher Eingriff in den Straßenverkehr. Da Julia bei der Polizei den Fahrzeugtyp und die Farbe des Tatfahrzeugs angeben konnte und der BMW durch die Kollisionen erheblich beschädigt sein musste, gingen die Ermittler anfangs davon aus, dass man den Wagen schnell würde ausfindig machen können. Auch der Täter musste aufgrund der heftigen Gegenwehr von

Marc deutlich erkennbare Verletzungen davongetragen haben. Selbst wenn es sich bei dem BMW nicht um sein eigenes Fahrzeug handeln sollte, schienen die Chancen gut zu stehen, seine Identität ermitteln zu können, sobald der Fahrzeughalter bekannt sein würde. Aber ganz so einfach war es leider nicht, und das Ermittlungsverfahren kam schnell ins Stocken.

Julia hatte sich bereits am Tag nach dem schrecklichen Vorfall in meiner Kanzlei gemeldet und mich dringend um Hilfe gebeten. Wir waren uns schnell einig geworden, dass ich sie und Marc, der auf der Intensivstation im Koma lag, vertreten würde. Während die Ermittlungen gegen den unbekannten Täter stagnierten, schrieb ich Polizei und Staatsanwaltschaft an und informierte sie, dass ich die Geschwister anwaltlich vertrat und diese sich dem Verfahren gegen den unbekannten Beschuldigten als Nebenkläger anschließen wollten.

Aus Medienberichten über Prozesse mit vielen Opfern wie die Verfahren wegen der NSU-Morde oder wegen der Katastrophe bei der Love Parade hat fast jeder schon einmal von »Nebenklage« und »Nebenklägern« gehört. Was sich dahinter verbirgt, ist eine besondere Form der Beteiligung von Opfern an einem Strafprozess gegen den Täter, die es seit 1986 gibt.

Anders als der Begriff nahelegt, geht es nicht darum, dass das Opfer den Täter verklagt oder gar anklagt; das ist und bleibt alleinige Aufgabe der Staatsanwaltschaft. Ohne die Nebenklage beschränkt sich die Rolle des Opfers im Strafprozess auf die eines ganz normalen Zeugen, der erst von der Polizei vernommen wird und Monate später von einem Gericht eine Ladung erhält, um dort in einer Hauptverhandlung gegen den mutmaßlichen Täter erneut auszusagen. Ansonsten läuft das Verfahren komplett am Opfer vorbei. Mit einer Nebenklage dagegen wird das Opfer über die Zeugenrolle hinaus neben Staatsanwaltschaft, Angeklagtem und Verteidiger zum Prozessbeteiligten, mit einem Anwesenheitsrecht in der Hauptverhandlung und mit der Befugnis, Zeugen und Sachverständige zu befragen, selbst Anträge zu stellen, Erklärungen abzugeben, ein Plädoyer zu halten und, je nach Ausgang des Prozesses, Rechtsmittel gegen das Urteil einzulegen bzw. einen Anwalt zu beauftragen, der all dies für das Opfer übernimmt. Bei Straftaten, bei denen das Opfer selbst zu Tode kommt, geht das Recht zu einer Nebenklage auf die hinterbliebenen Angehörigen über.

Die Erfahrung zeigt, dass eine aktive Beteiligung als Nebenkläger am Strafverfahren einen Beitrag dazu leisten kann, als Opfer oder Hinterbliebener mit den Folgen der Tat besser umgehen zu können. Geht es manchen Opfern einer Straftat primär um Sühne, haben insbesondere Hinterbliebene meist in erster Linie das Ziel, über den Strafprozess herausfinden zu können, wie die Tat im Einzelnen abgelaufen ist. Sie wollen das Motiv des Täters, der so viel Leid über die Familie gebracht hat, zu begreifen versuchen und wenigstens einen Erklärungsansatz für das Unfassbare bekommen.

Wieder andere legen den Schwerpunkt der Nebenklage darauf, einen späteren Schadensersatz- und Schmerzensgeldprozess gegen den Täter vorzubereiten. Straf- und Zivilverfahren sind zwei Paar Schuhe. Während im Strafverfahren die Staatsanwaltschaft darum kämpft, dass ein mutmaßlicher Straftäter zu einer angemessenen Geld- oder Freiheitsstrafe verurteilt wird, streiten im Zivilprozess Bürger gegen Bürger um mögliche finanzielle Ansprüche.

Im Falle von Körperverletzungen oder Tötungsdelikten geht es regelmäßig um Schadensersatz- und Schmerzensgeldforderungen. Der strafrechtliche Schuldspruch ergeht in der zeitlichen Abfolge meist vor einer Entscheidung des Zivilgerichts und sagt noch nichts über den Ausgang im späteren Zivilverfahren aus. Denn es gilt in Deutschland die sogenannte richterliche Unabhängigkeit. Jeder Richter trifft eine völlig eigenständige Entscheidung. Es ist daher durchaus möglich, dass ein Angeklagter von einem Strafgericht wegen einer erwiesenen Körperverletzung zu einer Geld- oder Freiheitsstrafe verurteilt wird, das zuständige Zivilgericht, vor dem das Opfer ihn dann auf die Zahlung eines Schmerzensgeldes verklagt, die Tat jedoch als nicht bewiesen ansieht und die Klage abweist.

Weil der Ausgang eines zivilrechtlichen Schmerzensgeldprozesses daher alles andere als gesichert und das zusätzliche Verfahren außerdem langwierig und belastend sein kann, machen Nebenkläger immer öfter von der Möglichkeit eines sogenannten Adhäsionsverfahrens Gebrauch. Es bietet den Opfern und Hinterbliebenen die Möglichkeit, den späteren Zivilprozess bereits im Rahmen des Strafprozesses zu führen. Der Strafrichter kann im Laufe des Verfahrens neben der verhängten Geld- oder Freiheitsstrafe zusätzlich auch rechtsverbindlich entscheiden, dass der Angeklagte das Opfer in einer bestimmten Höhe finanziell zu entschädigen hat.

So verschieden die Menschen sind, so unterschiedlich gehen sie auch mit Straftaten um, deren Opfer sie selbst oder nahe Angehörige geworden sind. Jeder leidet oder trauert auf seine Weise. Daher haben sie auch als Nebenkläger unterschiedliche Vorstellungen, wie sie diese Rolle ausüben möchten, welches Ziel sie damit verfolgen und welche Erwartungen sie an den Ausgang des Strafverfahrens haben. Manchen Nebenklägern ist es z. B. wichtig, selbst im Gerichtssaal anwesend zu sein und den Prozess persönlich zu verfolgen; andere wiederum ertragen die Vorstellung einer Begegnung mit dem Täter nicht und lassen sich ausschließlich von ihrem Anwalt vertreten. Dem einen geht es vielleicht um eine möglichst hohe Strafe, während es der anderen schon genügt, dass der Täter sich überhaupt vor Gericht verantworten muss, und für ein drittes Opfer mag ein Schmerzensgeld im Vordergrund stehen. Oftmals ist es auch eine Mischung aus allem mit unterschiedlicher Schwerpunktsetzung.

Auch im Fall von Julia und Marc galt es deshalb für mich herauszufinden, worauf es ihnen ankam, um eine maßgeschneiderte Linie für ihre Vertretung im anhängigen Strafverfahren finden zu können. Wenn ich eine Nebenklagevertretung übernehme, stelle ich mich auf ausführliche und intensive Gespräche ein, in denen ich mit den Mandanten das Ziel herausarbeite, für das ich mich im Strafverfahren starkmachen soll. Auch Julia wusste noch gar nicht, was genau sie erreichen wollte. Zudem war der Hauptbetroffene ja Marc, der daher auch die Marschrichtung vorgeben sollte. Er lag jedoch nach wie vor mit lebensgefährlichen Verletzungen auf der Intensivstation und kämpfte um sein Leben. Niemand konnte sagen, ob er es schaffen würde.

»Sie haben den BMW immer noch nicht gefunden.« Viel mehr konnte ich Julia bei unserem ersten Gespräch nicht sagen. Ich hatte zuvor kurz mit dem Staatsanwalt gesprochen. Von dem gesuchten Fahrzeug gab es keine Spur. Gut möglich, dass es längst entsorgt war. Die Kiesgruben rund um Frankfurt bargen ganze Schätze an Autos jeden Fahrzeugtyps.

»Polizei und Staatsanwaltschaft arbeiten auf Hochtouren«, versicherte ich Julia. »Ohne jeden Hinweis auf das Kennzeichen ist die Suche sehr aufwendig. Aber sobald wir den Wagen haben, kriegen wir auch den Täter.«

Hoffnung auf eine baldige Identifizierung des Täters machte den Ermittlern – und auch mir – außerdem jede Menge DNA-Material, das man an Körper und Kleidung von Marc gefunden hatte und das jetzt ausgewertet wurde. Bestenfalls hatten wir es mit einem Vorbestraften zu tun, dessen DNA-Profil bereits gespeichert war. Dann würde der Polizeicomputer bald einen Namen und ein Geburtsdatum ausspucken.

Daher war der Optimismus, den ich im Erstgespräch mit Julia zeigte, durchaus ernst gemeint.

Julia selbst sagte nicht viel. Sie schaute mich die ganze Zeit beinahe regungslos an. Sie stand immer noch stark unter dem Eindruck der nächtlichen Verfolgungsfahrt und des Angriffs auf ihren Bruder. Die Angst um ihn stand ihr ins Gesicht geschrieben. Sie haderte damit, dass sie sich auf das riskante Überholmanöver und die überflüssige Beleidigung durch die gestreckten Mittelfinger eingelassen hatten. Aber Selbstvorwürfe waren in dieser Situation ebenso müßig wie Vorwürfe durch einen Außenstehenden, zumal es hinterher immer leicht ist, Kritik zu üben. Natürlich hatten die beiden sich nicht korrekt verhalten, aber kein Mensch hätte damit rechnen können, dass der Fahrer des BMW mit einem derart brutalen Akt der Selbstjustiz reagieren würde. Normalerweise hätten ihnen schlimmstenfalls eine Strafanzeige und ein Verfahren gedroht, am Ende vielleicht eine Geldstrafe. Das wäre sicher ärgerlich, aber nicht unverdient gewesen für das selbstgerechte und rücksichtslose Verhalten im Straßenverkehr, das auch zu einem Unfall hätte führen können. Dass die Aktion jedoch eine Bluttat auslösen würde, erschien auch im Nachhinein noch völlig unfassbar. Kann man, fragte ich mich, bei einem solchen Verlauf irgendjemandem außer dem Täter selbst einen Vorwurf machen? Trifft jemanden wie Marc eine Verantwortung, wenn er als Erster einen Fehler macht und dann am Ende zum Opfer wird?

Bei den meisten Straftaten, bei denen es zu einer Konfrontation zwischen Täter und Opfer kommt, lässt sich – sinnbildlich gesprochen – eine rote Linie ausmachen, mit deren Übertretung die Tat überhaupt erst ihren Lauf nimmt. Studiere ich als Anwalt eine Verfahrensakte, suche ich immer auch nach dem fatalen Moment, in dem diese rote Linie überschritten wurde: Wann ist es passiert und unter welchen Umständen?

Erst durch die Beziehung, die jemand zwischen sich und dem späteren Täter herstellt, wird ab einem gewissen Punkt ein unaufhaltsamer Ablauf in Gang gesetzt, bei welchem ganz am Ende das Opfer zu Fall kommt.

Im Fall von Marc war es zweifelsohne die von ihm geschürte Konfrontation mit dem Fahrer des BMW, die ihn am Ende zum Opfer einer brutalen Straftat hatte werden lassen. Er hatte – völlig wertungsfrei – objektiv eine Situation geschaffen, ohne die es die spätere Straftat nicht gegeben hätte. Er hatte den Anlass und die Voraussetzung geschaffen, später Opfer seines gewaltbereiten Gegenübers zu werden. In welcher Intensität auch immer.

Im Umgang mit anderen hält das Leben oft mehrere imaginäre Linien parat, bis der »point of no return« erreicht ist. Dann ist es mit dem Überschreiten der ersten noch nicht zu spät, sondern ich kann womöglich noch das Übertreten einer zweiten oder zumindest einer dahinter lauernden dritten vermeiden. In anderen Fällen reicht dagegen schon ein einziger falscher Schritt, mit dem man die Lawine lostritt, unter der man am Ende selbst begraben wird. So war es bei Marc gewesen, als er sich mit dem schleichenden BMW-Fahrer angelegt und mit dem Überholmanöver und dem gestreckten Mittelfinger die rote Linie überschritten hatte – auch wenn er das selbst zu dem Zeitpunkt nicht hatte ahnen können. Andere begeben sich mit einem einzigen Schritt gar in eine dauerhafte Lage, in der sie immer und immer wieder zum Opfer werden, meist desselben Täters. Man denke an Menschen, die in einer Beziehung vom eigenen Partner fortwährend beleidigt, gedemütigt oder geschlagen werden, sich trotzdem nicht daraus lösen können und damit immer wieder neue Angriffsflächen bieten. Eine weitere Steigerung sind Menschen, die die Opferrolle vollständig verinnerlicht haben oder sich sogar darüber definieren. Das kann dazu führen, dass sie sich von einer von Gewalt geprägten Beziehung in die nächste begeben, in der sich das Muster wiederholt, ohne dass sie sich jemals zur Wehr setzen. Am Ende prägt die Opferrolle sogar banale Alltagssituationen, wenn sie sich z. B. in einer Schlange im Supermarkt grundlos und klaglos wegdrängeln lassen.

In gewissem Maße haben wir es in der Hand, ob wir zum Opfer werden oder nicht. Eine sich zuspitzende Situation kann man verlassen, einer sich anbahnenden Eskalation entgegenwirken, einem übergriffigen Gegenüber frühzeitig Grenzen setzen. Doch dürfen wir nicht außer Acht lassen, dass Menschen sich womöglich in völlig unterschiedlichen Lebenskontexten befinden. Bildungsgrad, finanzielle Verhältnisse, soziales Umfeld, Erlebnisse in der Kindheit, psychische Verfassung, das alles sind Faktoren, die uns bei der Annahme oder Vermeidung einer Opferrolle beeinflussen. Deshalb ist es nicht leicht, sich in allen Lebenssituationen gegen potenzielle Täter verschiedenster Straftaten zu wappnen. Je mehr wir uns jedoch kritisch mit dem, was um uns herum geschieht, beschäftigen, desto stärker können wir uns davor schützen, dass unser Leben durch ein Verbrechen zerstört werden könnte.

»Vielleicht schlafen Sie in den nächsten Tagen erst einmal bei einem Freund oder einer Freundin. Oder haben Sie jemanden, der bei Ihnen im Haus bleiben kann?« Mit meinem Vorschlag rannte ich bei Julia offene Türen ein.

»Ich gehe momentan nur noch tagsüber ins Haus, schaue nach der Post und hole ein paar Sachen ab. Meine Freundin Laura gewährt mir Asyl.«

Ich war beruhigt, dass Julia nach dem traumatischen Erlebnis, mit ihrer Angst um Marc und mit womöglich ständig um die Tat kreisenden Gedanken nicht allein in dem gemeinsamen Haus hockte. Sie hatte zweifellos schreckliche Bilder aus der Tatnacht im Kopf. Allerdings gab es erhebliche Lücken. Bilder von den Geschehnissen, nachdem ihr Bruder das Auto verlassen hatte, ließen sich einfach nicht abrufen. Sie wusste, dass es zu einer heftigen Schlägerei gekommen war. Sie wusste auch, dass der Fremde aus dem BMW am Ende mit brutaler Gewalt auf ihren Bruder eingestochen haben musste. Doch gesehen hatte sie nach dem ersten Schlagabtausch von alledem nichts. Die ganze Zeit über hatte sie auf dem Beifahrersitz gekauert und weggeschaut: »Ich hatte solche Panik, wollte nur, dass es endlich aufhört. Ich war wie unter Schock.«

Das war verständlich, aber nichtsdestotrotz misslich. Denn Julia war in dem Strafverfahren eine wichtige Zeugin. Außer Marc war sie die einzige Person, die die ganze Verfolgungsjagd unmittelbar miterlebt hatte, die Attacken auf den Mini und den Beginn der körperlichen Auseinandersetzung zwischen ihrem Bruder und dem unbekannten Täter. Sehr präsent war ihr noch der Schrecken, als sie mit ihrem Bruder in die vom Täter inszenierte Straßensperre geraten war. Auch da hatte sie zunächst alles ganz genau wahrgenommen. Doch danach tat sich ein schwarzes Loch auf. Erinnerungen hatte Julia erst wieder ab dem Zeitpunkt, in dem sie nach ihrem Handy gegriffen und die Polizei angerufen hatte. Vorher ganz vage noch das Motorengeräusch eines sich entfernenden Autos. Aber da war draußen schon alles vorbei gewesen, der Täter längst auf und davon. Dass ihr Gedächtnis sie derart im Stich ließ, machte Julia schwer zu schaffen.

Ich versuchte, sie zu beruhigen: »Das ist doch schon eine ganze Menge, was Sie da berichten können. Und jetzt geben Sie Ihrem Bruder einfach noch ein paar Tage, bis er von der Intensivstation runter und ein wenig zu Kräften gekommen ist. Die Polizei will ihn nach Möglichkeit bereits übermorgen vernehmen. Und dann wird er sicherlich ganz genau schildern können, wie die Schlägerei im Einzelnen abgelaufen ist.«

Viel wichtiger war aus meiner Sicht, dass der Täter endlich

gefunden würde. Der Fall selbst erschien mir recht klar zu sein, aber ich rechnete damit, dass der Anwalt des BMW-Fahrers im Falle einer Anklage und einer Verhandlung versuchen würde, auch Marc in die Verantwortung zu nehmen. Immerhin hatte er die Sache zusammen mit seiner Schwester ins Rollen gebracht. Diese »Tatprovokation« würde am Ende bei der Frage, wie hart der Täter zu bestrafen sein würde, durchaus eine ganz wesentliche Rolle spielen können. Ebenso wichtig war es, aufzuklären, wie die körperliche Auseinandersetzung zwischen den beiden Kontrahenten genau abgelaufen war. Marc war ein guter Boxer. Ich wollte der Verteidigung auf gar keinen Fall Raum dafür geben, das brutale Zustechen des BMW-Fahrers auch nur irgendwie zu relativieren oder gar zu rechtfertigen. Aber erst einmal musste der Täter überhaupt gefunden werden.

»Wir haben leider immer noch keine Spur vom Auto.« Die Worte des ermittelnden Staatsanwalts betrübten mich sehr. Auch der DNA-Abgleich war negativ verlaufen: Die DNA des Unbekannten war nicht in der Datenbank erfasst. Damit hatte ich nicht gerechnet. Sein brutales Vorgehen gegen Marc hatte mich sehr darauf setzen lassen, dass der Täter mehrfach einschlägig vorbestraft und daher schon längst erkennungsdienstlich behandelt worden war. Aber der Spurenabgleich hatte keinen Treffer ergeben.

Julia weinte, als sie mich schon frühmorgens auf meinem Handy anrief. Sie war unfähig, einen vernünftigen Satz herauszubringen. Ich bat sie, erst einmal tief Luft zu holen, und nach ein paar Anläufen konnte sie endlich sprechen. Vor ihrer Haustür hatte ein Unbekannter mit Kreide eine Botschaft hinterlassen: »Hallo, junge Frau! Wieder unterwegs?« Sie hatte keine Ahnung, wer das geschrieben hatte. Etwa der Fahrer des BMW? Die Frage, ob sie wieder unterwegs sei, konnte eine

Anspielung auf die schreckliche Heimfahrt vor wenigen Tagen sein. Woher aber sollte der Fahrer wissen, wo sie wohnte? Immerhin war es Marc und ihr in der fatalen Nacht wenigstens gelungen, ihren Verfolger nicht zu sich nach Hause zu lotsen. Und jetzt diese Nachricht – das konnte doch kein Zufall sein. Reichte es dem Täter nicht, dass Marc lebensgefährlich verletzt im Krankenhaus lag? Sollte jemand die Absicht gehabt haben, sie mit der Botschaft in Panik zu versetzen, dann war ihm dies jedenfalls gelungen. Denkbar, dass sich der BMW-Fahrer ihr Kfz-Kennzeichen gemerkt hatte. Aber auch damit hätte er nicht ohne Weiteres ihre Adresse herausfinden können. Ein Anwalt hätte die Möglichkeit gehabt, mit dem Kfz-Kennzeichen eine Halterabfrage bei der zuständigen Behörde vorzunehmen, dafür jedoch einen sachlichen Grund angeben müssen. Beamte hätten natürlich Zugriff, durften aber auch nicht ohne Anlass Halterdaten abrufen. Andererseits wäre es nicht das erste Mal, dass eine Amtsperson missbräuchlich auf die interne Datenbank zugreifen würde. Schwarze Schafe gab es überall. Der Fahrer des 3er BMW konnte womöglich Freunde in der Justiz oder bei der Polizei haben.

Das alles war jedoch viel zu spekulativ. Tatsache war, jemand wollte Julia bedrängen. Und vieles sprach dafür, dass diese Person im Umfeld des Täters zu suchen war. Oder hatte Julia vielleicht anderweitig Feinde? Ein missgünstiger Nachbar? Ein aufdringlicher Verehrer? Es half nichts. Wir mussten abwarten. Und Julia würde ohnehin zunächst weiter bei ihrer Freundin wohnen.

Am nächsten Tag stand Julia gegen Mittag weinend im Vorzimmer meiner Kanzlei. »Ich war gerade die Post holen.« Sie hielt mir ihr Handy mit einem Foto hin, das den Weg zu ihrer Haustür zeigte. Die fünf mit Kreide geschriebenen Wörter waren zwischenzeitlich durch zwei weitere ergänzt worden: »Gut geschlafen?« Nein, Julia hatte nicht gut geschlafen. Die Sorge um ihren Bruder, die quälenden Erinnerungen an die Ereignisse der Tatnacht – und jetzt noch das. »Vielleicht projiziere ich in diese Schmierereien einfach viel zu viel hinein. Aber ich kann das nicht abstellen. Ich war vorher nie ein besonders ängstlicher Typ. Ich hatte dieses Gottvertrauen. Und das ist jetzt weg.«

Ich verstand Julia sehr gut. Ich versprach ihr, die Staatsanwaltschaft zu informieren. Vielleicht konnte sie auf die Schnelle herausfinden, ob jemand illegal Zugriff auf Marcs Daten genommen hatte. »Sie bleiben bitte bei Ihrer Freundin!«

Julia nickte still. »Und dann melde ich mich heute Abend sowieso bei Ihnen.« So hatten wir es verabredet. An diesem Tag wollte die Polizei nämlich ihrem Bruder im Krankenhaus einen Besuch abstatten, um mit ihm über die Tatnacht zu sprechen. Vielleicht würde er die Lücken, die in ihrer eigenen Erinnerung klafften, schließen können.

Ich wusste allerdings, dass Julia selbst sich von der geplanten Vernehmung nicht viel versprach. Bei ihrem Besuch bei Marc zwei Tage zuvor hatte er die ganze Zeit über geschlafen. Er war zwar von der Intensivstation verlegt worden, aber immer noch an ein Dutzend Schläuche angeschlossen gewesen und hatte blass ausgesehen. Das sei völlig normal, hatten die Ärzte erklärt. Und dass er sich nach dem anfangs sehr kritischen Zustand auf einem sehr guten Weg befinde. Keine Frage: Dass Marc wieder ganz gesund werden würde, war wichtiger als jede Vernehmung. Trotzdem hoffte ich auf einen baldigen Durchbruch bei den Ermittlungen. Dass der Täter immer noch nicht gefasst war, machte mir große Sorgen. Ebenso wie diese Kreidebotschaften.

Die Polizei bekam Marc an diesem Tag allerdings gar nicht erst zu Gesicht. »Er wollte die beiden Herren nicht sprechen«, sagte mir der zuständige Staatsanwalt. Eine Erklärung hatten die Ärzte den beiden Vernehmungsbeamten nicht gegeben. Vermutlich war Marc noch viel zu geschwächt und von einem längeren Gespräch über das traumatische Erlebnis physisch und psychisch überfordert. In seiner gesundheitlichen Situation gab es andere Prioritäten, als der Polizei bei der Aufklärung der Tat zu helfen. »Die Polizei wird in drei Tagen einen erneuten Versuch unternehmen. Wir brauchen einfach noch etwas Geduld.« Das Wort »einfach« sagte sich für den Staatsanwalt sehr leicht. Einfach war hier gar nichts. Im Gegenteil. Es wurde alles nur schwerer.

Am nächsten Tag ging alles sehr schnell. Marc war zurück auf die Intensivstation verlegt worden. Sein gesundheitlicher Zustand hatte sich massiv verschlechtert. »Er wird in den nächsten Tagen sterben.« Der Staatsanwalt teilte mir mit, worüber ihn die Ärzte zuvor informiert hatten. Ich war entsetzt. Damit hatte niemand rechnen können. Die Prognosen waren doch eher gut gewesen. Es hatte sogar schon geheißen, Marc könne eventuell in wenigen Tagen entlassen werden. »Es ist zu schweren Komplikationen gekommen«, führte der Staatsanwalt zu seinem Gespräch mit dem Krankenhaus näher aus: »Ihr Mandant hatte plötzlich starke Blutungen aus Mund und Nase. Durch den massiven Blutverlust hatte er einen Schock erlitten und musste vierzig Minuten reanimiert werden. Trotz Blutkonserven und Ringerlösungen war es zunächst zu einem Herz-Kreislauf-Stillstand gekommen.«

Das klang alles gar nicht gut. Mir war klar, dass ich Julia die neuesten Entwicklungen würde beibringen müssen. Allein schon deshalb musste ich ganz genau verstehen, was vorgefallen war. »Die Ärzte haben ihn tamponiert und alles versucht, um die Blutung zu stillen. Bei einer anschließenden Untersuchung konnte man feststellen, dass das Gefäß an der verletzten Stelle offensichtlich geplatzt war und es deshalb zu diesem starken Blutverlust gekommen war. Man hat dann versucht, das Gefäß zu verschließen. Seither liegt er wieder auf der Intensivstation.«

Ich konnte es nicht fassen, wollte nicht wahrhaben, was mir der Staatsanwalt da berichtete. Vor allem begriff ich nicht, weshalb die Ärzte Marc offenbar schon aufgegeben hatten. Dass sie vor Ort alles gaben, um ihren Patienten zu retten, daran hatte ich keinen Zweifel. Die schockierende Begründung folgte auf den Fuß: »In der Bildgebung kann man laut dem zuständigen Arzt wohl leider sehen, dass das Gehirn Ihres Mandanten komplett schwarz erscheint. Das heißt in der Konsequenz, dass er einen hypoxischen Hirnschaden erlitten hat. Sobald man die Medikamente absetzt, wird er nach Einschätzung der Ärzte versterben.«

Zu einer Vernehmung würde es nun nicht mehr kommen. Der Sachbearbeiter der Polizei hatte klare, kalte Worte gegenüber dem behandelnden Arzt gefunden. »Bitte denken Sie daran, dass der Leichnam nach dem Tod Ihres Patienten von uns sichergestellt und eine Obduktion angeordnet wird. Und bitte informieren Sie den Vater des Patienten, dass die Staatsanwaltschaft mit einer Organentnahme nicht einverstanden ist.«

Der Beamte machte seinen Job. Es war seine originäre Aufgabe, ein Gewaltverbrechen aufzuklären. Dazu gehörte auch, keinesfalls Beweismöglichkeiten verloren gehen zu lassen. Sollte Marc in den nächsten Tagen versterben, würde der unbekannte Täter, wenn man ihn gefasst hätte, nicht wegen versuchten, sondern wegen vollendeten Totschlags angeklagt werden. Das würde einen erheblichen Unterschied im Strafmaß ausmachen. Daher würde es für das Gericht im Prozess von größtem Interesse sein, Klarheit darüber zu erlangen, weshalb Marc wider Erwarten hatte sterben müssen. Die Leichenöffnung würde aller Voraussicht nach Antworten liefern. Auch würde sich die Frage nach dem Kausalzusammenhang zwischen den Verletzungen, die der BMW-Fahrer Marc beigebracht hatte, und dessen zeitlich stark verzögertem Ableben klären. Schließlich konnte nicht von vorneherein ausgeschlossen werden, dass ein ärztlicher Behandlungsfehler die plötzliche Verschlechterung des Gesundheitszustands bewirkt haben könnte.

Der Staat, jeder einzelne Bürger hat einen Anspruch darauf, dass Verbrechen professionell und mit allen dafür zur Verfügung stehenden Möglichkeiten aufgeklärt werden. Bei allem Mitgefühl, das die zuständigen Polizeibeamten für das Opfer und seine Angehörigen empfinden mochten, durften persönliche Gefühle bei ihrer Aufgabe, Sachverhalte aufzuklären und Beweise zu sichern, keine maßgebliche Rolle spielen. Für die Empathie war ich als Rechtsbeistand da. Wenn ich als Nebenklägervertreter Opfern, ihren Angehörigen oder den Hinterbliebenen zur Seite stehe, bezeichnen viele meiner Mandanten mich kurz und bündig als Opferanwalt. Das lasse ich mir gerne gefallen. Denn Nebenklage ist nach meiner Überzeugung sehr viel mehr als allein die rechtliche Vertretung gegenüber Polizei, Staatsanwaltschaft und Gericht. Die Menschen, die meine Hilfe suchen, haben von der einen Sekunde auf die andere tragische Schicksale erlitten, auf die sie in keiner Weise vorbereitet waren. Sie sind in einer Ausnahmesituation und völlig überfordert. Ein Anwalt, der ein Opfermandat übernimmt, muss daher zunächst und in erster Linie auf die Wünsche, Bedürfnisse und Ängste seiner Mandanten eingehen. Und er muss vor allem eines mitbringen: viel Zeit für persönliche Gespräche.

Nach dem Telefonat mit dem Staatsanwalt musste ich mich selbst erst einmal sammeln. Ich war betroffen und traurig, und die Geschwister taten mir unendlich leid. Als ich meine eigenen Gedanken geordnet hatte, rief ich Julia an und bat sie, zu mir in die Kanzlei zu kommen. Als sie kurz darauf bei mir im Besprechungszimmer saß, wusste sie noch nichts von der dramatischen Entwicklung bei Marc und der verheerenden Prognose der Ärzte. Ich fasste die Geschehnisse der letzten Stunden in ruhigem Ton zusammen. Danach schwiegen wir lange. Ich wollte Julia nicht durch Worte bedrängen. Sie sollte in aller Ruhe ihre Gefühle erspüren können. Es tat ihr offensichtlich gut, bei mir zu sein. Als ihr Anwalt konnte ich ihr Empathie vermitteln und meine eigene echte Betroffenheit zeigen, zugleich aber doch einen etwas größeren Abstand wahren als etwa enge Freunde oder Verwandte. Sie wusste, dass ich nichts von ihr erwartete, ihr nicht mit gut gemeinten Ratschlägen kommen, ihr aber die Zeit geben würde, die sie brauchte. Dass ich sie mit Kopf und Herz verstand. Dass sie sich mir mit ihrem Leid öffnen konnte, ohne auf meine Befindlichkeiten Rücksicht nehmen zu müssen. Dass ich mit ihr litt, ohne ihr das Gefühl zu geben, mich zu belasten. Und dass sie mir jederzeit Fragen stellen konnte, auf die ich ihr offen und ehrlich antworten würde. Auf die alles entscheidende Frage würde aber auch ich keine Antwort haben: Würde ihr Bruder überleben? Die Worte der Ärzte machten wenig Hoffnung.

Ich sprach nicht nur mit Julia, sondern telefonierte am Nachmittag auch mit ihrem Vater. Auch er wollte die Möglichkeiten, sich dem Verfahren als Nebenkläger anzuschließen, ausschöpfen und dazu meinen Rat einholen. Angesichts des drohenden Ablebens von Marc wurde es jedoch ein sehr emotionales Gespräch, bei dem rechtliche Fragen in den Hintergrund traten.

»Der Patient wird wohl überleben.« Bei diesen Worten des Staatsanwalts ein paar Tage später verstand ich erst einmal gar nichts. Aber er gab nur an mich weiter, was er selbst gerade aus dem Krankenhaus erfahren hatte. Ich wollte erleichtert sein. Doch ich war vor allem verunsichert. Was für eine Achterbahnfahrt. Konnte es ernsthaft möglich sein, dass sich die medizinischen Einschätzungen ständig um 180 Grad drehten? Oder waren die Diagnosen der letzten Tage zu schnell und oberflächlich gestellt worden? »Moment, Herr Lucas, das ist leider nicht die ganze Wahrheit.« Der Staatsanwalt machte eine kurze Pause, ehe er erneut ansetzte: »Er liegt im Koma. Sein Gehirn ist irreparabel geschädigt. Selbst wenn er erwacht, wird er sein Leben lang geistig schwerstbehindert sein.« Ich brauchte einen Augenblick, um meine Gedanken zu sortieren. Das war zu viel. Wie nah ich als Nebenklägervertreter am Schicksal meiner Mandanten oft dran war, bekam ich in diesem Moment eindrucksvoll zu spüren.

Die Nachricht des Staatsanwalts hatte etwas Endgültiges. Marc würde ein schwerer Pflegefall bleiben. Wie in einem Film zogen viele Bilder an mir vorbei. Die beiden Geschwister hatten viel zu früh ihre Mutter verloren. Julia hatte mir so viel von ihr erzählt. Marc und sie pflegten eine enge Beziehung zueinander, ebenso zu ihrem Vater. Gemeinsam lebten sie in ihrem alten Familienhaus, hatten dort eine tolle WG. Marc war Student, seine Schwester Auszubildende. Beide hatten einen großen Freundeskreis mit allem, was dazugehört. Sie feierten Partys. Und sie zogen um die Häuser, wie es junge Leute immer tun. Doch eine Augenblicksentscheidung der beiden hatte das alles für immer zunichtegemacht. Marc hatte sich in jener Nacht selbst in die Opferposition manövriert. Er hatte sich aktiv in eine Beziehung mit dem Täter begeben. Sein Schicksal würde in einer späteren Hauptverhandlung zwar sicherlich auf viel Verständnis des Gerichts stoßen. Doch ganz gleich, wie hoch die Strafe für den Täter auch ausfallen, wie akribisch die Tat aufgeklärt und wie überzeugend der Täter Reue zeigen würde, an der traurigen Diagnose würde es nichts ändern. Den alten Marc gab es nicht mehr. Julias Bruder würde für immer ein Pflegefall bleiben.

In dieser Situation war es für Julia nur ein schwacher Trost, dass die Polizei den Täter endlich fand. Ein Freund des BMW-Fahrers hatte noch in der Tatnacht den Wagen in seiner Werkstatt von den massiven Unfallspuren befreit. Jedoch war die Reparatur dilettantisch erfolgt. Der Täter hatte sich zu sicher gefühlt, als er den Wagen danach tagelang in der Blumensiedlung des Frankfurter Bergs geparkt hatte, wo er schließlich aufgefallen war. Ein anschließender DNA-Abgleich mit einer beim Verdächtigen entnommenen Probe ließ keinen Raum für Zweifel.

Sven Mertens, der Halter des BMW, war der Mann, der Marc krankenhausreif geschlagen, auf ihn eingestochen und ihn zum Krüppel gemacht hatte. Die Staatsanwaltschaft erhob Anklage, und einige Monate später verurteilte die Schwurgerichtskammer Sven Mertens wegen versuchten Totschlags, gefährlicher Körperverletzung, Nötigung und gefährlichen Eingriffs in den Straßenverkehr zu einer Freiheitsstrafe von gerade einmal vier Jahren. Er kam mit dieser niedrigen Strafe davon, weil das Gericht Marc eine erhebliche Mitschuld an dem Geschehen gab. Schließlich habe er die ganze Situation im Vorfeld provoziert, fand das Gericht, und bei der Schlägerei dem anderen ganz erheblich zugesetzt. Mochte der Stich mit dem Schraubenzieher auch keine Notwehr gewesen sein, so hatte sich Sven Mertens »im Zweifel für den Angeklagten« zumindest nahe an einer Notwehrlage befunden. Das musste aus Sicht sowohl der Staatsanwaltschaft als Ankläger als auch des Gerichts erheblich strafmildernd berücksichtigt werden.

Es war zynisch. Wie die brutale körperliche Auseinandersetzung im Einzelnen abgelaufen war, konnte das Gericht nur deshalb nicht genau aufklären, weil Marc aufgrund der schweren Verletzungen nie eine Aussage hatte machen können und schließlich ins Koma gefallen war. Auch wenn das nicht das Ziel des Täters gewesen sein mochte, war Marc doch letztlich aufgrund der massiven Verletzungen, die der Täter ihm zugefügt hatte, als Zeuge ausgeschaltet worden. Genau von diesem Umstand hatte Sven Mertens in seinem Prozess am Ende profitiert, ihm hatte er die milde Strafe zu verdanken.

Von der vierjährigen Freiheitsstrafe musste Sven Mertens nicht einen einzigen Tag in einem Gefängnis absitzen. Stattdessen kam er direkt in eine Entziehungsanstalt. Therapie statt Strafe. Eine im Prozess anwesende Gutachterin war zu dem Ergebnis gelangt, dass Sven Mertens die brutale Tat unter dem Einfluss von Kokain begangen hatte. Auch die Analyse einer Haarprobe hatte ihm einen hochgradigen Drogenmissbrauch bescheinigt. Für das Gericht war der Angeklagte daher zur Tatzeit vermindert schuldfähig. Es ordnete an, dass seine Sucht in einer forensischen Klinik behandelt werden sollte. Die Dauer der Therapie wurde mit zwei Jahren veranschlagt. Würde Sven Mertens sie erfolgreich abschließen, würde er nach zwei Jahren die Klinik als freier Mann verlassen können. Der Rest der Strafe würde zur Bewährung ausgesetzt werden, und nach Ablauf der Bewährungszeit würde die Sache für ihn erledigt sein. Endgültig.
So viel Glück wurde Marc nicht zuteil. Sein Lebensplan war zerstört. Ebenfalls endgültig. Nichts und niemand konnte die Tatfolgen ungeschehen machen. Niemand konnte Julia ihre frühere Unbefangenheit und ihr Urvertrauen zurückgeben, niemand ihr und ihrem Vater die Trauer nehmen. In der Sache hatten wir recht bekommen, der Täter war verurteilt worden. Das niedrige Strafmaß spiegelte diesen Erfolg jedoch nicht wider. Mein Mandat war beendet. Mehr hatte ich für Marc und seine Familie als Anwalt nicht erreichen können.

Als Urheber der Kreidekritzeleien stellte sich ein Arbeitskollege von Julia heraus. Für eine Verurteilung wegen Stalkings reichte es nicht, auch wenn seine Aktion Julia in der damaligen Situation den Rest gegeben hatte. Seine Schmierereien waren nicht in Ordnung gewesen, aber ohne das Trauma der Sommernacht und mit Marc an ihrer Seite hätte Julia vermutlich darüber gelacht. Auch sie war nicht mehr dieselbe. Sie war ängstlich geworden. Sie konnte sich Menschen gegenüber nicht mehr öffnen. Ihr unbeschwertes Leben gab es nicht mehr. Ihr Bruder und sie waren in jener Nacht Täter gewesen. Vor allem aber waren sie zu Opfern geworden. Ein für alle Mal.

Zimmer 4-8-6

Zitternd saß mir die junge Frau im Besprechungsraum gegenüber. Sie war ausgesprochen hübsch, hatte lange blonde Haare, trug einen engen Body, die Fingernägel waren dezent in Nude lackiert. Sie musste so Mitte zwanzig sein. Ich schaute meine neue Mandantin freundlich an. Plötzlich brach es aus ihr heraus. Tränen schossen ihr in die Augen, erst schluchzte sie, dann weinte sie bitterlich. »Vielleicht ist es ein großer Fehler, dass ich jetzt hier bin. Ich weiß es nicht.« Die Tränen wurden mehr. Die junge Frau zückte ein Papiertaschentuch. Ich war erleichtert darüber. Denn wie so oft hatte ich kein Taschentuch griffbereit. Das Gespräch würde nicht ganz leicht werden, das war mir klar. Noch wusste ich nicht einmal, weshalb mich Tanja Kreis sprechen wollte. Sie hatte mein Büro zuvor per Mail um ein Beratungsgespräch gebeten. Hierfür war nun genug Zeit. Sollte sich die Mandantin doch gerne erst einmal in Ruhe sammeln. Nachdem sie sich die Tränen weggewischt und die Nase abgetupft hatte, setzte sie erneut an.

»Ich wollte erst gar nicht zu Ihnen kommen.«

»Aber jetzt sind Sie da«, erwiderte ich lächelnd.

»Ja, jetzt bin ich da.« Auch Tanja Kreis musste unwillkürlich lächeln.

Das gefiel mir schon sehr viel besser. »Warum wollten Sie denn erst nicht kommen? Und warum sind Sie jetzt da?«

Die junge Frau schaute mich ernst an. »Ich hatte Angst. Doch meine Psychologin hat mich darin bestärkt, mit Ihnen zu sprechen.«

Nun erfuhr ich, dass die junge Apothekenhelferin vor vielen Monaten bei der Polizei eine Strafanzeige wegen Vergewaltigung erstattet hatte. Bei ihrer polizeilichen Vernehmung hatte sie dann jedoch der Mut verlassen, und sie hatte keine näheren Angaben zu den erhobenen Vorwürfen gemacht. Das Ermittlungsverfahren war daraufhin eingestellt worden. Denn Tanja Kreis wäre die einzige Zeugin in dieser Sache gewesen. Nun war sie innerlich sehr viel weiter, traute sich zu, das Verfahren aktiv zu gestalten, und wollte mit mir einen weiteren Vorstoß wagen. Vorsichtig erklärte ich ihr, dass das leider gar nicht so einfach war. Zwar konnte die Staatsanwaltschaft das eingestellte Verfahren jederzeit wieder aufnehmen, musste es jedoch nicht.

»Ich glaube, es wäre mir sehr wichtig«, sagte meine Mandantin leise.

»Also doch kein Fehler, dass Sie hier sind?«, hakte ich nach.

»Nein, kein Fehler. Ich bin froh, mit Ihnen reden zu können.«

Die Sitzungen bei ihrer Psychologin hatten der jungen Frau sichtlich gutgetan. Endlich fühlte sie sich imstande, sich für das Geschehene nicht fortwährend selbst die Schuld zu geben. Sie wollte das, was ihr passiert war, nicht länger hinnehmen. Sie hatte schließlich eine Stimme. Und die wollte sie nun erheben. Ihr verändertes Aussageverhalten nach dem früheren Rückzieher würde ich der Staatsanwaltschaft sicherlich gut erklären können. Hierfür musste ich ihr verständlich machen, weshalb sich meine Mandantin erst heute psychisch in der Lage befand, in dem Verfahren eine starke Zeugin zu sein. Idealerweise könnte die Therapeutin hierzu ein paar Worte verlieren und mir in Briefform vorlegen.

»Ich war damals an dem Abend, um den sich alles dreht, gemeinsam mit meiner Freundin Luisa in unserer Stammdisco. Wir wollten einfach mal wieder richtig tanzen. Viel zu lange hatte es die ganzen Wochen zuvor nicht geklappt. An einem Tisch saß dann dieser Typ. Er gefiel mir auf Anhieb gut. Blonde Haare, breite Schultern. Er trug ein dunkles Sakko und ein weißes Shirt drunter. Skandinavischer Typ. Das mag ich. Er lächelte zu mir rüber, ich lächelte zurück. Und dann saß ich plötzlich gemeinsam mit Luisa bei ihm und seinen beiden Kumpels am Tisch. Die drei hatten eine Flasche. Und dann tranken wir bei denen mit.«

»Eine Flasche, sagen Sie?«

»Ja, richtig, da standen eine Flasche Wodka und mehre Dosen Red Bull. Und er, also David hieß er, schenkte mir dann etwas ein. Und nach einer Weile sind die beiden Freunde und Luisa aufgestanden. Sie wollten tanzen gehen. Na ja, und dann dauerte es auch gar nicht lange, und David und ich fingen an, uns zu küssen.«

»Einvernehmlich?«, fragte ich nach.

»Ja, absolut einvernehmlich. Bis dahin passte ja auch alles.«

»Und dann passte es irgendwann nicht mehr?«, wollte ich wissen.

»David fing irgendwann damit an, dass er gerne mit mir in sein Hotel fahren würde. Und ja, ich wollte es auch. Also machte ich mich auf die Suche nach Luisa. Ich bin echt den ganzen Club abgelaufen, aber sie war wie vom Erdboden verschluckt. David sagte schließlich, dass er gerade eine Nachricht von seinen Jungs bekommen habe. Die beiden seien mit Luisa schon ins Hotel vorgefahren. Ich hatte mir nichts dabei gedacht. Ich bin mit David raus. Und wir haben das nächste Taxi genommen und fuhren los.«

Dann erzählte mir Tanja Kreis, dass sie mit dem Taxi schließlich zu einem Hotel im Bahnhofsviertel gebracht wurde. Dort stiegen sie aus. In der Lobby zückte David sein Handy. Er versuchte vergeblich, seine Jungs zu erreichen. Die beiden mussten wohl mit Luisa schon auf dem Zimmer sein. Vermutlich hörten sie gerade das Klingeln nicht. Nun nahmen beide den Fahrstuhl. Das Zimmer war im vierten Stock. Händchen haltend schlenderten sie den Flur entlang. Dann öffnete David die Tür von Zimmer 4-8-6. Es war niemand da.

»Das gefiel mir nicht. Gelinde gesagt, fühlte ich mich von David verarscht. Aber jetzt so einfach mit ihm aufhören, das wollte ich halt auch irgendwie nicht. Das war nicht gut, weil ich in dem Moment meinen Prinzipien untreu wurde. Ich hätte Luisa zumindest Bescheid geben müssen. Niemand wusste ja, wo ich stecke. Weder hatte ich erneut versucht, sie anzurufen, noch hatte ich ihr eine Whatsapp geschickt. Drinnen haben wir uns dann jedenfalls erst mal geküsst. David schob bald mein Oberteil hoch. Er öffnete meinen BH und streichelte meine nackten Brüste. Das war okay für mich.«

Tanja Kreis hörte für einen Moment auf zu sprechen und holte dann tief Luft: »Als er mir dann aber an die Hose ging, sagte ich ihm, dass ich das nicht will. Jedenfalls noch nicht. Mir ging das alles irgendwie zu schnell. Und die anderen waren regelrecht verschollen. Ich hatte das ungute Gefühl, ausgetrickst zu werden. Und so wurde mir allmählich mulmig zumute. David allein gab hier die ganze Zeit den Ton an, er allein steuerte das Geschehen. Deshalb fiel mir mein Nein auch mehr als leicht.«

»Hörte er denn daraufhin auf?«

Die Mandantin schaute mich an. Erneut schossen ihr Tränen in die Augen. Wieder zückte sie ein weißes Papiertaschentuch.

»Geht es, Frau Kreis?«

Sie nickte: »Aus heiterem Himmel packte mich David an den Hüften und hob mich aufs Bett. Und dann sagte er mir, er mache MMA, und fragte, ob mir das etwas sagen würde. »Tat es nicht. Ich hatte keine Ahnung. Heute weiß ich es.«

MMA ist die Abkürzung für die drei Worte »Mixed Martial Arts«, zu Deutsch »Gemischte Kampfkünste«. MMA ist eine Vollkontaktsportart. Bei ihr werden alle Kampfdistanzen, das Treten, Schlagen, Clinchen, Werfen und der Bodenkampf mit möglichst wenig Beschränkungen durch Regeln vereint.

»David machte mir Angst. Das sagte ich ihm auch so. Doch

er nahm keine Rücksicht. Seine Stimme klang immer aggressiver. Und im rüden Ton erklärte er mir, dass er kein Problem damit habe, mich mit seinem Daumen durch einen einzigen gezielten Druck gegen meine Schläfe zu töten. So schnell könne ich gar nicht gucken, sagte er grinsend. Ich hatte einfach nur Angst. Ich lag wie versteinert auf dem Bett und ließ David machen. Er nahm mir meine Jeans weg. Besser gesagt, er versuchte es. Denn die Hose ist unten recht eng. Also zog er mir zunächst noch meine High Heels aus und dann in einem Rutsch die Jeans und die Unterhose. Mein Oberteil und den BH behielt ich an, er schob beides einfach nur weiter nach oben. Dann sagte er noch so etwas wie, dass wir uns doch hoffentlich eben verstanden hätten. Danach drückte er meine Beine auseinander und drang in mich ein. Nach einer Weile drehte er mich um und nahm mich von hinten, erst vaginal, dann anal. Und dann drehte er mich wieder zurück in die ursprüngliche Position. Ich hatte unfassbare Angst. Alles tat mir weh. Ich wollte das alles nicht, ich wollte es einfach nicht.«

Tanja Kreis weinte. Dann erzählte sie mir, dass David ganz plötzlich aufgehört und sich von ihr abgewendet hatte. Dann drehte er sich wieder zu ihr, schaute ihr in die Augen und sagte im ruhigen Ton, dass sie gerne aufstehen und sich anziehen könne. Das tat die junge Frau. Hektisch stand sie auf, griff nach ihren Klamotten, die sie zunächst kaum zu fassen bekam. Sie schob ihren BH und das Oberteil nach unten und zog sich ihren Slip an.

Da packte David sie völlig unvermittelt an beiden Armen und drückte sie wieder auf das Bett. Er nahm Tanja den Slip weg, schob BH und Top nach oben und verging sich erneut an ihr. Tanja Kreis lag ebenso regungslos da wie zuvor. Ängstlich und von seelischen und körperlichen Schmerzen erfüllt, ließ sie sich von ihrem Peiniger benutzen.

Nach quälenden Minuten erhob David sich erneut von ihr. »Das langt«, sagte er, »steh auf!«

Die junge Frau misstraute ihm. Sie blieb liegen. Bis David sie plötzlich anbrüllte: »Was ist? Brauchst Du eine Extraeinladung?«

Tanja befolgte, was David verlangte, und erhob sich vom Bett. Wieder griff sie nach ihren Sachen, während sie angsterfüllt nach David schaute. Würde er sie endlich in Ruhe lassen? David würdigte sie keines Blickes, hatte sich von ihr abgewendet und schaute bewegungslos in Richtung Fenster. Tanja Kreis begann sich erneut ihren Slip anzuziehen, schloss ihren BH und schob ihr Oberteil zurecht. David verharrte in seiner Position mit Blick zum Fenster. Als Tanja schließlich ihre Jeans angezogen und die Knöpfe geschlossen hatte und schnell noch nach ihren Pumps griff, drehte sich David schlagartig um. Er rannte auf die junge Frau zu und warf sie mit seinem gesamten Körpergewicht erneut aufs Bett. Dann erhob er sich leicht: »Los, mach den BH auf! Ich will was sehen!«

Wie ferngesteuert tat Tanja Kreis wie ihr befohlen. Auch die Hose und ihre Unterhose schob sie nach unten, so wie David es von ihr verlangte. Er half nach und zog ihr beides schließlich ganz aus. »Entspann dich – und mach's mir nicht so schwer!«

Nein, schwer machte sie es ihm nicht. Ihre Gedanken waren leer. Wieder ließ sie David den Geschlechtsverkehr mit ihr vollziehen, erst von vorne, dann von hinten. Wieder stand sie anschließend auf sein Geheiß auf. Wieder forderte er die junge Frau auf, sich anzuziehen. Als Tanja schließlich vollständig bekleidet war, brüllte er sie im Militärton an: »Dreh dich um – und dann zieh dich wieder aus! Stopp! Langsam, nicht so schnell!«

Sklavisch führte Tanja Kreis die Befehle aus. Nachdem sie sich in langsamen Bewegungen vollständig entkleidet hatte, fasste David sie an die Hüften, drückte sie abermals auf das Bett und verging sich ein weiteres Mal an ihr. Es folgten lange Minuten. Tanja Kreis fühlte sich mehr tot als lebendig. Würde

David irgendwann aufhören? Wann würden die grausamen Demütigungen bloß ihr Ende finden? Tanja Kreis war kraftlos. Sie wusste, dass sie gegen den sportlichen jungen Mann keine Chance hatte, und setzte erst gar nicht zur Gegenwehr an. Sie wäre auch körperlich gar nicht mehr dazu in der Lage gewesen. Als David erneut mit ihr fertig war, befahl er ihr wieder, sich anzuziehen.

Die grausame Psycho-Nummer wollte kein Ende nehmen. Nun allerdings griff David nach seiner Jacke, die er beim Betreten des Zimmers an die Garderobe gehängt hatte, und zog sie an. Was hatte das zu bedeuten? Würde er sie gehen lassen? Oder war auch das nur wieder Teil seines perversen Spiels? Tanja lag noch immer nackt und regungslos auf dem Bett. David stand nun angezogen vor ihr. Würde er sie töten? Davids Blicke ließen nicht von ihr ab. Streng schaute er seinem Opfer tief in die Augen. Es herrschte absolute Stille in dem Raum. Dann endlich brach David das Schweigen und sprach zu Tanja im strengen Militärton: »Hör zu! Wir beide gehen gleich gemeinsam nach unten. Händchen haltend. So wie das frisch Verliebte eben machen. Es ist ja nichts passiert. Habe ich recht? War doch schön? Oder? War doch schön!«

Tanja Kreis schaute mich nachdenklich an: »Ich nehme an, in den Gängen waren Kameras angebracht. Vermutlich wollte David einfach per Video dokumentieren, dass wir nicht nur einvernehmlich ins Zimmer rein, sondern ebenso einvernehmlich wieder rausgegangen waren.«

Eindringlich erinnerte David sie schließlich daran, dass sie gefälligst spuren solle, und zeigte ihr böse grinsend seinen erhobenen Daumen. Er meinte es ernst. Daran hatte Tanja in diesem Moment nicht den geringsten Zweifel. »Als auch ich endlich angezogen war, ging David noch aufs Klo zum Pinkeln. Die Tür zum Bad ließ er auf. Er pinkelte im Stehen. Und so stand er mit dem Rücken zu mir. In dem Moment fasste ich mir ein Herz und rannte aus dem Zimmer raus. Damit hatte er nicht gerechnet. Er wusste, wie groß meine Angst vor ihm war. Aber ich hatte in dem Moment gar nicht nachgedacht, sondern es einfach getan. Zum Glück fand ich sofort das Treppenhaus, der Fahrstuhl hätte ja zu lange gedauert. Ich rannte runter ins Erdgeschoss und direkt zum Portier. Als ich ihn sah, brüllte ich ihn an, er solle sofort die Polizei rufen. Das tat er, gab mir das Telefon, und ich schrie in den Hörer, dass ich vergewaltigt worden sei und mich noch im Hotel befinden würde. Der Portier nahm mir den Hörer ab und gab der Polizei noch schnell die Adresse durch.«

Zum Glück hatte es nicht lange gedauert. Schon nach wenigen Minuten waren Krankenwagen und Polizei vor Ort. Normalerweise hätte die Polizei Tanja jetzt sofort befragt, was vorgefallen war, aber auf eine Vernehmung wurde zunächst verzichtet. Tanja Kreis konnte in dem Moment gar keinen vernünftigen Satz herausbringen. Sie war völlig benommen von dem, was sie nur wenige Minuten zuvor so Schreckliches durchgemacht hatte. Das erkannten auch die Polizeibeamten.

David Hille wurde noch an Ort und Stelle vorläufig festgenommen, jedoch am selben Abend wieder auf freien Fuß gesetzt. Ohne eine Aussage von Tanja hatte die Polizei viel zu wenig gegen ihn in der Hand. Das würde für einen Haftbefehl am nächsten Tag nicht reichen. Im Zimmer sah es nicht anders aus, als wenn ein Pärchen sich dort in Eintracht ein paar schöne Stunden gemacht hätte. Auch nennenswerte Gewaltmale wies Tanja nicht auf. Die von David verübte Gewalt war schließlich geräusch- und kontaktlos erfolgt. Das perfide Vorgehen hatte seine Wirkung nicht verfehlt und ihn direkt in Richtung Freiheit befördert. Die rein psychische Gewalt, derer sich David bei seinem grausamen Spiel bedient hatte, würde kaum nachweisbar sein. Und nachdem meine Mandantin schließlich auch am nächsten Tag nur wenige Worte gegenüber der Polizei verloren hatte, schienen in dem Ermittlungsverfahren gegen David Hille bald schon alle Messen gelesen.

»Ich hatte Angst, am Ende womöglich als Lügnerin dazustehen. Wie sollte ich denn beweisen, was mir passiert war? Und ich fühlte mich selbst so schuldig. Warum war ich einfach mitgegangen? Ganz ohne mich bei meiner Freundin abzusichern? Also sagte ich der Polizei, dass wir oben im Zimmer Sex gehabt hätten, dass es mir nicht gefallen habe, aber dass jetzt alles schon wieder so weit gut sei. Ein paar Wochen später kam der Brief von der Staatsanwaltschaft, dass das Verfahren eingestellt worden sei.«

Mittlerweile war Tanja Kreis persönlich ein ganzes Stück weiter. Seit bald einem halben Jahr ging sie zu einer Psychotherapeutin, sprach mit ihr offen über das Geschehene und auch über ihre Selbstvorwürfe. »David hat sich genommen, was er wollte, und mich seelisch kaputt gemacht.« Es war erstaunlich, wie sehr meine Mandantin in der Zwischenzeit die schrecklichen Ereignisse in Zimmer 4-8-6 aufgearbeitet hatte. Vor mir saß eine junge Frau, die kämpfen wollte. Tanja Kreis wollte die Tat nicht ungesühnt lassen. Auch wollte sie andere Frauen vor diesem Menschen schützen. Das waren große Ziele, die sie nun eindeutig für sich definiert hatte.

Ich versprach Tanja Kreis, den von ihr geschilderten Sachverhalt in eine Strafanzeige zu packen und diese bei der zuständigen Staatsanwaltschaft einzureichen. Sollte das Verfahren gegen David Hille tatsächlich wieder aufgenommen werden, so würde das Gericht meine Mandantin als Nebenklägerin zulassen und mich als ihren Nebenklägervertreter beiordnen.

Auch wenn ich in den meisten Fällen die Strafprozesse als Verteidiger der Angeklagten mitgestalte, ist es für mich nicht nur eine Selbstverständlichkeit, sondern auch ein persönliches Bedürfnis, mich immer wieder auch für die Seite der Opfer starkzumachen. Es hilft mir, in solchen Fällen nicht lediglich den juristischen Sachverhalt, sondern das wahre Leben dahinter zu erfassen und mir im Besonderen bewusst zu machen, dass jedem juristischen Streit tatsächliche, bisweilen tragische menschliche Schicksale zugrunde liegen. Und so nehme ich gerade auch auf der Seite der Opfer viel für mich mit für die anderen zahlreichen Verfahren, in welchen ich mich bedingungslos auf der Seite des mutmaßlichen Täters für dessen Rechte einsetze. Es bestärkt mich darin, auch als Verteidiger des Angeklagten dem mutmaßlichen Opfer immer mit dem notwendigen Respekt und Anstand zu begegnen. Und das steht dann auch nicht etwa im Widerspruch dazu, in meiner Rolle als Verteidiger bedingungslos für die Rechte des eigenen Mandanten einzustehen. Im Gegenteil. Mancher Richter wird womöglich eher zum Zuhören und Verstehen geneigt sein, wenn ich im Prozess die Achtung vor den Opfern lebe und für alle Beteiligten spürbar mache.

Umgekehrt hilft es mir als Opfervertreter ungemein, dass mir aufgrund der vielen Prozesse, in welchen ich die Verteidigung des Angeklagten übernehme, meist durchaus bewusst ist, wie ein Verteidiger in einem Prozess seine Strategie aufbaut und an welchen Stellen er nachhaken und mit womöglich unangenehmen Fragen aufwarten wird.

Zwei Tage später erreicht mich per Mail ein Schreiben der Psychologin meiner Mandantin:

> *»Zur Aufarbeitung des Erlebten ist der Impuls, sich jetzt juristisch einer Auseinandersetzung mit dem Täter zu stellen, ein wesentlicher gesunder Schritt. Dieser konnte vor einem halben Jahr noch eine neue seelische Krise auslösen. Es ist für die Gesundung und Aufarbeitung wichtig, dass Tanja Kreis jetzt bereit und fähig ist, das Verfahren weiterzuführen.«*

Die Sätze ihrer Therapeutin überzeugten die zuständige Staatsanwältin auf Anhieb. Das Verfahren stand und fiel mit der Aussage meiner Mandantin. Diese war aus Gründen, die auch die Staatsanwältin durchaus nachvollziehen konnte, erst jetzt endlich bereit und in der Lage, sich den anstehenden Vernehmungen zu stellen.

Ich begleitete Tanja Kreis zur polizeilichen Vernehmung. Dort gab sie den Sachverhalt erneut so wieder, wie sie es zuvor schon bei mir in der Kanzlei getan hatte. Die vernehmende Polizeibeamtin stellte für mein Verständnis jedoch zu wenige Nachfragen. Das war für meine Mandantin zum Zeitpunkt der Vernehmung zwar angenehm. Je mehr Fragen jedoch zunächst nicht gestellt würden, desto mehr blieben später womöglich für die Verteidigung von David Hille übrig.

Tanja Kreis war die einzige Zeugin in dem Verfahren. In dem angestrebten Strafprozess würde daher Aussage gegen Aussage stehen, so wie es bei Sexualdelikten naturgemäß oft der Fall war. Da würde es auf jedes Wort von ihr ganz genau ankommen. Denn wie würde das Gericht bei dieser 1:1-Situation wohl entscheiden? Grundsätzlich kann es auch in einem solchen Fall am Ende des Prozesses den Angeklagten verurteilen, womöglich gar zu einer mehrjährigen Freiheitsstrafe. Da sind Fehlurteile durchaus programmiert, mit bisweilen brutalen Folgen auf beiden Seiten. Entscheidet sich das Gericht nämlich nach dem Grundsatz »Im Zweifel für den Angeklagten« für die Version des Angeklagten und spricht diesen frei, so läuft in der Konsequenz möglicherweise ein Sexualstraftäter weiterhin frei draußen herum.

Umgekehrt, falls das Gericht einer erlogenen Zeugenaussage Glauben schenken sollte, wird am Ende ein tatsächlich Unschuldiger zu einer meist hohen Haftstrafe verurteilt. Wie muss es sich aber für ein tatsächliches Opfer anfühlen, wenn dem Peiniger eine vermeintliche Unschuld bescheinigt wird? Und wie erlebt ein in Wahrheit Unschuldiger die vielen Jahre im Gefängnis?

In einem solchen Fall, in dem Aussage gegen Aussage steht, beneide ich keinen Richter um seine Rolle im Strafprozess. Er muss eine Entscheidung treffen, wohlgemerkt eine richtige, um eben die andernfalls verheerenden Konsequenzen für Opfer oder Täter zu vermeiden. In seiner Entscheidung, welcher Aussage er den Vorzug gibt und aus welchen Gründen er seine Entscheidung zulasten des anderen getroffen hat, ist er aufgrund seines Selbstverständnisses per Gesetz frei. Als unabhängiger Richter muss er seine zweifelsfreie Überzeugung jedoch auf der Grundlage der im Prozess erlebten Beweissituation plausibel und ohne Widersprüche begründen können. Und dazu kann tatsächlich die Bezugnahme auf die einzige belastende Aussage des Opfers ausreichen. Selbst bei mehreren möglichen Schlussfolgerungen muss ein Richter sich keineswegs zwangsläufig für die dem Angeklagten günstigere Variante entscheiden.

Weil nun aber die Beweissituation in einer Aussage-gegen-Aussage-Konstellation schwierig und die Gefahr von Fehlurteilen groß ist, hat der Bundesgerichtshof in Karlsruhe mehrfach entschieden, dass die konträren Aussagen im Prozess vom Richter ganz besonders gründlich und kritisch geprüft und gewürdigt werden müssen. Steht also dem Richter in einem Sexualstrafverfahren, so wie im Fall von Tanja Kreis, einzig die belastende Aussage des mutmaßlichen Opfers zur Verfügung, dann muss er die Aussage dieser Zeugin einer intensiven Glaubhaftigkeitsprüfung unterziehen. Er muss ihre Angaben also besonders kritisch beleuchten und dabei auch hinterfragen, ob die Zeugin zu einer zuverlässigen Aussage überhaupt in der Lage ist. Auch eine lückenlose Gesamtwürdigung aller Indizien wird das erkennende Gericht vornehmen müssen. Hier spielen auch Umstände eine Rolle, die außerhalb der Zeugenaussage liegen können. Hat die Zeugin zum Beispiel früher schon einmal in einem vergleichbaren Verfahren nachweislich gelogen? Oder hat sie sich im Anschluss an die mutmaßliche Straftat womöglich auffällig verhalten, zum Beispiel ihren Freunden verschiedene Versionen des Tatgeschehens aufgetischt?

Je mehr die Polizei diese Eventualitäten bereits in der ersten Vernehmung kritisch beleuchtet, desto berechenbarer ist der bevorstehende Strafprozess. Kommt die Staatsanwaltschaft am Ende der Ermittlungen zu dem Ergebnis, dass die Angaben des mutmaßlichen Opfers in der späteren Hauptverhandlung nicht für eine Verurteilung ausreichen werden, sieht sie von einer Anklageerhebung ab und stellt das Verfahren ein. Nur wenn sie die Beweislage für ausreichend erachtet, um eine Verurteilung des mutmaßlichen Straftäters zu erreichen, steht einer Anklage nichts im Wege.

Da der anstehende Strafprozess viele Tage in Anspruch nehmen kann und für das mutmaßliche Opfer meistens sehr belastend sein wird, ist es umso wichtiger, dass die Anklage auf einer soliden Beweislage fußt. Je genauer die Polizei bei einer Aussage-gegen-Aussage-Konstellation im Rahmen der Vernehmung des mutmaßlichen Opfers vorgeht, desto fundierter kann eine Anklage erfolgen. Nicht zuletzt nimmt eine ausführliche und kritische Polizeivernehmung dem Verteidiger im späteren Prozess an mancher Stelle womöglich den Wind aus den Segeln. Der Nebenklage mag es daher sogar gelegen kommen, wenn ein Vernehmungsbeamter dem mutmaßlichen Opfer Detailfragen stellt und ihm Widersprüche in seiner Aussage vorhält.

Meine Sorge war es im Falle von Tanja Kreis daher, dass das später zuständige Gericht den von meiner Mandantin geschilderten Sachverhalt vielleicht als inhaltlich zu dünn ansehen und mit entsprechenden Zweifeln belegen könnte. Dann würde es den Angeklagten zwar nicht wegen erwiesener Unschuld, jedoch wegen des Grundsatzes »Im Zweifel für den Angeklagten« freisprechen. War ich mir bei meiner Mandantin zwar sicher, dass sie Opfer der von ihr geschilderten Vergewaltigung geworden war, so sorgte mich, dass sie am Ende als Zeugin inhaltlich nicht stark genug sein könnte.

Ich fragte mich durchaus, warum sie nicht schon viel früher aus dem Hotelzimmer gerannt war. So wie sie den Ablauf in jener Nacht geschildert hatte, gab es objektiv auch vorher schon Gelegenheiten, sich auf die Flucht vor dem Peiniger zu begeben. Andererseits hatte meine Mandantin in unseren Gesprächen von Todesängsten berichtet, welche sie die ganze Zeit gefangen gehalten und subjektiv an einer Flucht gehindert hatten. Als David ihr beim Urinieren zwangsläufig den Rücken zudrehte, mochte sie hierin einen gewissen Vorlauf für ihre Flucht erkannt haben, der sie in diesem Moment mutiger gemacht haben konnte.

Nichtsdestotrotz würde ich als Verteidiger des Angeklagten an dieser Stelle alles ganz genau wissen wollen. Die Verteidigung würde sicherlich auch interessieren, mit welchen tatsächlichen Erwartungen Tanja Kreis in der besagten Nacht mit auf das Zimmer gegangen war. Ging sie davon aus, dass David es bei Küssen und dem Austausch harmloser Zärtlichkeiten belassen wollte? War es womöglich erst später im Zimmer zu einem bestimmten Vorfall gekommen, weswegen Tanja Kreis sich plötzlich nicht mehr weiter auf David hatte sexuell einlassen wollen? Hatte sie, was ihr nicht vorzuwerfen wäre, irgendetwas gesagt oder getan, was den Angeklagten plötzlich zu diesem Monster hatte werden lassen? Oder hatte allein ihre völlig berechtigte Äußerung, in jener Nacht noch nicht ganz so weit gehen zu wollen, den Angeklagten von jetzt auf gleich zum brutalen Gewalttäter werden lassen? Das alles waren wichtige Fragen.

Doch auch nach dezentem Drängen meinerseits fragte die Polizistin das alles leider nicht ab. Die Vernehmung blieb daher bis zum Schluss oberflächlich. Ich würde die vielen möglichen Fragen, die im späteren Prozess zu erwarten waren, allerdings im Rahmen unserer Vorbereitung noch in aller

Ruhe mit Tanja Kreis durchgehen. Selbstverständlich durfte ich ihr keine Antworten in den Mund legen. Aber mit einer ausführlichen, durchaus ungemütlichen Befragung in meinem Besprechungszimmer konnte ich sie womöglich dazu bewegen, sich bereits im Vorfeld zum Prozess intensiv in den von ihr erlebten Tatablauf hineinzudenken, um nicht zuletzt hierdurch auch selbst vorher schon zu erkennen, an welchen Stellen sie bei ihren Erinnerungen unsicher war, oder sogar selbst Widersprüchlichkeiten zu entdecken.

Das Leben ist kein mathematischer Sachverhalt. Daher gibt es keine richtigen oder falschen Antworten. Menschliche Handlungen sind nicht immer logisch nachvollziehbar. Dem Gericht würde es deshalb auch gar nicht darum gehen, für alles eine rechtfertigende Erklärung zu erhalten. Es würde allerdings nachvollziehen wollen, was meiner Mandantin in jener Nacht durch den Kopf gegangen war und sie zu der einen oder anderen Handlung oder auch Nichthandlung bewogen haben mochte.

Der Staatsanwaltschaft reichten die Angaben, die meine Mandantin bei der Polizei gemacht hatte, aus. Ganze sieben Monate später wurde ihr die Anklage zugestellt. Das war nicht rekordverdächtig, jedoch zeitlich durchaus im üblichen Bereich. Strafverfahren, bei denen sich der Beschuldigte in Untersuchungshaft befindet, werden vorrangig behandelt, denn sie unterliegen dem sogenannten Beschleunigungsgrundsatz in Haftsachen. David Hille war um eine U-Haft herumgekommen. Vermutlich war bei der Bearbeitung seines Verfahrens so manche Haftsache vorgezogen worden.

Bis die Strafsache Hille vor Gericht verhandelt werden konnte, dauerte es weitere zehn Monate. Zum Zeitpunkt des Prozessauftakts lag die Tat damit schon bald zwei Jahre zurück. Die anfängliche Erleichterung darüber, dass es nun endlich losgehen würde, verwandelte sich bei Tanja Kreis bald in Schwermut. Erst jetzt ließ sie die Tatsache an sich heran, dass es am Ende zu einem mehrtägigen Strafprozess kommen würde, in welchem sie dem Gericht, dem Staatsanwalt und dem Verteidiger als Zeugin Rede und Antwort zu stehen hatte. Dabei brauchte sie sich vor der Hauptverhandlung nicht zu fürchten. »Dichten Sie nichts hinzu, lassen Sie nichts weg!« Diese scheinbar abgedroschene Weisheit gab ich ihr mit auf den Weg, denn sie bringt es gut auf den Punkt.

Das Wichtigste für einen Zeugen ist es, wirklich immer nur das zu sagen, was er zum Zeitpunkt der Aussage noch vor sein geistiges Auge rufen kann. Wenn ihm das gelingt, dann wird er nur schwer angreifbar sein und sich weder in die Enge treiben noch verunsichern lassen. Lügende Zeugen werden meist genau deshalb entlarvt, weil sie eben keinen von ihnen erlebten Geschehensablauf vor Augen haben, sondern etwas behaupten, das niemals stattgefunden hat. Haken die Rechtsorgane im Prozess dann näher nach, entstehen während ein und derselben Aussage schnell Widersprüche.

»Verlassen Sie sich stur auf Ihr Erinnerungsvermögen«, empfahl ich ihr. »Dann kann Ihnen nichts passieren. Denn Sie haben es nun mal so erlebt.« Tanja Kreis nickte. Sollten ihre Erinnerungen zur Überzeugung des Gerichts nicht für eine Verurteilung im Sinne der Anklage ausreichen, so wäre genau das Ausdruck des durchaus unsicheren Zeugenbeweises. Nur wenn ein Zeuge sich traut, auch ehrlich anzugeben, wenn er sich nicht erinnert, vermeidet er ein Fehlurteil und im Nachgang ein Verfahren gegen sich selbst wegen Falschaussage, bei welchem ihm hohe Strafen drohen würden.

Am ersten Prozesstag war der Zuschauerraum des Gerichtssaals bis zum letzten Stuhl besetzt. Erwartungsgemäß waren viele Presse- und Medienvertreter anwesend. Als Nebenklägerin hatte Tanja Kreis das Recht, den gesamten Prozess über im

Sitzungssaal zu bleiben. Nach bald zwei Jahren würde sie David Hille, ihrem Vergewaltiger, gegenübersitzen.

Kaum dass wir den Saal betreten hatten, setzte ein Blitzlichtgewitter ein. Natürlich hätte meine Mandantin ihr Gesicht hinter einem Schal oder einer Aktenmappe verstecken können. Aber warum sollte sie? Tanja Kreis hatte nichts zu verbergen. Sie sollte Opfer eines grausamen Verbrechens geworden sein. Sie selbst hatte hiernach nichts falsch gemacht. Ich hatte sie auf die Fotosession vorbereitet. Erhobenen Hauptes betrat sie den Gerichtssaal. Es war auch nicht etwa zu befürchten, dass sie am nächsten Tag zum Stadtgespräch werden könnte. Selbstverständlich würde ihr Gesicht später in der Presse und den Medien durch Verpixelung unkenntlich gemacht werden. Auch werden von Zeugen und Angeklagten maximal die Vornamen genannt und die Nachnamen nur mit dem Anfangsbuchstaben angedeutet. Ist ein Vorname besonders ausgefallen und deshalb auffällig, sodass er womöglich leicht der betroffenen Person zugeordnet werden könnte, verwenden die meisten Zeitungen Fantasienamen. Hierauf konnten sich meine Mandanten immer verlassen. Mit einer Ausnahme. Ich erinnere mich an einen Prozess, bei dem ich nicht schlecht staunte, als ich am nächsten Tag die Zeitung aufschlug und nicht das Gesicht des Mandanten, sondern mein eigenes, also das des Verteidigers, gepixelt vorfand. Manch einer mag gedacht haben: »Na, sieh einer her, jetzt haben sie den Lucas endlich.« Aber das war eben ein offenkundiges Versehen, das sich normalerweise ausschließen lässt.

Nach der Verlesung der Anklage und der Belehrung durch den Vorsitzenden Richter erklärte der Angeklagte Hille durch seinen Verteidiger, dass er keine Angaben machen werde. Ob er dieses Recht im Prozess für sich in Anspruch nehmen würde, war im Vorfeld nicht bekannt gewesen. Und so hatte ich meine Mandantin gebeten, während einer möglichen Aussage des Angeklagten noch draußen vor der Tür zu warten. Denn natürlich würde es den Wert ihrer Aussage als mutmaßlich Geschädigte nicht gerade stärken, wenn sie sich zuvor die Version des Angeklagten angehört hätte und ihre Aussage daran hätte anpassen können. Ein solches Vorgehen ist daher durchaus üblich.

Kaum hatte der Verteidiger uns über das Prozessverhalten seines Mandanten informiert, kam schon meine Mandantin an die Reihe. Ich hätte beantragen können, für die Dauer ihrer Vernehmung die Öffentlichkeit aus dem Sitzungssaal auszuschließen. In der Regel wäre so ein Antrag auch erfolgreich. Denn im Interesse der Wahrheitsfindung wäre es in manchen Fällen nicht gut, wenn sich das Opfer einer Sexualstraftat aufgrund der anwesenden Zuschauer eingeschüchtert fühlen und sich womöglich nicht trauen würde, manches intime Detail offen anzusprechen. Müssen die Zuschauer und Medienvertreter nach einem entsprechenden Beschluss des Gerichts den Sitzungssaal verlassen, sieht die Strafprozessordnung seit geraumer Zeit jedoch zusätzlich zwingend vor, dass das Publikum auch später bei den Plädoyers von Staatsanwaltschaft, Verteidigung und Nebenklagevertreter nicht anwesend sein darf. Diese Regelung ist nicht nachvollziehbar und nimmt der Nebenklägerin die wichtige Möglichkeit, am Ende der Beweisaufnahme gegenüber der Öffentlichkeit deutlich ihre Stimme zu erheben. Daher hatte ich mit meiner Mandantin eine sensible Abwägung vorgenommen und mit ihr eine Entscheidung gefunden. So wie sie der Öffentlichkeit ihr Gesicht gezeigt hatte, so wollte sie ihr auch mit meinem Schlussplädoyer ihre höchstpersönliche Einschätzung des Prozessverlaufs zu Ohren bringen. Erst einmal musste sie jetzt jedoch als Zeugin in der Mitte des Saales auf dem Zeugenstuhl Platz nehmen. Ich setzte mich neben sie. So konnte ich sie jederzeit beruhigen und notfalls auch schnell eingreifen, falls die Mandantin durch unklare oder gar unfaire Fragen verunsichert werden sollte. Ich setzte mich ganz bewusst so hin, dass der Angeklagte, der links von uns platziert war, keinen freien Blick auf meine Mandantin hatte. Sollte er doch ruhig mich anstieren. Ich konnte das ertragen.

Der Vorsitzende Richter belehrte Tanja Kreis über ihre Wahrheitspflicht und forderte sie anschließend auf, das Geschehen in der Tatnacht zu schildern. Ruhig, wenn auch mit etwas zittriger Stimme gab sie genau das an, was sie sinngemäß zuvor bei der Polizei ausgesagt hatte. Während der gesamten Aussage wirkte sie entschlossen und konzentriert. Ich war mit ihrem gesamten Auftreten sehr zufrieden. Tanja Kreis trug an diesem Tag eine Jeans, Sneakers und ein Longsleeve. »Bloß nicht zu sexy«, hatte ich ihr vor dem Prozess gesagt. Die Wirkung des ersten Eindrucks war nicht zu unterschätzen. Nachdem sie geendet hatte, kam es noch zu vielen Nachfragen des Vorsitzenden Richters. Das war für meine Mandantin anstrengend. Doch dienten die Fragen ganz offenkundig dem einzigen Zweck, die einzelnen Abläufe des besagten Abends noch klarer verstehen und einordnen zu können. Auch die Fragen der anwesenden Staatsanwältin, die als Nächste an der Reihe war, erschöpften sich in wenigen, freundlichen Nachfragen. Danach hatte schließlich der Verteidiger das Wort.

»Waren Sie an dem Abend in dem Club auf der Toilette?«, fragte er barsch. Ich kannte diesen Kollegen nicht. Er wirkte angriffslustig.

»Ich weiß nicht, was die Frage jetzt soll«, gab meine Mandantin ihm zur Antwort.

»Das müssen Sie auch nicht wissen, Frau Zeugin. Also? Ihre Antwort?«

Zugegeben, auch ich hätte zu gerne gewusst, was diese Frage sollte. Doch steht es Zeugen und ihrem Beistand nicht zu, Gegenfragen zu stellen. »Bestimmt war ich mal auf der Toilette. Ich hatte ja, wie gesagt, einiges getrunken. Und …«

»Sie sollen hier nicht spekulieren, Frau Zeugin!«, unterbrach der Kollege sie. »Also, waren Sie auf dem Klo oder nicht?«

Ich ging dazwischen. Ich war nicht bereit, diesen respektlosen Umgang mit meiner Mandantin weiter hinzunehmen. Nur weil Tanja Kreis in den Augen des unfreundlichen Kollegen nicht so funktionieren mochte, wie er es sich vorgestellt hatte, gab ihm das nicht das Recht, hier immer lauter zu werden und obendrein mit dem offenkundigen Ziel der Stimmungsmache die »Toilette« salopp in ein »Klo« zu verwandeln.

»Ich gebe dem Nebenklägervertreter recht. Bitte bleiben Sie sachlich, Herr Verteidiger.«

»Ja, ich war auf der Toilette. Zwei Mal sicher, vielleicht auch drei Mal.«

»Mich interessiert nur das eine Mal!«

»Welches eine Mal meinen Sie?« Meine Mandantin ließ sich von dem Kollegen offensichtlich verunsichern.

»Ich stelle hier die Fragen, Frau Zeugin, nicht Sie. Ist das denn so schwer zu verstehen?«

Nun reichte es mir. Ich war mit dieser blöden Art nicht einverstanden. Das Gericht ebenfalls nicht: »Herr Verteidiger, so wie Sie die Frage stellen, gehe ich davon aus, dass sie nicht zur Sache gehört. Bitte präzisieren Sie sie. Und bleiben Sie höflich.«

»Dann eben noch einmal: Waren Sie mit dem Angeklagten gemeinsam auf dem Klo, pardon, der Toilette? Denken Sie bitte genau nach! Waren Sie?«

Meine Mandantin schaute den Verteidiger irritiert an, der daraufhin noch weiter ausholte: »Hatten Sie mit ihm Sex auf der Damentoilette? Hatten Sie dort mit ihm geschlafen?«

»Nein!«, sagte meine Mandantin sichtlich irritiert, aber in energischem Ton.

»Wirklich, nein? Sind Sie sich sicher? Mein Mandant sagt so etwas nämlich. Ich frage mich allerdings, warum es dann aber auf dem Zimmer nicht ebenfalls zum freiwilligen Sex gekommen sein soll. Sie behaupten ja, Sie wollten später im Hotelzimmer angeblich nicht mit ihm schlafen. Also, hatten Sie nun Sex mit ihm auf der Toilette oder nicht?«

»Also«, stotterte meine Mandantin leicht. »Also, das, äh, das wäre schon hart gewesen.«

»Wie meinen Sie das? Wer oder was war hart?«

Der Vorsitzende Richter fuhr den Verteidiger verärgert an. »Diese Wortspiele verkneifen Sie sich bitte, Herr Verteidiger! Sie sind hier in keiner Gerichtsshow.«

»Na ja, ich meinte das so, dass das ja schon echt hart wäre, wenn ich vorher das gemacht hätte. Das wollte ich sagen.«

»Wäre? Hätte? Haben Sie es denn gemacht?«, hakte der Anwalt fordernd nach.

»Ich höre die Behauptung hier echt das erste Mal. Verstehen Sie!« Meine Mandantin wurde sichtlich nervöser.

»Antworten Sie bitte, oder brauchen Sie Zeit, um sich erst noch eine passende Antwort auszudenken?«

»Ja, keine Ahnung, ich kann mich an keinen Geschlechtsverkehr auf der Discotoilette erinnern, aber ich kann es natürlich auch nicht ausschließen.«

Der Verteidiger ließ den Satz so stehen. Es lief nicht rund für meine Mandantin. Warum hatte sie nicht klipp und klar sagen können, dass sie auf der Toilette keinen Sex mit ihrem späteren Peiniger gehabt hatte? Etwa weil sie doch zuvor in dem Club mit ihm geschlafen hatte? Sollte es so gewesen sein, stellte es ihre Behauptungen, wie es in dem Hotelzimmer abgelaufen sein sollte, natürlich in ein anderes Licht.

»Kommen wir zu den Küssen im Hotelflur. Da sehen wir ja nachher auch noch das Video.«

»An die Küsse habe ich keine Erinnerung.«

»Ach, wieder eine Lücke?«

»Ja«, antwortete meine Mandantin, nun sichtlich gereizt: »Wieder eine Lücke. Ich habe von dem Abend halt ein paar Lücken.«

»Kommt das denn öfter bei Ihnen vor?«
»Was?«
»Na, das mit den Lücken.«
»Nein, aber ich hatte an dem Abend ja Alkohol getrunken.«
»Und daher die Lücken?«
»Vermutlich.«
»Wann und wo genau hatten Sie denn Ihre Lücken?«
»Das kann ich nicht sagen, denn es sind ja nun mal Lücken.«

Wie ein Pingpong-Spiel ging es zwischen den beiden hin und her. Ich glaubte meiner Mandantin jedes Wort. Aber warum bloß gab sie dem Anwalt diese verwirrenden Antworten? Vermutlich, weil sie sich nicht besser erinnerte. So hatten wir es nun einmal besprochen. Sie sollte nur sagen, was sie wusste, und nichts, was sie nicht wusste. Auf diese unbequemen Fragen waren wir allerdings beim besten Willen nicht eingestellt gewesen. Schließlich hatte ich bei der Vorbereitung des Prozesses nichts von der ungeheuerlichen Behauptung des Angeklagten wissen können, wonach es im Club zu einvernehmlichem Sex gekommen sein sollte. Und meine Mandantin hatte mir hiervon auch nichts erzählt. Warum auch immer. Doch welchen Grund sollte sie haben, sich die ganzen Vergewaltigungen auszudenken? Selbst wenn ich dem Verteidiger ein Stück weit folgen wollte, fiel mir für meine Mandantin beim besten Willen kein mögliches Motiv für eine erfundene Anschuldigung ein.

Im weiteren Verlauf der Hauptverhandlung wurden die Videos aus dem Hotelflur angeschaut oder, wie die Juristen es nennen, »in Augenschein genommen«, die ermittelnden Polizeibeamten wurden vernommen und außerdem der Nachtportier aus dem Hotel und die Toilettenfrau aus dem Club. Die hatte bei den vielen Menschen, die sie jede Nacht erlebte, verständlicherweise keine Erinnerung an den Angeklagten oder an meine Mandantin: »Auf der Damentoilette haben Männer nichts zu suchen, Herr Richter. Das ist klar. Aber ich bin Toilettenfrau, kein Wachhund.«

Auch Luisa, die Freundin meiner Mandantin, wurde vernommen. Zu den eigentlichen Vorwürfen konnte sie natürlich nichts sagen. Bis zu dem Zeitpunkt, als sie ihre Freundin Tanja aus den Augen verloren hatte, schilderte sie den Verlauf im Club aber genauso wie schon zuvor meine Mandantin. Schließlich stellte sich heraus, dass auch sie in jener Nacht ihre Prinzipien über Bord geworfen hatte: »Ich hatte auf der Tanzfläche einen Typen kennengelernt und mit ihm rumgemacht. Wir sind dann recht bald weitergezogen. Ich hätte mich bei Tanja melden müssen. So hatten wir es ausgemacht.«

Nach drei Verhandlungstagen wurde die Beweisaufnahme geschlossen. Die Staatsanwaltschaft beantragte in ihrem Plädoyer einen Freispruch für den Angeklagten. Sie distanzierte sich in ihrem Schlussvortrag also komplett von dem, was sie zuvor ermittelt und schließlich angeklagt hatte. Unwillkürlich schoss es mir durch den Kopf: Hätten Polizei und Staatsanwaltschaft im Vorfeld nicht viel genauer arbeiten können und sogar müssen? Die Polizei hätte meine Mandantin viel intensiver befragen sollen. Sie hätte Schritt für Schritt den Abend mit ihr durchgehen müssen. So wäre vielleicht auch die Sache mit der Toilette zur Sprache gekommen. Und Tanja Kreis wäre natürlich mit den Küssen im Hotelflur zu konfrontieren gewesen. So aber schienen gerade meine schlimmsten Befürchtungen wahr zu werden. Ein Freispruch bahnte sich an.

Hätte die Staatsanwaltschaft das nicht womöglich vor Anklageerhebung erkennen und das Verfahren lieber im Vorfeld einstellen sollen? Für »Wenn und Hätte« war es jetzt jedoch zu spät. Ich verfolgte unser Ziel unbeirrt weiter und beantragte als Nebenklägervertreter selbstbewusst, den Angeklagten wegen mehrfacher Vergewaltigung zu einer Freiheitsstrafe von drei Jahren und sechs Monaten zu verurteilen. Zugegeben, das mit den Erinnerungslücken mochte ungünstig sein für eine nahtlose Beweisführung. Die alles entscheidende Frage lag auf der Hand. Würde das Gericht die Verurteilung des Angeklagten auf die Aussage einer Zeugin stützen können, die aufgrund einiger Erinnerungslücken einzelne Sequenzen des Abends nicht hatte schildern können? »Ich habe von dem Abend halt ein paar Lücken.« Mit diesem Satz, den Tanja Kreis während ihrer Vernehmung so wörtlich hatte fallen lassen, hatte sie dem Verteidiger natürlich eine Steilvorlage geboten. Was, wenn sie sich an den Geschlechtsverkehr im Hotel zwar noch erinnerte, nicht hingegen daran, was und wie sie zuvor mit dem Angeklagten kommuniziert hatte? Musste das Gericht dann zugunsten des Angeklagten annehmen, dass eine Einwilligung vorausgegangen war und zum Zeitpunkt des Geschlechtsverkehrs immer noch vorgelegen hatte, meine Mandantin sich nur heute nicht mehr daran erinnerte? Auf genau diesen Standpunkt stellte sich der Verteidiger in seinem Plädoyer.

Zuvor hatte ich als Nebenklägervertreter das Wort ergriffen und mich in meinem Schlussvortrag in erster Linie auf die Aussage meiner Mandantin konzentriert. Ich führte dem Gericht vor Augen, dass sie die Tatnacht zunächst im Zusammenhang schlüssig wiedergegeben hatte und selbst scheinbar unwichtige Details hatte vorbringen können. Das sprach dafür, dass ihre Angaben sehr wohl auf etwas beruhten, das sie tatsächlich selbst erlebt hatte, mochte auch an mancher Stelle die Erinnerung ausgesetzt haben.

Die Richter zogen sich für eine geschlagene Stunde zur Urteilsberatung zurück. Die Strafkammer bestand aus zwei Berufsrichtern und zwei Laienrichtern, den sogenannten Schöffen. Schöffen sind keine ausgebildeten Juristen. Sie können Steuerberater, Friseure, Ingenieure, Rentner, Hausfrauen oder Handwerker sein. Es gibt kaum einen Beruf, der nicht unter ihnen zu finden wäre. Schöffenrichter sollen im Besonderen Volkes Stimme wiedergeben und so maßgeblich im wahrsten Sinne des Wortes zu einem »Urteil im Namen des Volkes« verhelfen. Von der Grundidee lassen sie sich am ehesten mit den in den USA an Gerichtsprozessen beteiligten Geschworenen vergleichen. Schöffen haben das gleiche Stimmrecht wie die beiden Berufsrichter, die studierte Volljuristen sind. Rechnerisch wäre sogar ein Patt zwischen den zwei Berufs- und den beiden Laienrichtern möglich. Daher mochte der Prozessstoff im Richterzimmer durchaus heiß diskutiert werden.

Nach einer Stunde ging die Tür des Beratungszimmers auf. Doch der Vorsitzende Richter betrat den Saal allein. »Behalten Sie bitte Platz! Wir benötigen leider noch eine halbe Stunde. Bitte bleiben Sie in der Nähe!« Das Warten gestaltete sich für meine Mandantin zäh. Anders als der Angeklagte musste sie zwar nicht befürchten, später vielleicht ins Gefängnis zu müssen. Einen Freispruch für den Mann, der sie so sehr gequält und gedemütigt hatte, vermochte sie sich allerdings nicht auszumalen. Entsprechend angespannt schaute sie ständig auf die Uhr in ihrem Smartphone.

Nachdem die halbe Stunde endlich vorbei war, bat der Vorsitzende noch um weitere 45 Minuten Geduld. So etwas hatte ich zuvor noch nicht erlebt. Staatsanwaltschaft und Verteidigung hatten beide einen Freispruch beantragt. Hatte ich dem Gericht womöglich mit meinen Argumenten für eine Verurteilung den Stoff für diese langen Beratungsgespräche geboten?

Endlich betraten die vier Richter den Saal. Nach einer Unterbrechung von fast zweieinhalb Stunden verurteilte die Strafkammer den Angeklagten gemäß meinem Antrag zu einer Freiheitsstrafe von drei Jahren und sechs Monaten. »Für die Glaubwürdigkeit der Zeugin Kreis spricht, dass sie das eigentliche Tatgeschehen sowohl bei der Polizei als auch bei ihrer gerichtlichen Zeugenaussage im Kerngeschehen jeweils identisch wiedergegeben hat. Erinnerungslücken hat sie offen angegeben. Das Gericht hat keinen Zweifel daran, dass der Angeklagte das ›Spiel‹, wie die Geschädigte es in ihrer Vernehmung genannt hatte, auch tatsächlich mit ihr gespielt hatte.«

Das Gericht war meiner Argumentation gefolgt. Etwas dünn schien mir die Verurteilungsgrundlage dennoch zu sein. Es war genau die Situation eingetreten, um die ich Richter niemals beneide. Zwar hatte ich ernsthaft eine Verurteilung beantragt und schließlich auch erreicht. Doch macht es für mich einen wesentlichen Unterschied, ob ich etwas so Weitreichendes nur beantrage oder ob ich über diesen Antrag mit allen seinen Konsequenzen auch persönlich zu entscheiden habe, so wie es das Gericht soeben getan hatte.

Für Tanja Kreis war die Sache noch nicht ausgestanden. Der Verteidiger hatte für seinen Mandanten gegen das Urteil Revision eingelegt. Nun musste also der Bundesgerichtshof in Karlsruhe darüber entscheiden, ob das Münchner Landgericht in seinem Urteil vielleicht rechtliche Fehler gemacht hatte. Bis eine Entscheidung ergehen würde, konnte es erfahrungsgemäß lange dauern. Und das tat es. Nach knapp 15 Monaten erreichte mich endlich die BGH-Entscheidung. Der zuständige Senat hatte das Urteil tatsächlich aufgehoben. Eine andere Kammer beim Münchner Landgericht würde den Prozess nun noch einmal von vorne führen müssen. Ich war niedergeschlagen. Die Entscheidung musste für meine Mandantin ein Albtraum sein. Noch einmal würde sie als Zeugin den Prozessorganen, nicht zuletzt dem Verteidiger Rede und Antwort stehen müssen. Der Kollege würde auch dieses Mal nicht zimperlich mit ihr sein. Seinem Ziel, für seinen Mandanten einen Freispruch zu erreichen, war er durch die BGH-Entscheidung ein ganzes Stück nähergekommen. Denn die spielte ihm nur allzu sehr in die Hände.

»Eine umfassende Beurteilung des Realbezugs und der Zuverlässigkeit der Nebenklägerin war geboten, weil diese in Bezug auf die Ereignisse des Abends Erinnerungslücken aufweist. Diese Lücken lassen sich nicht hinreichend abgrenzen vom geschilderten Kerngeschehen.«

Die Entscheidung hatte gesessen. Die Aussichten für den neuen Prozess waren aus unserer Sicht, gelinde gesagt, ungünstig. Die Erinnerungslücken, die die Verteidigung im ersten Prozessdurchlauf herausgearbeitet hatte, würden nach den klaren Worten des Strafsenats dem nächsten Gericht eine Verurteilung wegen erwiesener Schuld sehr viel schwerer machen. Das Gericht würde sich im nächsten Prozess noch viel genauer mit diesen Lücken auseinandersetzen müssen. Andernfalls würde es riskieren, am Ende ebenfalls vom Bundesgerichtshof aufgehoben zu werden.

Eine Verwerfung seines Urteils durch das höchste Gericht bedeutet für einen Richter nichts Gutes. Dem Selbstverständnis eines Richters entspricht es, dass er als unabhängiger Spruchkörper zu einem rechtlich fundierten Urteil gelangt. Stellt das nächsthöhere Gericht dies in Abrede, trifft es einen Richter ins Mark. Ziel eines jeden Gerichts ist es deshalb, sein Urteil »revisionsfest« zu machen. Ebendies war dem Landgericht in unserer Sache nicht gelungen.

Es dauerte 19 Monate, bis die für die Neuauflage zuständige Strafkammer des Landgerichts die Sache neu verhandelte. Meine Mandantin hatte mich in der Zwischenzeit ganze drei Mal besucht. Sie wirkte von Mal zu Mal gedrückter. Dass das Verfahren, das sie selbst angestrengt hatte, einfach kein Ende nahm, belastete sie sehr. Ihre Therapie hatte sie zwischenzeitlich abgebrochen. Sie wollte mit dem damals Erlebten endlich abschließen.

»Herr Lucas, ich möchte nicht zum wiederholten Male aussagen. Immer wenn ich die Vorfälle in meinen Aussagen so nah an mich heranlasse, erlebe ich die Vergewaltigungen aufs Neue. Ich schaffe das nicht mehr.«

Ich verstand meine Mandantin nur zu gut. Aber es gab kein Zurück. Tanja Kreis war Zeugin in einem Verfahren, in welchem es ein schweres Gewaltverbrechen aufzuklären galt.

Ganze vier Stunden wurde meine Mandantin im Rahmen des neuen Prozesses vernommen. Die Vorsitzende Richterin hatte sehr viele Fragen an sie. Den eigentlichen Tatablauf in dem Hotelzimmer musste meine Mandantin noch sehr viel genauer schildern als im letzten Prozess. Alles, jede einzelne sexuelle Handlung, jedes Wort. Die Richterin ließ nicht locker, der Verteidiger später ebenfalls nicht. Die Fragen schienen gar nicht mehr aufzuhören. Nach zwei Prozesstagen war das Urteil gefällt: »Der Angeklagte wird freigesprochen.«

Nach dem Zweifelsgrundsatz war der Angeklagte um eine Verurteilung herumgekommen. Weder Staatsanwaltschaft noch Nebenklägerin legten Revision ein. Nach einer Woche wurde das Urteil rechtskräftig. Damit war die Unschuld des Angeklagten besiegelt. Niemand dürfte künftig behaupten, David Hille sei ein Vergewaltiger. Er würde sich ohne Wenn und Aber der Verleumdung strafbar machen. Das Gericht hatte eine Entscheidung getroffen. Und diese war nun für alle gültig.

Rund vier Jahre war es her, dass Tanja Kreis mich für ein Beratungsgespräch in meiner Kanzlei aufgesucht hatte. Selbstbewusst hatte sie sich seinerzeit für den Strafprozess entschieden. Sie wollte, dass ihr Peiniger verurteilt würde. Mit der angestrebten Verurteilung sollten nicht zuletzt der Angeklagte und andere potenzielle Täter abgeschreckt werden. Drei Mal war sie vernommen worden, hatte sich quälenden, teils intimsten Fragen stellen müssen. Immer vorausgesetzt, die Vorwürfe gegen David Hille trafen zu, war Tanja Kreis am Ende gleich mehrfach Opfer geworden. Sie war nicht nur das Opfer grausamer traumatisierender Vergewaltigungen. Sie war auch das Opfer vieler belastender Vernehmungen und eines jahrelangen Strafverfahrens. Und schließlich war sie das Opfer eines für sie unerträglichen Urteils, mit welchem der Angeklagte rechtskräftig freigesprochen worden war. Tanja Kreis hatte sich mit ihrer mutigen Strafanzeige aus ebendieser Rolle befreien wollen. Stattdessen hatte sich diese Rolle für sie immer weiter vertieft.

Vier Jahre waren vergangen, in denen Tanja Kreis nie mit der Sache hatte abschließen können. Ganz im Gegenteil, sie hatte sich immer und immer wieder damit beschäftigen und mit der Tatnacht konfrontieren lassen müssen. War es das wert gewesen? Die Staatsanwältin, die die Strafsache gegen David Hille seinerzeit angeklagt hatte, rief mich einige Tage nach dem Urteil an. Ihre Äußerung lässt mich bis heute nicht los: »Würde meiner Tochter so etwas Schreckliches widerfahren, dann würde ich ihr von einer Anzeige abraten. Sie sollte alles daransetzen, die Vergewaltigung kein zweites Mal durchleben zu müssen, nur weil sie sich als Zeugin der Justiz hilflos ausliefert.«

Sicher, es gab keine Pflicht zur Strafanzeige. Aber sollten deshalb Gewaltverbrechen, wie Tanja Kreis mutmaßlich eines hatte erleben müssen, wirklich einer strafprozessualen Überprüfung entzogen werden? Die Justiz ist ihrerseits auf die Bürger, auf Zeugen angewiesen. Nur so ist es möglich, Verbrechen aufzuklären, mit Strafen auf die Täter einzuwirken und andere abzuschrecken und von möglichen Straftaten abzuhalten. Ein Staatsanwalt ist der Anwalt des Staates, also eines jeden Bürgers dieses Landes. Und als dieser braucht er die Möglichkeit, für den Staat und seine Bürger handeln zu können. Er ist auf mutige Menschen wie Tanja Kreis angewiesen.

Aber stand das, was meine Mandantin so viele Jahre durchgemacht hatte, wirklich im Verhältnis dazu? Ihre Hoffnung, dass das Gericht den Fall aufklären und David Hille deshalb verurteilen würde, hatte sich nicht erfüllt. Allerdings wurde David Hille nicht wegen erwiesener Unschuld freigesprochen. Es war ein Freispruch »Im Zweifel für den Angeklagten«. Niemand behauptete also, dass meine Mandantin gelogen hätte. Und niemand durfte es behaupten. Denn die Beweislage hatte am Ende einfach nur nicht ausgereicht.

Was Tanja Kreis dem Gericht unter Wahrheitspflicht geschildert hatte, hatte sich womöglich genau so zugetragen. Nur hatte sich das Gericht schließlich außerstande gesehen, dies zu seiner Überzeugung zweifelsfrei festzustellen.

Genau das versuchte ich meiner Mandantin später in einem persönlichen Gespräch deutlich zu machen: »Sie haben einer breiten Öffentlichkeit gezeigt, wie stark Sie sind. Es gibt nun mal keinen Anspruch auf eine Verurteilung. Aber es gab einen Anspruch darauf, dass in Ihrem Fall ein Strafverfahren wegen mutmaßlicher Vergewaltigung eingeleitet und durchgeführt wurde. Sie haben vielen Menschen bewiesen, dass es geht. Sie haben in Würde und mit Stärke dafür gesorgt, dass Ihre schrecklichen Erlebnisse von den Verantwortlichen in der Justiz aufgeklärt wurden. Am Ende hat es bedauerlicherweise nicht gereicht. Auch das ist Ausdruck unseres Rechtsstaats. Glauben Sie mir, es war gut, dass Sie so stark waren.«

Tanja Kreis schaute mich zweifelnd an. Vielleicht würde sie eines Tages von meinen Worten überzeugt sein. Vielleicht würde ihr bewusst werden, dass es genau richtig gewesen war, dass sie als Opfer einer so brutalen Straftat die Sache selbst in die Hand genommen hatte. Durch den von ihr initiierten Strafprozess hatte sie sich aus ihrer bis dahin passiven Rolle herausbegeben.

Die Staatsanwaltschaft hatte während des gesamten Prozesses große Verantwortung getragen. Wenn eine Anklage mit zu heißer Nadel gestrickt wird, wäre es in vielen Fällen schwerwiegender Gewaltanwendung womöglich richtig und wichtig, lieber von der Erhebung einer Anklage abzusehen und das Verfahren mit Blick auf einen ernstlich zu befürchtenden Freispruch bereits im Vorfeld einzustellen. Viele Opferzeugen wird eine Verfahrenseinstellung zunächst sehr hart treffen und verzweifeln lassen. Denn mit ihrer Anzeige verfolgen sie das genau konträre Ziel, nämlich dass die von ihnen erlittene Straftat aufgeklärt und der Täter einem rechtskräftigen Urteil zugeführt werden möge. Verzögert sich allerdings die Rechtskraft – so wie im Falle meiner Mandantin – um viele Jahre, und endet ein Verfahren dann mit einem Freispruch, ist dies für das betroffene Opfer kaum zumutbar. Wie sehr wünschte sich meine Mandantin im Nachhinein, die Staatsanwaltschaft hätte vorausschauender gehandelt, in ihrem Fall von einer Anklage abgesehen und die Begründung hierfür fundiert und transparent in einer schriftlichen Einstellungsentscheidung ausgeführt.

Das Urteil war bald zwei Jahre her, da rief mich in meiner Kanzlei ein Journalist aus der Schweiz an. »Sagt Ihnen der Name David Hille etwas?« Ich nickte unwillkürlich. Nach einer kurzen Pause fuhr der fremde Mann am Telefon fort: »David Hille sitzt in Zürich in Untersuchungshaft. Er soll eine junge Frau nach einer Disco-Nacht in einem Hotel vergewaltigt haben. Immer wieder soll er seine Gewalttat unterbrochen haben, um sein Opfer sich sammeln und anziehen zu lassen. Und dann soll er jedes Mal erneut über die junge Frau hergefallen sein.«

Blonder Engel

Das Bild geht mir nicht mehr aus dem Kopf. Auf dem Foto ist der damals zweijährige Elias zu sehen. Ein bildhübscher Junge mit wunderschönen blonden Engelslocken. Ich habe den kleinen Mann leider nie kennengelernt. Er war so schlecht ernährt, dass er im Krankenhaus verstarb. Auf dem Foto lebt er bereits nicht mehr. Klein und schmächtig liegt er da, hat die Augen geschlossen und ist unfassbar blass. Einsam hatte sich der kleine Junge in dem kalten Kinderkrankenbett zurückgezogen. Sein schwacher Körper hatte aufgegeben, konnte einfach nicht mehr. Auf dem Foto sieht er friedlich aus. Befreit von seinem Leid.

Ich muss weinen, wenn ich an dieses Bild denke. Der kleine Junge hatte niemandem etwas getan. Was auch? Gesund hatte er das Licht der Welt erblickt. Heute wäre er bereits ein Kindergartenkind, später ein junger Mann, ein Erwachsener geworden. Aber Elias wurde Opfer seines schlechten körperlichen Zustands und der Umstände, in denen er aufwuchs. Er hatte sich nicht aussuchen können, in welche Lebenssituation er hineingeboren wurde.

Seine Mutter hat ihn geliebt. »Sonnenschein« hatte sie ihren kleinen Sohn oft genannt. Er hatte manchmal gar nicht aufhören können zu lächeln und zu lachen. Noch kurz vor seinem Tod war das so gewesen, auch wenn er da längst völlig geschwächt und abgemagert war. Die Mutter hatte ihn viel zu sehr vernachlässigt. Und sie war viel zu spät ins Krankenhaus gefahren. Schon seit Monaten hatte Elias kaum Nahrung zu sich genommen. Am Ende war er völlig unterernährt.

Auch seine kleine Schwester Adina war damals in einem äußerst schlechten Zustand gewesen. Nur drei Tage bevor die Mutter mit ihrem Elias ins Krankenhaus gefahren war, hatte sie schon das zehn Monate alte Baby dorthin gebracht. Es hatte einfach nichts mehr gegessen. Adina hatten die Ärzte zum Glück aufpäppeln können, sie hatte überlebt. Aber es war kurz vor knapp gewesen. Besuche beim Kinderarzt hätten sicher Wunder bewirkt. Doch dazu war es im Vorfeld leider nicht gekommen.

War Heidelinde Schäfer eine Rabenmutter? Nein, sie war Mutter mit Herz, Leib und Seele. Und Elias und Adina waren nicht ihre einzigen Kinder. Die beiden hatten sieben weitere Geschwister. Der gemeinsame Vater hatte ein gutes Jahr vor Elias' Tod die Biege gemacht. Ihm war alles zu viel geworden. Heidelinde Schäfer hatte daraufhin einen klaren Schlussstrich unter die Beziehung gezogen. Fortan war sie für ihre Kinder alleine da. Für sie lebte sie. Aber wer wollte ihr das nach diesen tragischen Ereignissen noch glauben?

»Herr Lucas, Hilfe, mein kleiner Sonnenschein ist tot, meine Prinzessin wäre fast gestorben. Ich habe sieben weitere Kinder und brauche Ihre Hilfe. Hochachtungsvoll Heidelinde Schäfer.«

Der Start in das neue Mandat ging völlig schief. Die Mail wirkte wirr. Ich dachte, es erlaubte sich jemand einen schlechten Scherz mit mir. Bisweilen schreiben mich vermeintlich Beschuldigte mit den abstrusesten Geschichten an. Bei einem Rückruf outen sich diese Menschen oftmals als respektlose Scherzkekse. Und so schickte ich die Mail etwas missgelaunt an meine Kanzleikollegen weiter mit dem saloppen Vermerk »Wer von Euch will sich's antun?«. Dieser Text kam jedoch nie bei den Kollegen an. In der Eile hatte ich eine falsche Taste bedient. So erreichten meine wenig reflektierten Worte auf direktem Wege die mich um Hilfe bittende Mutter. »Schade, dass ich mich in Ihnen so sehr geirrt habe. Ich hatte all mein Vertrauen in Sie setzen wollen.« Diese zweite Mail traf mich sehr. Ihre Verfasserin hatte recht. Zwar hatte ihr vorheriges Anschreiben nichts von einer klar formulierten Mandatsanfrage gehabt.

Doch änderte das nichts daran, dass ich mich für meine Äußerung in Grund und Boden schämte. Ich fasste mir ein Herz und rief die offenkundig verzweifelte Mutter an. In aller Form entschuldigte ich mich bei ihr und versuchte, meine Fehlleistung zu erklären.

Am anderen Ende der Leitung war keine Verrückte. Ich sprach mit einer wachen Frau, die mich Gott sei Dank noch nicht ganz aufgegeben hatte. »Ich brauche Sie, Herr Lucas! Ich bin Angeklagte beim Schwurgericht.«

Das ging mir dann doch ein bisschen zu schnell. Schwurgericht? Sprachen wir hier von Mord, von Totschlag? Frau Schäfer war immerhin auf freiem Fuß. »Ursprünglich war ich beim Amtsgericht angeklagt.« Jetzt verstand ich gar nichts mehr. Während es beim Schwurgericht oft um lebenslange Freiheitsstrafen geht, endet bei Amtsgerichten die Strafgewalt prinzipiell bei vier Jahren. Selbst wenn das Gesetz für eine Straftat einen Rahmen vorsieht, der über vier Jahre hinausgeht, dürfen Amtsgerichte keine höheren Strafen verhängen. Steht aus Sicht der Staatsanwaltschaft im Zeitpunkt der Anklageerhebung eine Strafe im Raum, die über die Vier-Jahres-Grenze hinausgehen soll, muss die Sache beim Landgericht verhandelt werden. Denn nur das Landgericht, dem auch die Schwurgerichtskammer angehört, darf höhere Strafen aussprechen.

»Meine Sache wurde zunächst beim Amtsgericht verhandelt. Vorwurf: fahrlässige Körperverletzung meiner Tochter und fahrlässige Tötung meines Sohnes. Am vierten Prozesstag war dann Schluss. Ohne Urteil. Der Amtsrichter entschied, dass die Sache beim Schwurgericht besser aufgehoben sei, und verwies mein Verfahren dorthin.«

So langsam verstand ich. Während der zuständige Amtsrichter wohl zunächst angenommen hatte, er könne ganz im Sinne der Anklageschrift eine Strafe im unteren Segment verhängen, musste er aufgrund irgendeiner Entwicklung im Laufe des Prozesses eine Strafe in Betracht gezogen haben, die über seine Strafgewalt als Amtsrichter hinausgehen würde. Irgendetwas musste an diesem vierten Prozesstag gehörig schiefgelaufen sein. Aber was nur?

»Ich habe keine Ahnung. Ich weiß nur, dass ich meinen bisherigen Anwalt nicht mehr haben möchte. Ich will Sie, Herr Lucas!« Und nach einer offenkundig bewussten Kunstpause fragte Heidelinde Schäfer mit ironischem Unterton: »Wollen Sie sich das antun?«

Die Anspielung auf meinen vorherigen schrecklichen Fauxpas hatte ich verstanden. Was sollte ich jetzt noch sagen? Aus dieser Nummer kam ich nicht mehr raus. Ich wollte es auch gar nicht mehr. Am nächsten Tag saß Frau Schäfer in meiner Kanzlei.

»Wo haben Sie Ihre vielen Kinder gelassen?«, fragte ich etwas unbedarft.

»Die wurden mir weggenommen«, antwortete meine Mandantin ernst. »Sie sind auf Pflegefamilien und Kinderheime verteilt.«

Ich war entsetzt. Frau Schäfer wurde für den Tod ihres zweijährigen Sohnes und für die Gesundheitsschäden der kleinen Tochter verantwortlich gemacht. Dass deshalb zum vermeintlichen Schutz ihrer Kinder alle anderweitig untergebracht würden, das hatte ich nicht umrissen, zumal ihre ältesten Söhne bereits fünfzehn und siebzehn Jahre alt waren.

»Nach dem Tod meines Sohnes wurde mir das Sorgerecht für alle Kinder entzogen. Seitdem reise ich nach einem genauen Stundenplan Tag für Tag von Pflegefamilie zu Pflegefamilie und von Heim zu Heim. Ich versuche, die Kinder so oft zu sehen, wie es nur geht.«

Heidelinde Schäfer zeigte keine Gefühlsregungen, während sie das sagte. Obwohl es so bewegend war, wirkte sie unglaublich gefasst. Vielleicht beherrsche sie sich nur, um keine Schwäche zu zeigen. Dass sie sich so unterkühlt, schon fast unnahbar präsentierte, konnte ein Schutzschild sein, den sie sich mit der Zeit aufgebaut hatte. Vielleicht war sie auch einfach ein Typ, der Emotionen kaum nach außen transportiert. Es spielte keine Rolle. Ich hatte an ihre Gefühle keine Erwartungen zu stellen. Es stand mir auch gar nicht zu. Menschen sind verschieden. Sie trauern auch unterschiedlich. Doch so stark und strategisch Heidelinde Schäfer auch mit ihrer Situation umzugehen vermochte, ich hatte keinen Zweifel daran, dass sie tief betroffen und unendlich traurig war. Dass sie so sehr nach vorne schauen und die Dinge anpacken konnte, faszinierte mich. Diese Frau war geistig hellwach. Ihre sprachliche Ausdrucksweise war auffallend gewählt und reich an Wortschatz.

Es zeigte sich einmal mehr, dass solche Fähigkeiten losgelöst von Ausbildung oder Studium sind. Heidelinde Schäfer hatte mit 17 ihren Hauptschulabschluss mit Qualifikation abgeschlossen, war danach ein ganzes Jahr mit der Eisenbahn durch die Welt gereist und dann schon bald Mutter geworden. Sie hatte nie eine Ausbildung begonnen.

»Dafür habe ich Tausende Bücher gelesen, Herr Lucas. Meist lese ich zwei oder drei parallel.«

Nein, dieser Frau konnte so schnell sicher niemand etwas vormachen. Vielleicht waren es gerade ihre vielen Gedanken, die sie die ganze Zeit schon daran hinderten, ihre Gefühle, Traurigkeit und Tränen unumwunden nach außen zuzulassen.

»Herr Lucas, es vergeht kein Tag, an dem ich nicht an meinen kleinen Sonnenschein denke. Wäre ich bloß früher mit ihm ins Krankenhaus gefahren. Die Ärzte sagen, nur sechs Stunden früher, und Elias hätte die Nacht überlebt.« Der Gedanke war schrecklich. Er musste Heidelinde Schäfer förmlich auffressen. Sie wusste, dass sie den Tod ihres Sohnes hätte verhindern können. Und sie wusste auch, wie sie es hätte anstellen sollen. Sie hätte nur früher zur Stelle sein müssen. Warum hatte sie es nicht geschafft? Unweigerlich werden sich bei Heidelinde Schäfer immer wieder Sätze in ihrem Kopf ausbreiten, die mit »wäre« und »hätte« beginnen. Doch ganz gleich, welche Antworten sie auch finden mag, sie kommen leider zu spät.

Die Anklage warf Heidelinde Schäfer nicht vor, ihren Sohn willentlich getötet zu haben. Der Vorwurf lautete auf Fahrlässigkeit. Sie hatte sich dafür zu verantworten, dass sie den Tod ihres abgemagerten Sohnes trotz aller Vorhersehbarkeit nicht verhindert hatte. Auch für das Leid des Töchterchens unterstellte die Anklage ihr keine Absicht, sondern dass sie den schlechten Gesundheitszustand des Babys einfach nicht rechtzeitig erkannt und nicht vermieden hatte. Die Staatsanwaltschaft warf ihr ein Versagen vor, das ihr auch ohne Strafverfahren jeden Tag gegenwärtig war und sie ein Leben lang quälen würde. Das Strafverfahren gab es sozusagen »on top«.

Im Strafrecht ist meist nur vorsätzliches Handeln strafbar. Der Täter muss das, was er anrichtet, auch tatsächlich anrichten wollen. Nur dann reagiert der Staat, indem er die bewusste Missachtung von Regeln mit einer Geld- oder Freiheitsstrafe quittiert. Begeht jemand eine Straftat hingegen nur versehentlich, steckt oftmals dermaßen wenig kriminelle Energie dahinter, dass eine Ahndung nicht erforderlich erscheint.

Nur bei wenigen Delikten wie Körperverletzung und Tötung kann man sich ausnahmsweise auch dann strafbar machen, wenn man die Tat zwar nicht gewollt hatte, sie jedoch hätte vorhersehen und vermeiden können. Die Juristen sprechen dann von Fahrlässigkeit. Dahinter steckt die Überlegung, dass es sich bei Leib und Leben um Rechtsgüter handelt, die besonders schützenswert sind. Und so ist ein jeder gehalten, bereits Situationen, in denen diese hohen Güter auch nur versehentlich verletzt werden könnten, tunlichst zu vermeiden. Doch haben wir oftmals zu viele Dinge im Kopf. Und so fehlt es uns manchmal an der erforderlichen Aufmerksamkeit. Niemand ist vor einem Fehlverhalten gefeit, ganz gleich, wie erfolgreich er sich bislang um Rechtstreue bemüht haben mag. Je nach Schwere der Folgen, die man bei gehöriger Aufmerksamkeit hätte vermeiden können, begleiten einen die Selbstvorwürfe danach oft ein Leben lang. Zusätzlich drohen womöglich Strafen nach dem Strafgesetzbuch.

»Herr Lucas, mir war der verheerende Zustand meiner beiden Kinder wirklich nicht bewusst. Klar, sie waren sehr dünn. Aber ich hatte nicht im Traum daran gedacht, dass sie in Gefahr sein könnten. Als ich zuerst meine Tochter und später meinen Sohn ins Krankenhaus gefahren habe, da hatte ich nicht einmal eine Ahnung davon, dass es so schlecht um die beiden stehen könnte.«

Ich glaubte meiner Mandantin jedes Wort. Die Staatsanwaltschaft tat es nicht. Und der zuständige Amtsrichter war zwischenzeitlich von Vorsatz ausgegangen und hatte die Sache deshalb ans Schwurgericht abgegeben.

Nach seiner Überzeugung hatte meine Mandantin ihre Kinder bereits wochenlang sehenden Auges leiden lassen und hierdurch den Tod ihres Sohnes riskiert. Heidelinde Schäfer legte mir das Protokoll der vier Sitzungen beim Amtsgericht vor. Das Schwurgericht hatte sich nach der vom Amtsrichter erfolgten Abgabe des Falles von Heidelinde Schäfer mit der

Frage zu beschäftigen, ob nicht bei beiden Kindern sogar Missbrauch von Schutzbefohlenen, bei Adina vorsätzliche Körperverletzung und aufgrund des Todes ihres Sohns bei Elias vorsätzliche Körperverletzung mit Todesfolge vorlagen.

»Die wollen es echt wissen«, sagte ich kopfschüttelnd. »Dieser Amtsrichter geht tatsächlich davon aus, dass Sie Ihre Kinder ganz bewusst haben leiden lassen. Ich verstehe Sie richtig, dass Sie sich das nicht kampflos gefallen lassen werden?«

Aus dem Protokoll erschloss sich mir nicht, warum sich der Richter, der die Anklage zunächst bei seinem Gericht zugelassen hatte, am vierten Tag für unzuständig erklärt hatte. Doch kam mir bald schon ein Verdacht. An jenem Prozesstag waren die Fotos des kleinen Jungen in Augenschein genommen worden. Bilder, die ihn zeigten, wie er tot im Krankenhausbett lag. Auch die Fotos der Obduktion, auf denen der geöffnete Körper des unschuldigen Kindes zu sehen war, waren am selben Tag in den Prozess eingeführt und von allen Beteiligten angeschaut worden. Vielleicht hatte der Richter sich im selben Moment von seinen Gefühlen leiten lassen und so etwas wie Groll und Resignation aufgebaut. Professionell wäre das nicht. Zudem waren dem Gericht die Fotos bereits im Vorfeld aus der Akte bekannt gewesen. Und doch wäre es menschlich nachvollziehbar. Nun war die Angelegenheit beim Schwurgericht anhängig. Wir hatten uns gut darauf vorzubereiten. Am nächsten Tag zeigte ich dem Gericht schriftlich an, dass ich die Sache als neuer Verteidiger übernommen hatte.

Der tragische Fall um den kleinen Elias würde ein großes Medienecho nach sich ziehen. Bereits im Vorfeld hatten viele Zeitungen über den Prozess beim Amtsgericht geschrieben. Im Internet zerrissen sich viele Menschen – in der Komfortzone absoluter Anonymität – über meine Mandantin das Maul. »Eine Rabenmutter«, da schien sich die Community einig zu sein. Bereits vor dem Prozessauftakt beim Schwurgericht war meine Mandantin von ihnen als Kapitalverbrecherin vorverurteilt. Dabei musste ihre Rolle, die sie bei diesen schrecklichen Ereignissen eingenommen hatte, erst noch abschließend richterlich geklärt werden.

Als Heidelinde Schäfer den zehn Jahre älteren Hans Schwarz kennengelernt hatte, war sie gerade einmal neunzehn gewesen. Bis über beide Ohren verliebt, hatten sie eine unbeschwerte Zeit erlebt. Zunächst hatten sie getrennt gewohnt. Abends hatten sie sich mal bei ihr, mal bei ihm getroffen. Das hatte die Liebe frisch gehalten. Erst viele Monate später war Hans Schwarz zu seiner Freundin in deren kleine Dachgeschosswohnung gezogen. Es war ein heißer Sommer gewesen. Doch war auch der irgendwann einmal zu Ende gegangen und mit ihm die Beziehung, die so schön begonnen hatte. Es hatte sich ausgeliebt. Er war ausgezogen, und die beiden hatten sich schnell aus den Augen verloren. Bis Heidelinde Schäfer eines Tages bei ihrem Ex-Freund vor der Tür gestanden hatte. Die beiden sollten Eltern werden. Hans Schwarz war entsetzt gewesen. Er hatte den Sommer, nicht jedoch das gemeinsame Kind gewollt. Wütend hatte er die werdende Mutter zur Abtreibung aufgefordert. Hierzu war sie nicht bereit gewesen. Sie wollte das Kind. Sie wollte viele Kinder.

Erst als der gemeinsame Sohn Michael schon eineinhalb Jahre alt war, hatten die beiden Ex-Partner wieder Kontakt zueinander. Und Hans Schwarz zog mit Heidelinde Schäfer erneut zusammen. Beide bekamen einen weiteren Sohn, bald eine Tochter, noch einen Sohn, wieder eine Tochter, danach einen Sohn und noch einen Sohn und schließlich die beiden Kinder Elias und Adina. Kaum jemand hätte nach dem damaligen Wutausbruch von Hans Schwarz eine solche familiäre Entwicklung erahnen können. Bereits mit dem zweiten Sohn Leo merkte Heidelinde Schäfer jedoch, dass ihr Lebensgefährte sich immer mehr vom gemeinsamen Familienleben fernhielt und sich stattdessen seinem Computer widmete.

Nicht Home Office oder Bankgeschäfte nahmen ihn ein. Hans Schwarz zockte. Und das von Tag zu Tag mehr. Wehe, eines der Kinder störte ihn, oder seine Lebensgefährtin wollte ihn kurz etwas fragen. Dann wurde Hans Schwarz schnell wütend und bald auch rabiat. Er warf Gegenstände nach seiner Familie, brüllte unkontrolliert herum und schlug die gemeinsamen Kinder. Ging seine Lebensgefährtin schützend dazwischen, schlug er auch sie. Manchmal sofort und vor den Augen der Kinder. Manchmal strafte er sie erst später ab, wenn er mit Heidelinde Schäfer allein war.

Von Trennung war trotzdem nie die Rede. Und auch wenn die beiden Lebenspartner kein ausgefülltes Sexualleben hatten, weitere Kinder wollten sie trotzdem, wenn auch die Initiative ganz offenkundig einzig von Heidelinde Schäfer ausging. Gesagt, getan. Auf nahezu jeden Beischlaf folgte ein weiteres Kind. Die Großfamilie zog mehrmals um. Die Raumnot trieb sie an. Jedes Kind sollte sein eigenes Reich bekommen. Zuletzt wohnte die Familie gar in einem ehemaligen Dorfgasthaus.

»Das Leben in diesem Nest war Gott sei Dank spottbillig.« Heidelinde Schäfer musste mich erst aufklären. Ich hatte keine Vorstellung davon, wie ein Leben mit einer so großen Familie und keinen Einkommen überhaupt finanzierbar sein konnte.

»Das alte Haus bezahlte der Staat. Weitere finanzielle Stützen fielen nicht allzu hoch aus. Aber ich will gar nicht undankbar sein. Alles ließ sich irgendwie organisieren. Wissen Sie, Kleidung muss nicht teuer sein. Und Urlaub oder essen gehen waren eben Fremdwörter für uns.«

Klar, so mochte es gegangen sein. Darüber hinaus bekam die Familie immer vom Sozialamt ein Kontingent an Freikarten für einen Tag im Zoo oder den Schwimmbadbesuch.

»Und ganz ehrlich, Herr Lucas, Zoobesuche sind nicht das

Wichtigste. Ich war mit den Kindern ständig im Wald. Wir haben gespielt und getobt. Und der Weiher bei uns in der Nähe war bestimmt nicht schlechter als das längst in die Jahre gekommene Freibad. Um 20 Uhr kommt dort auch keine Ansage, man möge sofort das Bad verlassen.«

Das alles überzeugte mich. Umso trauriger musste es für die Kinder immer gewesen sein, dass ihr Vater sich an allen diesen Aktionen nie beteiligt hatte. Je länger ich Heidelinde Schäfer zuhörte, desto weniger wurden für mich die Vorfälle begreifbar, die nun beim Schwurgericht verhandelt werden sollten.

Das Gasthaus hatte Heidelinde Schäfer nach Lust und Laune von oben nach unten bunt renoviert. Von Hans Schwarz kam keine Unterstützung. Als sie das Haus endlich für alle wohnlich gemacht hatte, mussten sie raus. Der Eigentümer hatte Eigenbedarf angemeldet. Der nächste Umzug stand an. Zwei gute Autostunden entfernt hatte die Familie ein günstiges, altes Bauernhaus gefunden. Den Umzug machte Heidelinde Schäfer schließlich ohne Hans Schwarz. Der Lebensgefährte wollte in keine andere Stadt. Seither war Schluss und die Mutter mit den neun Kindern ganz allein. Heidelinde Schäfer hatte es so entschieden. Eine Fernbeziehung kam für sie nicht in Betracht. Ich fand es erstaunlich, dass die Beziehung zwischen den beiden überhaupt so lange gehalten hatte. Genau genommen hatte sich der Schlussstrich schon lange angebahnt.

Als ich auch in der Verfahrensakte einiges von der Familiengeschichte zu lesen bekam, konnte ich es immer weniger fassen. Heidelinde Schäfer lebte zuletzt ganz allein mit neun Kindern im Alter von sechs Monaten bis zu 17 Jahren. Zwei der Kinder mussten morgens in den Kindergarten, zwei in die Grund- und drei in die Realschule. Und die zwei Kleinsten blieben zu Hause und mussten bespaßt, gewickelt und gefüttert werden. Daneben galt es, ein ganzes Haus zu putzen und aufzuräumen, Wäsche zu machen, Einkäufe zu erledigen, Mahlzeiten zuzubereiten. Und es standen Hausaufgaben, Arztbesuche, Behördengänge auf dem Plan. Wie sollte ein einziger Mensch das bloß schaffen? Dass das auf Dauer nicht gut gehen würde, war vermutlich programmiert. Bald wurde das Jugendamt eingeschaltet. Nicht zuletzt dafür war es da. Nach dem letzten Umzug gab das bislang zuständige Amt den Vorgang an das nächste weiter.

»Sehr geehrte Frau Linke, hiermit teilen wir Ihnen den Umzug der Familie Schäfer aus unserem Landkreis in Ihren Zuständigkeitsbereich mit. Der Kindsvater bleibt bei uns zurück. Ich möchte Sie bitten, im Rahmen des Schutzauftrags mit der zehnköpfigen Familie Kontakt aufzunehmen. Die Familie hat enormen Hilfebedarf. Schon allein die Kinder allmorgendlich in die Bildungseinrichtungen zu bringen, ist mit einem kleinen Pkw unmöglich. Und die Kleinsten können nicht allein im Haushalt bleiben. Alle neun Kinder sind blass und schmal. Nach unserer Einschätzung benötigt die Familie dauerhaft Anleitung und Unterstützung bei der Betreuung, Versorgung und Förderung der Kinder sowie der Organisation des Haushalts.«

Das war an Eindeutigkeit kaum zu überbieten. Heidelinde Schäfer mochte bei ihren Bemühungen um die Kinder straff organisiert gewesen sein und sich gut getaktet um Haushalt und Familie gekümmert haben. Aber das, was sie hier hatte stemmen müssen, erschien mir menschenunmöglich. Ständig war meine Mandantin mit den Kindern auf sich allein gestellt gewesen. Dabei gab es einen leiblichen Vater. Wie konnte es angehen, dass er sich komplett aus der Verantwortung gestohlen hatte? Je länger ich mich durch die endlos lange polizeiliche Vernehmung meiner Mandantin durchkämpfte, desto mehr Fragen stellten sich mir. Deshalb bestellte ich meine Mandantin für eine weitere Besprechung ein. Manche Knoten mussten noch platzen.

»Wie sah denn nun diese Hilfe vom Amt aus?«, wollte ich wissen.

»Da gab es so eine Frau, die war mal da. Aber so richtig hatte ich die Hilfe auch gar nicht gewollt. Viele Termine habe ich abgesagt. Oft auch kurzfristig. Ich denke, daran ist dann ein regelmäßiger Kontakt zum Amt gescheitert. Ich bin die Mutter. Es musste doch auch so möglich sein, meine Kinder zu erziehen und ihnen eine schöne Zeit zu schenken.«

»Das sagt sich jetzt aber sehr leicht«, erwiderte ich. »Warum haben sich die vom Amt so einfach abspeisen lassen? Dass Ihre beiden Jüngsten unterernährt waren, werden ja auch Sie im Nachhinein nicht bestreiten, nehme ich an? Wissen Sie, man wird manchmal betriebsblind. Der Blick und die Hilfe einer weiteren erwachsenen Person, die noch dazu hierfür ausgebildet ist, wäre doch wirklich gut gewesen. Dann hätten die gesundheitlichen Probleme womöglich rechtzeitig erkannt und Ihnen unter die Arme gegriffen werden können. So wäre es möglich gewesen, sich gemeinsam mit Ihnen um die beiden Kleinen zu kümmern.«

Was, bitte schön, hatte das Jugendamt an der Formulierung »dauerhafte Anleitung und Unterstützung« nicht verstanden? Die amtliche Pflicht zum Handeln hatte auch die Staatsanwaltschaft erkannt und Frau Linke vom Jugendamt ebenfalls wegen fahrlässiger Körperverletzung und fahrlässiger Tötung angeklagt. Das war vermutlich das Mindeste. Zugleich verzweifelte ich daran, dass der Staat, der über das Jugendamt gegenüber der Familie in der Pflicht stand, einfach nicht gehandelt hatte und nun nur noch mit Strafen antworten konnte. Jetzt reagierte er auf ein so schreckliches Leid, das von vorneherein so leicht von staatlicher Seite hätte verhindert werden können.

»Frau Schäfer, warum hatten Sie sich denn bloß nicht helfen lassen?« Ich musste diese Frage einfach wieder und wieder stellen.

Meine Mandantin wusste keine Antwort. Alle ihre Kinder waren Wunschkinder. Also wähnte sie sich ihren Worten nach in der alleinigen Pflicht, für jedes dieser Kinder da zu sein.

»Aber erst einmal können vor Lachen, Frau Schäfer! Sie konnten das allein doch niemals schaffen.« Und ich fügte leise hinzu: »Sie haben es auch nicht geschafft.«

Meine Mandantin sah mich ernst an. »Ja, ich hätte Hilfe gebraucht. Das weiß ich heute auch. Aber damals war ich überzeugt davon, es auch allein zu schaffen. Ich hatte mir die Pflicht nach der Trennung von Hans auferlegt. Und ich war mir sicher, dass es mir gelingen würde. Ich wollte als Mutter nicht versagen. Allein bei dem Gedanken daran, fremde Hilfe in Anspruch zu nehmen, hatte ich mich geschämt. Adina war, drei Monate bevor ich sie ins Krankenhaus gefahren hatte, bei ihrer ›U‹. Der Arzt war damals völlig zufrieden. Auch mit dem Gewicht. Und was Elias betrifft ...«

Heidelinde Schäfer guckte kurz zu Boden, ehe sie weitersprach: »Für ihn hatte ich im April schon den nächsten Vorsorgetermin beim Kinderarzt ausgemacht. Eine Woche vorher ist er gestorben.«

In diesem Verfahren gab es vermutlich viele Schuldige. Adinas Leid und der Tod des kleinen Elias hätten so leicht verhindert werden können. Was war mit den zuständigen Ämtern? Den Ärzten, die involviert waren? Es gab einen leiblichen Vater und eben eine Mutter, die ihre neun Kinder von Herzen liebte. Es konnte doch wirklich nicht wahr sein, dass es bei einer solchen personellen Aufstellung so weit hatte kommen können.

Die Verteidigungslinie stand schnell fest. Den Vorwurf der Fahrlässigkeit würde sich meine Mandantin gefallen lassen müssen. Sie hätte die Kinder früher ins Krankenhaus bringen können. Und müssen. Das war Heidelinde Schäfer schmerzlich bewusst. Aber der Vorwurf des Missbrauchs Schutzbefohlener, die vorsätzliche Körperverletzung gegenüber Adina und die vorsätzliche Körperverletzung mit Todesfolge durften auf keinen Fall Teil des richterlichen Schuldspruchs werden. Menschliches Versagen: Mehr konnte man dieser liebenden, seinerzeit erwartungsgemäß völlig überforderten Mutter wohl beim besten Willen nicht vorwerfen. Auch das wäre strafbar. Aber eben nur als fahrlässig begangene Tat. Es würde schwer werden, das Gericht davon zu überzeugen. Der Prozess würde medial genau beäugt werden. Für den Großteil der beobachtenden Bevölkerung war meine Mandantin eine Mörderin.

»Ich hatte nicht erkannt, in welchem schlechten Zustand sich meine beiden Kinder befunden hatten.« Man hätte im Schwurgerichtssaal eine Stecknadel fallen hören können. Heidelinde Schäfer wiederholte mit gewählten Worten gegenüber dem Gericht genau das, was sie mir bei unserem ersten Gespräch gesagt hatte. Der Tod des kleinen Jungen bewegte die Menschen im Publikum sehr. Sie alle wollten die Frau sehen, die aus ihrer Sicht für die Qualen der Kinder verantwortlich war. Sie wollten ihre Stimme hören. Und sie wollten ihre Erklärungen, wenn auch kopfschüttelnd, entgegennehmen.

»Meine Tochter war schmal und zierlich. Das stimmt. Aber alle meine Kinder waren in diesem Alter so. Der Arzt hatte bei der letzten ›U‹ noch gesagt, Adina sei in Ordnung. Adina war ein Spuckkind. Mithilfe der Hebamme hatte ich die Nahrung umgestellt. Und dann hatte meine Tochter endlich gut zugenommen.«

Meine Mandantin berichtete, wie sie in der Nacht, in der sie

Adina später ins Krankenhaus brachte, bemerkt hatte, dass mit dem Kind irgendetwas nicht stimmen konnte.

»Adina war an vielen Körperstellen sehr, sehr wund«, hielt der Vorsitzende Richter meiner Mandantin vor.

»Das weiß ich«, entgegnete meine Mandantin traurig: »Besser gesagt, das weiß ich heute. Meine Tochter hatte die Windeln nicht vertragen. Der Kinderarzt hatte ihr deshalb Zinksalbe verschrieben. Damit wurde der Po dann besser. Irgendwann war die Salbe aber leer. Erst im Prozess beim Amtsgericht habe ich die Bilder von damals gesehen. Und ich habe mich ehrlich gesagt ganz schön erschrocken. Mir war zuvor wirklich nicht bewusst gewesen, dass Adina so ausgesehen hatte.«

»Einfach leer gegangen ...«, ätzte eine Mittvierzigerin im Publikum. Ob diese Zuschauerin Kinder hatte? Und wenn, wie viele konnten es sein? Womöglich eines, zwei oder auch drei. War dieser Frau bewusst, wie oft bei neun Kindern irgendetwas leer ging? Wusste die Zuschauerin, ob der Po des Babys sich nicht zunächst wieder ganz gut entwickelt hatte und deshalb das Nachkaufen der leer gegangenen Creme vielleicht nicht an erster Stelle der vermutlich langen Prioritätenliste gestanden hatte? Ich wusste es selbst nicht. Aber ich hinterfragte es wenigstens. Ich nahm mir nicht heraus, mir von den Vorfällen schon von vornherein ein fertiges Bild zu machen. Das Bild sollte in dem auf viele Tage angesetzten Strafprozess erst noch entstehen.

»Sprechen wir als Nächstes bitte über Ihren Sohn«, fuhr der Richter fort.

Meine Mandantin atmete tief durch: »Am Tag vor der Einlieferung hatte ich meinen Sohn noch gebadet. Er war etwas verstimmt. Aber er hatte kein Fieber und auch sonst keine Krankheitssymptome. Für die größeren Kinder hatte ich gerade Abendessen gemacht. Elias lag bereits in seinem Bettchen. Am nächsten Tag hatte er noch ganz lieb im Kinderzimmer gespielt. Er war echt nur ein bisschen nörgelig gewesen. Mehr aber auch nicht. Abends habe ich ihn dann wie gewohnt schlafen gelegt. Wenn er am nächsten Tag immer noch so quengelig sein würde, dann müsste ich mit ihm zum Arzt fahren. So hatte ich es mir vorgenommen. Von dem normalen Essen hatte er an dem Abend nichts gewollt. Also hatte ich ihm einen Trinkbrei zubereitet. Am nächsten Morgen kam ich wie immer in sein Zimmer, um nach ihm zu schauen. Elias schlief noch. Ich hob ihn aus dem Bett und machte ihn fertig. Wieder wollte er nichts essen. Und auch den Trinkbrei verweigerte er. Als er stattdessen anfing zu spucken, verfrachtete ich ihn sofort ins Auto und fuhr mit ihm ins Krankenhaus. Was dann geschah, wissen Sie.«

Es entstand eine beklemmende Pause.

»Ich habe das alles nicht gewollt, Herr Vorsitzender. Und das Schlimmste ist, ich hatte einfach nicht erkannt, dass es den beiden schlecht gehen könnte. Ich habe es einfach nicht gesehen. Vielleicht lag es auch daran, dass ich die beiden tagtäglich und rund um die Uhr immer um mich hatte. Sie waren dünn. Und sie waren schmächtig. Das stelle ich gar nicht in Abrede. Und ja, sie waren auch etwas unterentwickelt. Aber ich habe das damals alles nicht erkannt. Und das ging nicht nur mir so.«

Die Staatsanwältin sah das anders. Am zweiten und dritten Prozesstag ließ sie jede Menge Zeugen auffahren. Diese sollten gemäß ihrer Überzeugung beweisen können, dass meine Mandantin sehr wohl die Unterernährung der beiden Kinder rechtzeitig erkannt und sich trotz dieses Wissens nicht darum geschert hatte.

Schon dieser Vorwurf würde ausreichen, um bei meiner Mandantin von Vorsatztaten ausgehen zu können. Darauf zielte der Prozess beim Schwurgericht nun einmal ab. Selbst wenn ein Täter etwas nur für möglich hält, diese Möglichkeit jedoch in Kauf nimmt, spricht der Jurist von Vorsatz, genauer

Eventualvorsatz, die schwächste aller Vorsatzformen. Während der Täter einer Fahrlässigkeitstat den Ernst der Lage eben gerade nicht erkennt, ihn allerdings hätte erkennen müssen, erkennt der Vorsatztäter die Situation sehr wohl. Lässt er dennoch alles laufen, macht er sich wegen vorsätzlicher Tatbegehung strafbar. Je klarer dem Täter eine Situation, die zu Verletzungen oder zum Tod führen kann, ist und je mehr er genau diese Situation will, desto stärker ist der Vorsatz ausgeprägt. Die Stärke des Vorsatzes schlägt sich dann bei der Strafzumessung und somit in der Strafhöhe nieder.

Die Hauptverhandlung verlief zu weiten Teilen unwürdig. Jeder Zeuge, dem zulasten meiner Mandantin etwas einfiel, schien der Staatsanwältin recht und billig zu sein. Es war ein wirklich absurdes Schauspiel, wer sich an diesen Tagen alles die Klinke im Prozesssaal in die Hand geben durfte. Nachbarn, andere Eltern und jede Menge Polizisten.

»Es war eine ganz schöne Müllhalde bei der Frau Schäfer zu Hause. Da lagen Klamotten in der Ecke, und der Frühstückstisch war nicht abgeräumt, als wir in die Wohnung gelassen wurden. Im Kühlschrank waren jede Menge Energydrinks gelagert, richtiges Essen hatten wir zunächst nicht vorgefunden.«

Der Hauptsachbearbeiter der Polizei hatte ganz offenkundig persönlich etwas gegen meine Mandantin. Wollte er wirklich mit uns über die Energydrinks reden? Sollte das etwa für die Staatsanwältin der Beweis dafür sein, dass die Kinder nicht ausreichend versorgt wurden?

»Haben Sie denn näher aufgeklärt, was es mit diesen Drinks auf sich hatte und womit sich die Familie wohl noch ernährt haben könnte? Sie sagten ja, der Frühstückstisch sei noch gedeckt gewesen. Womit denn? Auch ausschließlich mit Sportgetränken, oder wie darf ich mir die Tafel vorstellen?«

Vielleicht war es für den Prozessausgang nicht wichtig, diesen Punkt aufzuklären. Aber ich wollte diesem eifrigen Polizisten nun wirklich nicht so einfach das Feld überlassen.

»Nein, nein, es gab schon auch eine Speisekammer. Und im Wohnzimmer stand ein großer Korb mit Obst. Äpfel, Bananen und so.«

»Na also«, sagte ich. »Geht doch.«

»Aber die Speisekammer war auffallend aufgeräumt. Viele Produkte standen doppelt und dreifach da drin. Man hatte den Eindruck, die Angeklagte hatte vor unserem Besuch extra noch mal alles aufgefüllt und schön drapiert, um uns Ermittler zu blenden.«

Diesem Beamten konnte es meine Mandantin wirklich nicht recht machen.

Das war bei der nächsten Zeugin nicht anders.

»Frau Schäfer ist uns mit ihren Besuchen im Heim ein echter Dorn im Auge. Wissen Sie, Herr Vorsitzender, die beiden Söhne sind die ganze Zeit über in einem so guten Rhythmus.«

Die Leiterin des Kinderheims kniff die Augen zusammen. »Und dann funkt die Angeklagte jedes Mal mit ihren Besuchen einfach so dazwischen. Danach sind die Kinder oft aufgewühlt und können sich partout nicht mehr konzentrieren.«

Selbst wenn das, was die Zeugin hier schilderte, zutreffen sollte, sprachen wir hier immer noch von der leiblichen Mutter der beiden Söhne. Diesen Kindern hatte sie nichts getan. Sie wurden ihr entzogen, weil nach den tragischen Vorfällen die Sorge bestand, Heidelinde Schäfer könne auch künftig überfordert sein und sich zu wenig um das Wohl der übrigen Kinder kümmern. Über die Richtigkeit dieser Entscheidung hätte sich sicherlich vortrefflich streiten lassen, aber das Wohl der älteren Kinder war hier doch gar nicht das Thema. Der zweijährige Elias und die acht Monate alte Adina waren unterernährt gewesen. Nur darum ging es. Dass die beiden Teenager im Alter von 15 und 17 Jahren zu wenig zu essen bekommen und deshalb krank werden könnten, stand nicht ernstlich zu besorgen. Umso ärgerlicher fand ich die womöglich bewusst provozierte schlechte Stimmung gegenüber meiner Mandantin. Ich beantragte schließlich die Verlesung eines Gutachtens, das das Jugendamt zur Situation der beiden Heimkinder in Auftrag gegeben hatte:

»*Für die weitere körperliche und geistige Entwicklung der beiden Kinder ist es dringend erforderlich, sie regelmäßig in Kontakt mit der leiblichen Mutter zu bringen. Ziel sollte die Langzeitunterbringung in der häuslichen Gemeinschaft mit Frau Schäfer sein.*«

Das waren klare Worte. Und da interessierte es nicht, ob die Besuche für die Heimmitarbeiter bequem oder unbequem waren. Dass Heidelinde Schäfer die geordnete Taktung des Tagesablaufs in einem Heim mit ihren Besuchen ein wenig stören könnte, wollte ja niemand bestreiten. Aber wenn die Besuche im Ergebnis dem Kindeswohl dienten, verstand ich beim besten Willen nicht, was diese Unmutsäußerungen der Leiterin hier im Prozess sollten.

»Noch nach 21 Uhr brüllten die Kinder im Garten lauthals herum, manchmal stritten sie ganz heftig und hauten sich auch gegenseitig.«
Es war die Nachbarin von gegenüber, die nun zu Wort kam. Mensch, es sind Kinder! Mussten wir uns diese Aussagen wirklich alle anhören? Für die Zuschauer waren die vielen Tiraden womöglich eine Genugtuung. Je mehr sich aber an den vielen Prozesstagen das Bild in der Öffentlichkeit verfestigen würde, dass meine Mandantin für die Erziehung ihrer leiblichen Kinder völlig ungeeignet sei, desto schwerer könnte sich das Gericht letztendlich mit einem wohlwollenden Urteil

tun. Bei aller Neutralität und Unabhängigkeit, die ich der Strafkammer gerne bescheinigen wollte, durften der mediale Druck, der Druck, den die Zuschauer ausübten, und das Gerede draußen nicht unterschätzt werden. Diese Faktoren konnten es dem Gericht, wenn auch unterbewusst, erschweren, meine Mandantin am Ende als weniger kriminell einzustufen, als es das Amtsgericht bei der Verweisung des Falles zum Schwurgericht getan hatte. Das jedenfalls befürchtete ich.

»Was macht mein Ex hier?«, fragte mich meine Mandantin entgeistert.

Es war der fünfte Prozesstag. Wir hatten gerade den Gerichtssaal betreten. Gemeinsam mit seinem Anwalt stand Hans Schwarz ganz in der Nähe der Staatsanwältin. Er schaute sich im Gerichtssaal suchend um. Als sich ihre Blicke trafen, grinste er meine Mandantin an. Es war ein fieses Grinsen. Hans Schwarz war eigentlich erst für den übernächsten Tag als Zeuge geladen. Ich hatte keine Ahnung, weshalb er bereits heute im Gerichtssaal aufschlug.

Als kurz darauf die Verhandlung für diesen Tag begann, zeigte sich auch der Vorsitzende Richter irritiert: »Ich sehe zwei neue Gesichter. Wie kann ich helfen?«

Der Anwalt ging vor und legte eine Strafprozessvollmacht auf den Richtertisch. »Ich beantrage, meinen Mandanten als Nebenkläger in diesem Verfahren zuzulassen und mich als seinen Vertreter beizuordnen.«

»Na, der traut sich was«, dachte ich, während ich den Ex meiner Mandantin eindringlich musterte. Klar, er war der Vater von Elias. Als Hinterbliebener hatte er tatsächlich von Gesetzes wegen das Recht, sich in den Strafprozess gegen seine ehemalige Lebensgefährtin als Nebenkläger einzubringen. Aber was, bitte sehr, wollte er ihr vorwerfen? Dass sie sich zu wenig gekümmert hatte? Wo war denn er die ganze Zeit gewesen, als es den Kindern so schlecht ging? Als Vater von neun

Kindern hatte er sich völlig aus der Verantwortung gezogen, hatte die Mutter bei der Erziehung allein gelassen. Dass er um seinen Sohn trauerte, wollte ich ihm gerne abnehmen. Aber dass er nun aktiv dazu beitragen wollte, seine Ex-Freundin in die strafrechtliche Verantwortung zu nehmen, war, gelinde gesagt, dreist. Überhaupt fragte ich mich, weshalb nicht auch er auf der Anklagebank saß. Ein kleines Kind war verhungert, verantwortlich sollte dafür aber allein die Mutter gemacht werden. Sie hatte sich zwar als Einzige um die neun Kinder gekümmert, aber nach Dafürhalten der Staatsanwaltschaft wohl zu wenig. Und das warf ihr der Ex-Lebensgefährte nun ebenfalls in seiner Rolle als Nebenkläger vor. Derjenige, der sich komplett aus der Verantwortung gestohlen hatte, wollte durch Anträge und Stellungnahmen nun aktiv dem Staatsanwalt zur Seite springen. Meine Mandantin brauchte eine Verhandlungspause. Diese bodenlose Frechheit eines völlig gewissenlosen Menschen musste Heidelinde Schäfer erst einmal verdauen.

»Ich war damals nicht für meine Kleinen da. Wenigstens jetzt will ich im Rahmen meiner Möglichkeiten für meinen verstorbenen Sohn kämpfen.« Die Worte des Nebenklägers zeugten von größter Verblendung, wurden von der breiten Öffentlichkeit jedoch wohlwollend aufgenommen. »Dieser Mann steht für seine Kinder ein. Und er hat recht, sich gegen die Mutter zu stellen, die die gemeinsamen Kinder so sehr körperlich misshandelt hatte.« Und das war nur ein Beitrag von vielen, die im Netz die Runde machten.

»Frau Staatsanwältin, wäre es nicht endlich an der Zeit, auch gegen den Kindsvater zu ermitteln?« Ich ging die Anklägerin in der ersten Sitzungspause energisch an.

»Das sollte nicht Ihre Sorge sein, Herr Lucas.«

Angesichts dieser lapidaren Antwort fragte ich mich, was ich hier noch diskutieren wollte. Womöglich hatte sich Hans

Schwarz mit seinem unverantwortlichen Verhalten aber auch gar nicht strafbar gemacht. Im Strafrecht ging es nicht um die Suche nach moralischer Schuld. Die hatte er ganz sicher auf sich geladen. Er hatte seine Familie kläglich im Stich gelassen. Auf einem anderen Blatt stand die Frage, ob er überhaupt eine Ahnung davon gehabt hatte, wie gefährlich sich die Verfassung der beiden Kleinsten danach entwickelt hatte.

Meine Einschätzung, dass Hans Schwarz an dem ganzen Unglück zumindest strafrechtlich unschuldig sein könnte, revidierte ich bereits zwei weitere Prozesstage später mit aller Entschiedenheit. Plangemäß war der Ex-Freund meiner Mandantin an diesem Tag in den Zeugenstand gerufen worden. »Über Weihnachten war ich nach vielen Monaten noch einmal bei meiner Familie zu Besuch«, erklärte er langsam und bedächtig auf die Frage des Gerichts. »Ich bin damals zwei Tage vor Weihnachten angereist, habe bei der Familie genächtigt, und nach zehn Tagen ging es für mich wieder zurück.«
»Wie haben Sie die Situation vor Ort erlebt?«, wollte der Vorsitzende Richter wissen.
»Ich war entsetzt, Herr Vorsitzender«, gab der Zeuge mit ernster Miene zur Antwort. »Ich hatte meinen Kleinen ja schon seit einigen Monaten nicht mehr gesehen. Er war blass und dünn. Als ich ihn auf dem Arm hatte, dachte ich, er zerbricht mir.«
»Moment«, schoss es mir unwillkürlich durch den Kopf. Dieser Mensch hatte erkannt, in welchem schlechten körperlichen Zustand sich der Sohn befunden hatte? Und er hatte ihn seinem Schicksal überlassen? Während meine Mandantin den schlechten Zustand ihrer beiden Kinder gar nicht wahrgenommen hatte, bestand der Zeuge ganz im Gegenteil darauf, dass er zum Jahreswechsel, also ein paar Monate vor dem Tod von Elias, das Elend erkannt hatte. Er hätte die Pflicht gehabt, für seine Kinder zumindest ab diesem Zeitpunkt da zu

sein, einzugreifen, sich zu kümmern. Spätestens jetzt musste doch auch die Staatsanwältin erkennen, dass sie hier wohl beim besten Willen nicht die Mutter allein für die schrecklichen Ereignisse verantwortlich machen konnte.

»Und dann sind Sie einfach so abgereist?«, fragte ich den Zeugen, nachdem das Gericht mir das Fragerecht erteilt hatte.

»Moment, Herr Verteidiger«, antwortete Hans Schwarz herablassend. »Was legen Sie mir in den Mund? Ich bin nicht einfach abgereist, wie Sie es hier formulieren. Im Gegenteil. Ich hatte Ihrer Mandantin mein Entsetzen ob des Zustands meines Sohns mitgeteilt. Eindringlich. Verstehen Sie?«

Die Art und Weise, wie der Zeuge zu mir sprach, empfand ich als unerträglich. Arrogant und mit gestochen scharfen Worten mandelte er sich geradezu auf. Dass er seine frühere Lebensgefährtin als »meine Mandantin« bezeichnet, war ihm offensichtlich wichtig. Vielleicht glaubte er, auf diese Weise sprachlich Augenhöhe mit den anwesenden Juristen herstellen zu können. Wofür? Entscheidend war in erster Linie, was er uns als Zeuge sagen konnte, und nicht, welche mit viel Bedacht wohl zurechtgelegten Formulierungen und Ausdrücke er dafür aufbringen konnte. Trotzdem, gut formulieren konnte er ganz offensichtlich. Hans Schwarz hatte nach seinem Realschulabschluss eine Ausbildung zum Informatiker abgeschlossen. Von seinen sprachlichen Fähigkeiten her musste er gut zu meiner Mandantin gepasst haben. Vielleicht hatte die Art, in der meine Mandantin sich ausdrückte, über die Jahre auf ihn abgefärbt. Vom tage- und nächtelangen Zocken kam dieser Sprachstil jedenfalls sicher nicht.

»Ihre Mandantin versprach mir auf meine eindringlichen Worte hin, im neuen Jahr mit dem Kind zum Arzt zu gehen. Darauf hatte ich mich verlassen.«

»Stopp«, ging ich energisch dazwischen: »Im neuen Jahr, sagen Sie? So ein Jahr hat 365 Tage, manchmal sogar 366!«

»Sie müssen meine Worte nicht auf die Goldwaage legen,

Herr Anwalt. Ihre Mandantin sagte mir, dass sie gleich nach meiner Abreise einen Arzt aufsuchen werde.«

»Und diese Auskunft hat Ihnen gereicht?«, hakte ich leicht aufgebracht nach.

»Entschuldigung, sie ist die Mutter. Hätte ich an ihren Worten zweifeln sollen?«

»Na ja«, sagte ich. »Sie behaupten, Sie dachten, der Junge zerbreche Ihnen, so dünn sei er gewesen. Und da glaubten Sie ernsthaft, die Mutter, die es zu diesem Zustand hatte kommen lassen, würde nach Ihrer Abreise sicher Wort halten und sofort alles medizinisch Notwendige in die Wege leiten? Wollen Sie mir das wirklich weismachen?«

»Ja, Herr Anwalt, das dachte ich, und wenn Sie noch fünf Mal fragen und damit Ihren Unmut ausdrücken.«

»Und dann sind Sie neun weitere Tage bei der Familie geblieben?«

»Richtig gerechnet, Herr Anwalt, dann bin ich noch neun weitere Tage bei meiner Familie geblieben.«

»Und Sie haben keinen Anlass gesehen, Ihren Sohn sofort in die Klinik zu bringen? Sie dachten doch, er zerbreche Ihnen? Es reichte Ihnen, dass meine Mandantin zugesagt hatte, erst nach Ihrer Abreise, also mindestens neun Tage später, den Arztbesuch in Angriff zu nehmen? Danke, keine Fragen mehr.«

Dass dieser Zeuge nur ein einziges Ziel verfolgte, nämlich seine Ex-Partnerin ins offene Messer laufen zu lassen, lag auf der Hand. Sein Auftreten widerte mich an. Wie sehr musste er seine ehemalige Lebensgefährtin hassen. Und was hatten die Kinder damit zu tun? Ich konnte nicht verstehen, weshalb er seine leiblichen Kinder so sehr im Stich ließ. Sie befanden sich in Heimen und bei Pflegeeltern. Er selbst war für die acht Kinder nicht da. Heidelinde Schäfer wollte für sie da sein, doch sie durfte es viel zu selten. Wollte er wirklich, dass die Mutter seiner Kinder ins Gefängnis kam? Wer wollte ihm glauben, dass Elias bereits an Weihnachten so enorm dünn gewesen war? Und selbst wenn. Hatte er es wirklich erkannt? Oder hatte Hans Schwarz in Wahrheit ebenso wenig wie meine Mandantin wahrgenommen, dass der Junge unbedingt zunehmen musste? Und hatte er deshalb nicht gehandelt? Diese Fragen waren dringend zu klären. Konnte meine Mandantin damals erkennen, dass ihre beiden Kleinsten litten und dass sie in Lebensgefahr schwebten? Und wann sollte dieser Zeitpunkt gewesen sein?

Mehr denn je war ich davon überzeugt, dass meine Mandantin erst viel zu spät eine Ahnung davon bekommen hatte, dass ihr Sohn krank vor Unterernährung war und dringend ärztlicher Hilfe bedurfte.

Für den nächsten Prozesstag hatte ich einen Fragenkatalog vorbereitet. Wir mussten das Gericht dringend vom Belastungseifer des Vaters überzeugen. Hierfür hatte mich meine Mandantin mit überraschendem Insiderwissen gefüttert.

Bald nach dem Tod des gemeinsamen Sohns hatte es vorübergehend den Versuch einer Wiederbelebung ihrer Beziehung mit Hans Schwarz gegeben. Zu zweit. Ohne ihre Kinder. Diese lebten schließlich mittlerweile in Heimen und bei Pflegefamilien. Als Hans Schwarz aber recht bald wieder in sein altes Muster gefallen war, meine Mandantin immer öfter beschimpft und sie auch geschlagen hatte, kam es zur erneuten Trennung. Für Hans Schwarz völlig überraschend, hatte meine Mandantin ihm seine Koffer vor die Tür gestellt. Die gemeinsame Trauer mochte sie vorübergehend wieder zusammengebracht haben. Nachdem Hans Schwarz meine Mandantin aber erneut körperlich angegangen hatte, entschied diese sich schnell, Nägel mit Köpfen zu machen. Danach hatte Hans Schwarz seine Ex immer wieder angerufen und auf eine Fortführung der Beziehung gedrängt.

Verschmähte Liebe konnte ein gutes Motiv dafür sein, dass

Hans Schwarz es in diesem Prozess so sehr darauf anlegte, seine Ex-Lebensgefährtin vorzuführen. Und so arbeitete ich am nächsten Prozesstag den Katalog an Fragen gegenüber Hans Schwarz ab.

»Ja, ich habe mich nach dem Tod meines Sohns privat mit ihr getroffen. Ja, wir hatten wieder angefangen, uns zu lieben. Was wollen Sie denn noch von mir?«

Das sagte ich ihm nicht. Ich wartete, bis er von sich aus weitersprach:

»Ja, ich habe Heidi geliebt. Im Sommer kam es dann zum Eklat. Sie servierte mich ab.« Und nach einer kurzen Pause: »Ich weiß, was Sie jetzt denken, Herr Anwalt. Nein, das hat alles nichts mit meiner Aussage hier zu tun. Ich stehe schließlich unter Wahrheitspflicht. Und ich weiß meine Gefühle und das, wovon ich hier berichten soll, strikt zu trennen. Zufrieden?«

Nein, zufrieden war ich nicht. Wusste er es denn wirklich strikt zu trennen? Warum konnte er nicht klipp und klar sagen, dass er unter der erneuten Trennung von Heidelinde Schäfer bis heute stark zu leiden hatte. Genau das konnte nämlich seine Motivation sein, seine Ex in diesem Strafprozess so sehr zu belasten. Warum konnte er sich nicht zu der Aussage durchringen, dass er zu Weihnachten ebenfalls weder bei Adina noch bei Elias nennenswerte gesundheitliche Auffälligkeiten bemerkt hatte? Nur das würde ich ihm abnehmen. Aber er blieb dabei, dass er den unterernährten Zustand bemerkt und meine Mandantin darauf angesprochen habe.

Für den nächsten Prozesstag stand die Vernehmung der Kinder meiner Mandantin an. Sie waren wichtige Zeugen. Denn sie waren in den Tagen und Wochen vor dem Tod von Elias und der knappen Rettung von Adina Tag für Tag mit ihren beiden kleinen Geschwistern zusammen gewesen. Es würde spannend werden.

Die Kinder waren vorher nie dazu vernommen worden. Ich hatte keine Ahnung, was sie vor Gericht sagen würden. Auch bei ihnen würde die Frage im Zentrum stehen, ob sie damals gemerkt hatten, dass es ihrer kleinen Schwester und dem Brüderchen schlecht ging. Hatte die Mutter vielleicht in ihrer Gegenwart mal etwas darüber gesagt? Es ging in diesem Prozess um das traurige Schicksal der beiden jüngsten Geschwister. Es war die Ursache dafür, dass auch die Größeren anschließend ihrer Mutter weggenommen und voneinander getrennt in Heimen und bei Pflegefamilien untergebracht worden waren. Dass sie nun in einer öffentlichen Hauptverhandlung vor fremden Menschen über dieses traurige und für sie sehr belastende Thema reden und womöglich die eigene Mutter, die sie liebten, belasten sollten, würde für die Kinder und meine Mandantin nur schwer erträglich werden. Und der eigene Vater, der gegen die Mutter klagte, wäre ebenfalls anwesend.

Meine Mandantin rief mich am Vorabend an: »Herr Lucas, ich werde morgen einräumen, dass ich auch schon vor den Krankenhausaufenthalten erkannt hatte, dass es meinen beiden Kindern nicht gut ging. Ich werde sagen, dass sie über Wochen viel zu wenig gegessen hatten, immer dünner wurden, ich die Gefahren erkannt und sehenden Auges einfach nichts unternommen hatte. Soll mich das Gericht doch ruhig als Vorsatztäterin verurteilen.«

»War es denn so?«, fragte ich entgeistert.

»Ich denke, ja, Herr Lucas.« Es war eine Wende um 180 Grad. Ein volles Geständnis konnte sich im Falle einer Verurteilung bei der Frage nach der Strafhöhe für meine Mandantin günstig auswirken.

»Die wollen mich drankriegen, Herr Lucas. Und meinen Ex, den packen die doch ganz offensichtlich mit Samthandschuhen an. Ich will, dass der ganze Spuk hier schnell vorbei ist. Und ich will, dass die Strafe dann wenigstens nicht ganz so hoch ausfällt. Vor allem aber will ich alles tun, damit meine Kinder nicht zu dem Prozess kommen müssen.«

Die Kinder hatten keine Pflicht, im Prozess gegen ihre Mutter auszusagen. Als die nächsten Verwandten hatten sie ein Zeugnisverweigerungsrecht. Allerdings hatten sie dem Gericht schon im Vorfeld ausrichten lassen, dass sie zur Aussage bereit seien.

»Das war mir von Anfang an bewusst. Die wollen mir helfen. Aber hier stehe ich als Mutter in der Verantwortung. Ich muss meine geliebten Kinder schützen.« Heidelinde Schäfer hatte sich diesen Schritt reiflich überlegt.

»Hohes Gericht, ich möchte meine Aussage vom ersten Tag korrigieren. Die Wahrheit ist, ich wusste, dass Elias viel zu dünn war. Und nicht erst, als ich mit ihm ins Krankenhaus gefahren bin. Mir war bereits einige Wochen zuvor klar geworden, dass meine Möglichkeiten, ihm zu helfen, nicht ausreichen und ich eigentlich längst einen Arzt hätte rufen müssen. Und trotzdem hatte ich keinen Arzt aufgesucht. Bei Elias hatte ich mich auch ein bisschen mit der ohnehin bald anstehenden ›U‹ zu beruhigen versucht. Aber damit hatte ich es mir viel zu leicht gemacht.«

»Und was war mit Ihrer Tochter?«, fragte der Vorsitzende Richter nach.

»Auch die war zu dünn. Das war mir aufgrund der Kleider- und Windelgrößen aufgefallen. Spätestens zwei Wochen bevor ich mit Adina ins Krankenhaus gefahren bin, hatte ich mir da nichts mehr vormachen können.«

Nach einer kurzen Beratung mit den übrigen Richtern erklärte der Vorsitzende, dass die Kammer aufgrund des geänderten Aussageverhaltens der Angeklagten gerne auf die Vernehmung der Kinder verzichten würde. Das sahen auch die übrigen Beteiligten so. Die Rechnung meiner Mandantin war aufgegangen. Vorerst jedenfalls.

Am nunmehr neunten Prozesstag wurde überraschend die Pflegemutter der ältesten Tochter in den Zeugenstand gerufen. Sie hatte am Tag zuvor den Vorsitzenden Richter angerufen und um ihre Ladung als Zeugin gebeten.

»Nach dem letzten Prozesstag hatte Frau Schäfer sich telefonisch bei mir gemeldet.«

Hiervon hatte ich nichts gewusst. Das gefiel mir nicht. Irgendetwas musste meine Mandantin ihr gesagt haben, was es nun nach Ansicht des Gerichts erforderlich machte, die Pflegemutter als Zeugin zu hören.

»Frau Schäfer wirkte am Telefon sehr bedrückt. Sie sagte mir, sie habe bei Gericht eingeräumt, dass sie das Leid ihrer beiden Jüngsten sehr wohl sehenden Auges mitbekommen habe.«

Der Vorsitzende Richter nickte. So weit war das nichts Neues für uns.

»Frau Schäfer sagte mir, sie habe gelogen. Sie habe dem Gericht diese Lüge aufgetischt, damit ihre Kinder nicht als Zeugen vernommen würden.«

Was war das denn jetzt wieder? Und vor allem: Was war nun wahr? Ich wusste, dass meine Mandantin ihre Kinder unbedingt vor einer Vernehmung hatte verschonen wollen. Aber deshalb konnte ihre Aussage natürlich trotzdem der Wahrheit entsprochen haben.

»Wir werden die Kinder nun wohl oder übel hören müssen«, sagte der Vorsitzende Richter sichtlich resigniert.

Genau das hatte meine Mandantin nicht gewollt. Deshalb hatte sie ihre ursprüngliche Einlassung ergänzt, ganz gleich, ob nun wahrheitswidrig oder nicht.

»Wenn das Gericht mir jetzt eh nicht mehr glaubt, dann kann ich meine Aussage doch auch gleich wieder zurücknehmen, Herr Lucas, meinen Sie nicht? Ich habe im letzten Prozesstermin so viel zugegeben und mir selbst geschadet. Und jetzt sollen die Kinder trotzdem aussagen.«

»Schluss jetzt!«, sagte ich bestimmt: »Bitte keinen Eiertanz! Das Gericht wird Ihre Aussagen schon zu bewerten wissen.«

Und so war es auch. Die Kinder kamen tatsächlich, konnten allerdings nichts Erhellendes beitragen. Und so blieben unbequeme Nachfragen der Prozessorgane zum Glück aus. Noch mehr Medienvertreter hatten sich im und vor dem Sitzungssaal versammelt. Hätte meine Mandantin doch bloß nicht mit der Pflegemutter gesprochen. Und hatte diese denn wirklich gleich vorauseilend das Gericht informieren müssen? Auch dieser Prozesstag ging vorbei. Doch der Prozess war noch nicht zu Ende.

Als Nächstes wurde ein psychiatrischer Gutachter angehört, der zu dem Ergebnis kam, dass meine Mandantin zu den Tatzeiten voll schuldfähig gewesen war. Die möglichen Überforderungen vermochten daran nichts zu ändern. Und auch der jahrelange Druck durch den Ex-Lebensgefährten, der sie in der Beziehung so oft gedemütigt und geschlagen hatte, änderte bei der Beurteilung der Schuldfrage nichts. Von einer Traumatisierung, einer posttraumatischen Belastungsstörung, so führte der Gutachter aus, könne keine Rede sein. Trotzdem würden diese Aspekte bei der Suche nach dem Strafmaß günstig für meine Mandantin berücksichtigt werden müssen.

Schließlich wurden die Berichte der verschiedenen Jugendämter, die in der Vergangenheit für die Familie zuständig gewesen waren, und auch das Urteil, das zwischenzeitlich gegen die Jugendamtsmitarbeiterin Linke ergangen war, vom Vorsitzenden Richter verlesen.

Das Amtsgericht hatte sie zu einer kurzen Bewährungsstrafe verurteilt. Letztlich waren wir an dem Punkt angelangt, an dem meine Mandantin und alle Prozessbeteiligten auch beim Amtsgericht schon einmal gestanden hatten. Die Fotos des kleinen Elias wurden in Augenschein genommen. Bilder aus dem Krankenhaus, als er noch gelebt hatte, Bilder, nachdem er verstorben war, und Fotos von der Leichenöffnung.

Niemand vermochte einen professionellen Abstand zu diesen Bildern zu wahren. Wie auch? Elias hatte zum Obduktionszeitpunkt ein Gewicht von gerade einmal 6780 Gramm auf die Waage gebracht. Der Sachverständige stellte einen fast vollständigen Schwund des Unterhautzellgewebes und des Nierenfettgewebes fest, ebenso eine hochgradige Rückbildung der Thymusdrüse auf nur noch zwei Gramm sowie deutliche Hirndruckzeichen. Unter Berücksichtigung weiterer Befunde sei zudem ein deutliches generalisiertes Hirnödem als Folge der Unterernährung zu erkennen gewesen. Dieses sei als Todesursache plausibel. Zur Schwester führte der Gutachter aus, Adina habe schlichtweg Glück gehabt. Bei ihr hätten Anzeichen einer schweren Dystrophie bestanden, eine Form frühkindlicher Unterernährung. Die bei dem Kind festgestellten Salzwerte seien lebensgefährlich gewesen.

Das Landgericht verurteilte Heidelinde Schäfer zu einer Freiheitsstrafe von drei Jahren und sechs Monaten. Mit starrer Miene nahm meine Mandantin das Urteil entgegen. Ich kannte sie mittlerweile ziemlich gut und hatte keine andere Reaktion von ihr erwartet. Das Urteil war hart, der Schuldspruch selbst hingegen fiel vergleichsweise milde aus.

»Wir gehen davon aus, dass Sie Ihre Kinder unterversorgt haben. Über lange Zeit hatten Sie ihnen deutlich zu wenig Nahrung zugeführt. Hierdurch haben Sie die beiden jüngsten Kinder vorsätzlich körperlich misshandelt. Die Kammer geht von Eventualvorsatz aus. Die unzureichende Versorgung erfolgte bis zu dem Zustand, in dem erhebliche Entwicklungsverzögerungen auftraten. Als alleinige Sorgeberechtigte haben Sie es strafbewehrt unterlassen, Ihre Kinder genau davor zu bewahren. Sie hätten sie ausreichend mit Nahrung versorgen und Sie hätten jeweils erheblich früher mit den beiden zum Arzt gehen können. Allerdings sehen wir in beiden Fällen einen sogenannten minderschweren Fall. Denn in der Gesamtschau weichen die Taten zulasten Ihrer beiden Kinder von einer durchschnittlichen Körperverletzung bzw. Körperverletzung mit Todesfolge ab, und die mildernden Umstände überwiegen erheblich. Und abschließend: Eine Misshandlung Schutzbefohlener sehen wir hier gar nicht. Da hätten Sie Ihre Kinder schon bewusst quälen müssen. Dafür gibt es überhaupt keine Anhaltspunkte.«

Nicht zuletzt hielt die Kammer meiner Mandantin ihr spätes Geständnis erheblich zugute: »Wir glauben Ihnen. Dass Sie Ihr Geständnis gegenüber der Pflegemutter widerrufen hatten, mag eine Schutzreaktion gewesen sein. Sie hatten Angst, mit dem Geständnis nun schlechter dazustehen. Was sollte die Pflegemutter davon halten, dass Sie den besorgniserregenden Zustand Ihrer Kinder erkannt hatten? Sie mussten Sorge haben, dass sie Ihnen die Besuche bei Ihrer Tochter deshalb künftig erschweren würde.«

Der Schuldspruch war im Unterschied zum verhängten Strafmaß wohlwollend. Und er fußte maßgeblich auf Tatsachen, die ich gemeinsam mit der Mandantin im Prozess vorgebracht hatte. Hierdurch hatte die Kammer meine Mandantin ein Stück weit persönlich entlasten können. Zu sehr war sie von den Zuschauern, Zeitungslesern und Usern der sozialen Netzwerke längst als »Rabenmutter« verrissen worden. Eine »Rabenmutter«, das bescheinigte ihr das Gericht, war Heidelinde Schäfer jedoch ganz sicher nicht.

Ich fragte mich bei dieser enormen Strafhöhe allerdings schon, wie hoch das Gericht die Strafe wohl angesetzt hätte, wenn Heidelinde Schäfer nicht durch ihr letztlich vollumfängliches Geständnis an der Prozessgestaltung mitgewirkt hätte.

Schon in wenigen Monaten würde meine Mandantin zum Haftantritt in eine Justizvollzugsanstalt geladen werden. Dann würde sie ihre Kinder erst einmal nicht mehr besuchen können. Umgekehrt erschienen Besuche der Kinder im Gefängnis kaum organisierbar. Grinsend hatte der Vater der Kinder den Gerichtssaal verlassen. Worüber freute er sich? Was glaubte er, durch seine Teilnahme als Nebenkläger erreicht zu haben, dass es ihm dieses zufriedene, böse Lächeln ins Gesicht hatte zaubern können?

Der Prozess lässt mich bis heute nicht los. Meine Gedanken drehen sich um die vielen Protagonisten, die hier eine ganz bemerkenswerte Schicksalsgemeinschaft gebildet hatten.

Adina und Elias waren tragische Opfer des objektiven Fehlverhaltens ihrer Mutter geworden. Hilfe war weder vom leiblichen Vater noch vom zuständigen Jugendamt gekommen. Die beiden Kinder hatten sich in einer Familiensituation befunden, die sie sich nicht hatten aussuchen können. Als kleine Kinder hatten sie von Anfang an keine Chance, ihr Schicksal zu beeinflussen. Das macht Verbrechen an Kindern so besonders pervers, nicht zuletzt, wenn es um Sexual- oder gar Tötungsdelikte geht. Nirgends erscheint eine Täter-Opfer-Beziehung greifbarer als im Verhältnis zwischen Eltern und ihren Kindern.

Doch werden auch Täter bisweilen erst aus einer Opfersituation heraus zu jemandem, der schließlich andere zum Opfer macht. Heidelinde Schäfer wünschte sich nichts sehnlicher, als ihren Kindern ein kindgerechtes, warmes Zuhause zu geben. Doch ihr eigener Lebenskontext mochte wesentlich dazu beigetragen haben, dass sie sich am Ende strafbar gemacht und durch ihr strafbares Verhalten ihren Kindern gesundheitlich schwer geschadet und sogar den Tod ihres zweijährigen Sohns verursacht hatte.

Mit ihren insgesamt neun Kindern war sie nicht nur restlos überfordert gewesen. Sie war auch geschwächt in einem Familienverbund, in welchem sie hilflos hatte miterleben müssen, wie der leibliche Vater die gemeinsamen Kinder entweder ignorierte oder misshandelte. Und auch sie selbst war durch ihn regelmäßig Opfer häuslicher Gewalt geworden. Und damit nicht genug, war sie am Ende mit ihren vielen Kindern völlig allein gelassen, als das Schicksal für Adina und Elias schließlich seinen tragischen Lauf nahm.

Warum war Heidelinde Schäfer so lange mit Hans Schwarz zusammengeblieben? Weshalb hatte sie sich ausgerechnet mit diesem Partner immer wieder für noch mehr Kinder entschieden? Hatte er sich nicht selbst bereits nach kurzer Zeit als Vater vollständig disqualifiziert? Das Jugendamt hätte eingreifen können und müssen. Heidelinde Schäfer war gegenüber dem Jugendamt leider immer abweisend gewesen. Sie hatte nicht bevormundet werden wollen und deshalb viele Termine abgesagt und ständig vorgegeben, keine Zeit für Besuche durch die zuständige Mitarbeiterin zu haben. Sie wollte von dieser Behörde nicht zu der Einsicht gezwungen werden, die Erziehung ihrer Kinder allein nicht zu schaffen. Und das Jugendamt als behäbiger Beamtenapparat hatte sich viel zu träge und letztlich an völlig falscher Stelle nachgiebig gezeigt. Genau da hätte das Amt ansetzen, sich einmischen müssen. Hier ging es um die Kinder. Und die brauchten so dringend Unterstützung. Dennoch ist meine Mandantin eine Täterin. Nicht nur strafrechtlich, auch moralisch hat sie mit dem abgeurteilten Sachverhalt schwere Schuld auf sich geladen, die sie tagtäglich aufs Neue quälen wird.

Elias könnte noch leben. In einem schier endlosen, bitter verzahnten Konstrukt aus Opfern und Tätern hatte er hierzu nur zwei Jahre nach seiner Geburt keine Chance bekommen.

Liebe bis zum Ende

Yvonne tupfte sich das Blut von der Wange. Sie war entsetzt, als sie ihr verunstaltetes Gesicht im Badezimmerspiegel sah. So schlimm hatte sie sich die Verletzung nicht vorgestellt. Ihre Wange hatte sich nach dem Faustschlag, den Albert ihr verpasst hatte, beinahe taub angefühlt. Und so war sie sich zunächst gar nicht bewusst gewesen, wie ihr auf einmal geschah. Der Schlag hatte sie völlig unvermittelt getroffen. Es war kein Streit vorausgegangen. Nichts hatte auf den bevorstehenden Akt körperlicher Gewalt hingedeutet.

Seit zehn Monaten waren Albert und sie ein Paar. Seit bald einem halben Jahr lebten sie innenstadtnah in einer modernen Zweizimmerwohnung mit kleinem Balkon. Hätte man, kurz bevor Albert zum Schlag gegen sie ausgeholt hatte, sie gefragt, die 22-Jährige hätte wohl geantwortet, dass sie ihren gleichaltrigen Freund einmal heiraten werde. Yvonne fing an zu weinen. Warum hatte Albert ihr das angetan? Und was meinte er damit: »Du weißt schon, warum«?

Albert war zehn Jahre alt gewesen, als er das erste Mal in seinem Leben deutschen Boden betreten hatte. Geboren in Kasachstan, aufgewachsen in der Ukraine, war er damals gemeinsam mit seinen Eltern, seiner Schwester und einigen Dutzend Verwandten nach Deutschland gekommen.

Seine Urahnen waren Mitte des 18. Jahrhunderts unter Katharina der Großen nach Russland übergesiedelt, um das Land als Russlanddeutsche weiter aufzubauen und größer und mächtiger werden zu lassen. Im Zuge des Zweiten Weltkriegs waren die meisten von ihnen dann in den Osten der damaligen Sowjetunion deportiert worden. Nicht zuletzt sollte hierdurch eine Kollaboration mit Nazideutschland verhindert werden.

Erst unter Gorbatschow durften die Aussiedler zurück in ihre deutsche Heimat. So auch Albert und seine Familie. Diese Heimat war ihnen zunächst fremd. Doch binnen eines Jahres lernte Albert perfekt Deutsch. Akzentfrei, womöglich etwas bayerisch gefärbt. Dem deutschen Fernsehprogramm sei Dank. Die Eltern gingen fleißig arbeiten. Ihre Berufsabschlüsse wurden in Deutschland leider nicht anerkannt. Mama, ursprünglich Lehrerin, wurde zur Industriekauffrau umgeschult, Papa vom Bautechniker zum Treppenbauer. Bald schon konnte sich die Familie ein kleines Reiheneckhaus kaufen. Die Kinder kamen in der Schule gut klar. Albert machte schließlich ein passables Abi mit einem Zweier-Schnitt.

Das anschließende BWL-Studium lief jedoch schleppend. Vielleicht weil es für den jungen Mann etwas viel Wichtigeres gab, für das er viel zu viel Zeit aufbrachte. Fünf Mal pro Woche sprang er ins kalte Wasser und trainierte für Olympia. Das Schwimmen bescherte ihm jede Menge Urkunden und Pokale und außerdem einen makellos muskulösen Körper. Sein ohnehin bildhübsches Äußeres verdankte er vermutlich seiner Mama. Auch wenn Papa darauf bestand, dass bei dem Jungen die Schönheit seiner Oma väterlicherseits durchgeschlagen habe.

Die Familie scherzte gerne, war aber auch oft bedrückt. Von manchen Deutschen wurden sie mit Argwohn beobachtet. Auch bei ihnen kamen durchaus Schnitzel mit Kartoffeln auf den Tisch, am liebsten aber Borschtsch, Pelmeni und Plow. Die Nachbarn mochten sich an die für sie ungewohnten Gerüche nicht gewöhnen. Auch irritierte es sie, dass Alberts Familie vermeintlich jeden Abend und an den Wochenenden Besuch empfing. Die Verwandtschaft gab sich die Klinke in die Hand. Und immer wurde stundenlang gegessen. Auf die

Hauptspeise folgte Obst, danach ein buntes Repertoire an Süßspeisen. Und kurz bevor Mama wieder zum Abendessen trommelte, servierte sie noch eine ihrer leckeren süßen Torten. Und so verbrachte Alberts Familie die überwiegende Zeit im Kreise der übrigen Sippschaft. »Seid dankbar«, hörten sie die Deutschen oft vorwurfsvoll sagen. Sie waren es. Sie dankten dafür, die Wurzeln ihrer Urahnen ergründen zu dürfen in einem Land, von dem sie sich mehr Freiheit erhofften und weniger Druck und Repressalien.

Doch warum machten sich seine Eltern vor den Deutschen ständig so klein und verhielten sich fast schon devot? So zumindest kam es Albert immer vor. Und das störte ihn. Er wollte ausbrechen. Nicht in der Sippe verhaftet sein. Lieber laut und stark auch Teil der übrigen Gesellschaft werden. Beim Schwimmtraining war er der Beste. Das zählte. Und bald lagen dem 1,94 Meter großen Albert die Mädels zu Füßen.

Eine davon war die 22-jährige Yvonne. Sie stammte aus finanziell gut gestelltem Hause, sah wunderschön aus, spielte seit ihrem achten Lebensjahr Geige und trainierte im nahe gelegenen Fitnessstudio als B-Lizenz-Aerobic-Instruktorin mehrmals in der Woche andere junge und gut aussehende Menschen.

Albert hatte Yvonne in der Sauna des Fitnessstudios kennengelernt. Über einen Freund hatte er an diesem Tag eine Gastkarte erhalten. Mit seinem frechen Spruch hatte er gleich bei Yvonne landen können: »Gerne würde ich dich mal angezogen sehen.«

Die Chance bekam er bereits am nächsten Abend. Auf den ersten Kuss folgten weitere Küsse. Schließlich wurden sie ein Paar. Sie schienen sich blind zu verstehen. »Gesucht und gefunden«, so beschrieben sie sich selbst. Am Morgen frühstückten sie gesunde Sachen, Yvonne kümmerte sich um ihr

Studium zur Diplompädagogin. Albert ging meist direkt zum Schwimmtraining. Gegen 19 Uhr saßen die beiden Sportler dann miteinander beim zuvor gemeinsam gekochten Abendessen. Samstags machten sie Großeinkauf, gingen anschließend joggen. Und abends stürzten sie sich ins Nachtleben. Mal mit ihren, mal mit seinen Freunden. Alberts Jungs waren begeistert von seiner Eroberung. Yvonnes Freundinnen gefiel Albert nicht minder. Aus Sicht der Freunde gaben die beiden ein perfektes Paar ab, noch dazu wunderschön anzusehen und immer gut gelaunt und lustig.

Bis zu diesem Abend.

Nachdem Yvonne im Bad verschwunden war, war Albert zum Rauchen auf den Balkon gegangen. Rauchen und Sport und auch der ansonsten so gesunde Lebensstil vertrugen sich eigentlich nicht. Doch Albert kam gegen seine Sucht nicht an. Im Gegenteil. Und in diesem Moment verlangte es ihn nach der Zigarette dringender denn je.

Der Schlag in Yvonnes Gesicht war für ihn genauso unerwartet gekommen wie für sie. Nichts hatte ihn angekündigt. Während er zuschlug, hatte er sich wie sein eigener Zuschauer gefühlt. Womöglich hatte er gerade alles kaputt gemacht. Und ganz gleich, wie Yvonne sich künftig ihm gegenüber verhalten würde: Was eben passiert war, konnte niemand mehr ungeschehen machen.

Als Albert in die Wohnung zurückging, war Yvonne weg. Sie war unterwegs in Richtung Innenstadt. Ziellos lief sie durch die Nacht.

Albert machte ihr Angst. Sie hatte ihn nicht wiedererkannt. Nie zuvor war er grob zu ihr gewesen. Jede Woche schenkte er ihr eine rote Rose. Immer war er ein Gentleman. Er hielt ihr die Tür auf, rückte ihr beim Essengehen den Stuhl zurecht und sagte ihr an vielen Tagen, wie sehr er sie liebte.

In Yvonne stieg Wut auf. Albert hatte kein Recht dazu, sie

zu verletzen. Was hatte ihren Freund bloß geritten? Wie unverschämt war sein Spruch: »Du weißt schon, warum.« Nichts wusste sie. Und Albert hatte es nicht für nötig gehalten, es ihr zu erklären, und zwar bevor er körperlich ausfallend wurde. Wie sollte sie sich künftig ihm gegenüber verhalten? Was sollte sie an sich ändern? Sollte sie überhaupt etwas ändern? War nicht er am Zug? Am Ende ihrer nächtlichen Wanderung nahm ihre Freundin Claudia sie bei sich auf. »Bleib, solange du magst!« Sie tranken Weißweinschorle. Und sie redeten. Stundenlang. Bis weit in die Nacht hinein.

Am nächsten Tag fühlte sich Yvonne fit und imstande, zur Polizei zu gehen. Dort erstattete sie gegen Albert Strafanzeige, und weil es sich bei der Körperverletzung um ein Antragsdelikt handelte, stellte sie zusätzlich auch einen Strafantrag.

Ohne diesen Antrag wird eine Körperverletzung meistens nicht verfolgt. Es sei denn, die Staatsanwaltschaft bejaht das sogenannte »besondere öffentliche Interesse an der Strafverfolgung« und hält deshalb ein Einschreiten von Amts wegen für geboten. Im Gegensatz zu Antragsdelikten spricht das Strafgesetzbuch von Offizialdelikten, wenn ein Strafantrag nicht erforderlich ist, sondern die Verfolgungsbehörden vielmehr von vorneherein dazu verpflichtet sind, in einer Strafsache zu ermitteln. So bei Vergewaltigungs- oder Mordvorwürfen.

Yvonne atmete kurz durch, dann wurde ihre Aussage von einem freundlichen älteren Beamten aufgenommen.

»Um eine weitere Gefährdung zu vermeiden, untersagen wir dem Beschuldigten am besten vorerst den Kontakt zu Ihnen.«

Yvonne nickte. Ein vorläufiges polizeiliches Kontaktverbot würde für Albert weitreichende Folgen haben. Er würde sich ihr vorübergehend auf keine denkbare Art und Weise nähern oder überhaupt Kontakt zu ihr aufnehmen dürfen, sei es telefonisch, brieflich, per Fax, Mail oder WhatsApp-Nachricht.

»Wir könnten auch dafür sorgen, dass der junge Mann vorerst die gemeinsame Wohnung verlässt.«

Yvonne winkte ab. Bei Claudia war sie gut aufgehoben. Und sie würde sich in den Räumlichkeiten, in denen sie von ihrem Freund so sehr gedemütigt worden war, auch gar nicht mehr wohl, geschweige denn sicher fühlen.

Ein Kontaktverbot spricht die Polizei zunächst für zehn Tage aus. Die Zeit kann das Opfer nutzen, um für einen deutlich längeren Zeitraum eine gerichtliche Schutzanordnung zu erwirken. Hierbei kann am besten ein Rechtsanwalt helfen.

Aber auch die Polizei gibt Hinweise, mit welchen Worten und unter Angabe welchen Aktenzeichens sich die betroffene Person nach dem Gewaltschutzgesetz um amtsrichterliche Hilfe bemühen kann. Anschließend wird der richterliche Beschluss dem Antragsgegner von Amts wegen zugestellt, und die Polizei wird vom Familiengericht über den Erlass informiert. Nicht zuletzt wird der Beschuldigte darauf hingewiesen, dass er bei einer Zuwiderhandlung mit weiteren Maßnahmen, womöglich einem weiteren Strafverfahren, zu rechnen habe.

Die Polizei tritt allerdings nur auf den Plan, wenn das Opfer sie über einen Verstoß gegen die einstweilige Anordnung in Kenntnis setzt. Wichtig und hilfreich ist es daher, dass ein Opfer nach Verhängung eines Kontaktverbots die Polizei immer gleich über Auffälligkeiten oder erneutes Fehlverhalten des Beschuldigten informiert. Bloß nicht zu lange zögern. Es reicht schon, wenn der Beschuldigte sein Opfer anruft, anschreibt oder gar vor der Tür steht.

Nein, Fehlverhalten bot Albert keines. Wenige Tage nach dem Vorfall hatte sich Yvonnes Freundin Claudia kurz bei ihm gemeldet und eine Uhrzeit ausgemacht, zu welcher sie Yvonnes persönliche Sachen aus der Wohnung abholen würde. Über ihre finanziellen Anteile an den wenigen gemeinsamen Möbelstücken würde man später noch streiten können.

Die Übergabe erfolgte ohne Zwischenfälle. Albert hatte alle persönlichen Dinge gewissenhaft zusammengestellt. Bereits nach zwei Minuten war die Sache erledigt. Über eine kurze Begrüßung und anschließende Verabschiedung ging das Gespräch nicht hinaus. Danach hörte Yvonne nichts mehr von ihrem Freund, oder nun besser Ex-Freund.

Im Supermarkt begegneten sich die beiden gut zwei Monate später zufällig wieder. Es fühlte sich komisch an, so lange nicht miteinander gesprochen, geschweige denn einander gesehen zu haben. Die beiden waren bis zur Trennung fast zehn Monate lang nahezu täglich zusammen gewesen. Die Wunde in Yvonnes Gesicht war verheilt. Am Tag nach dem Vorfall war sie genäht worden. Jetzt hier im Supermarkt schien der schreckliche Abend, an dem sich alles geändert hatte, verblasst. Diesem einen Tag, an welchem es zu Alberts Gewaltausbruch gekommen war, standen fast 200 Tage puren Glücks gegenüber.

»Wir sind wieder ein Paar, Herr Lucas.« Yvonne und Albert hatten sich bei mir einen Besprechungstermin geben lassen. Die beiden waren wirklich hübsch anzusehen. Was sie sich von dem Termin bei mir versprachen, war schnell geklärt. Das Strafverfahren gegen Albert sollte bitte dringend eingestellt werden. Yvonne hatte kein Interesse daran, dass ihr Freund verurteilt würde. Sie wollte auch nicht gezwungen sein, als Zeugin gegen ihn auszusagen. Das musste sie allerdings ohnehin nicht.

Das junge Paar hatte sich zwischenzeitlich versprochen, so bald wie möglich heiraten zu wollen. Sie waren also verlobt.

Bereits hierdurch bekam Yvonne das Recht, bei Gericht zu sämtlichen Vorwürfen gegen ihren Verlobten zu schweigen. Verwandte und Verschwägerte, also Eltern, Kinder, Geschwister, Großeltern und alle Schwägerinnen und Schwager, Ehegatten und Lebenspartner eines Beschuldigten müssen bei der Polizei oder vor Gericht keine Aussage machen. So sieht es das Gesetz vor. Und das gilt auch für Verlobte. Ob ein Zeuge, der behauptet, mit der beschuldigten Person verlobt zu sein, aber tatsächlich verlobt ist, darüber wird bei Gericht oft trefflich gestritten. Das behauptete Eheversprechen wird manchen Richtern bisweilen etwas zu plötzlich und überraschend aus dem Hut gezaubert. An sich reicht für eine Verlobung das bloße ernst gemeinte gegenseitige Versprechen, einander heiraten zu wollen. Dazu braucht es keine traditionelle Verlobungsfeier, nicht einmal einen Verlobungsring. Das Heiratsversprechen können sich die Partner auch unter Ausschluss jeglicher Öffentlichkeit beim gemeinsamen Tête-à-Tête oder auf dem Weg zum Supermarkt geben. Das Gericht mag jedoch bisweilen resigniert äußern, dass das nun wirklich jeder behaupten könne. Stimmt. Doch vermag dies das gesetzlich verankerte Schweigerecht nicht auszuhebeln.

Die beiden Verlobten waren beruhigt. Yvonne bedrückte jedoch, dass Albert überhaupt vor Gericht landen und am Ende verurteilt werden könnte. Da es sich beim Vorwurf der Körperverletzung um ein Antragsdelikt handelte, standen die Chancen jedoch gut, dass die Staatsanwaltschaft den Vorwurf fallen lassen würde, falls Yvonne ihren Strafantrag zurücknehmen sollte.

»Die Ermittlungsbehörde könnte aber womöglich das öffentliche Interesse an der Strafverfolgung bejahen«, gab ich meiner Besorgnis Ausdruck, während ich das junge Paar ernst anschaute.

Bei häuslicher Gewalt versteht die Justiz keinen Spaß. Bei

Straftaten gegen Leib und Leben, die in den eigenen vier Wänden gegenüber Kindern oder unter Lebenspartnern begangen werden, erhebt die Staatsanwaltschaft regelmäßig Anklage. Allein schon, um mit Blick auf diese empfindlichen Rechtsgüter mögliche Nachahmer zu stoppen.

»Ich rufe gleich morgen bei der Staatsanwaltschaft an. Dann weiß ich mehr.« Gesagt, getan. Und tatsächlich: Die Staatsanwaltschaft war der Meinung, dass es im öffentlichen Interesse lag, die Tätlichkeit von Albert strafrechtlich zu verfolgen. Ich hatte es geahnt. Es war ein Dilemma. Deshalb sollten Strafanzeigen immer gut überlegt sein.

Bei Anzeigen, zu denen es spontan aus einer – wenn auch völlig berechtigten – Wut heraus kommt, könnte der Schuss manches Mal nach hinten losgehen. Sollte die Wut sich später nämlich legen und es gar zu einer Versöhnung kommen, wollen insbesondere Opfer, die eine Beziehung mit dem Beschuldigten haben, oftmals an ihrer Anzeige nicht festhalten, ganz gleich, ob die Vorwürfe zu Recht oder zu Unrecht der Polizei mitgeteilt worden waren. Handelt es sich bei der angezeigten Tat jedoch um ein Offizialdelikt oder bejaht die Staatsanwaltschaft, so wie im Fall von Yvonne und Albert, das öffentliche Interesse, wird das Strafverfahren weiter betrieben, auch gegen den Wunsch der Person, die die Anzeige erstattet hat.

»Bringen Sie halt was Brauchbares zu Papier, dann sehen wir weiter«, hatte die ermittelnde Staatsanwältin mir mitgegeben. Also verfasste ich als Anwalt von Albert eine Verteidigerschutzschrift, mit welcher ich die Einstellung des Verfahrens beantragte. Mit Erfolg. Nachdem es sich bei dem Faustschlag um einen einmaligen Vorfall gehandelt hatte, Albert nicht vorbestraft war, er sich mit Yvonne vertragen hatte und die beiden mittlerweile sogar wieder zusammenwohnten, ließ die Staatsanwaltschaft den Vorwurf schließlich fallen. Yvonne und Albert waren erleichtert. Dem jungen Glück stand nichts mehr im Wege. »Ich melde mich zwischendurch bei Ihnen, Herr Lucas. Und zur Hochzeit werden Sie natürlich eingeladen.« Mein Mandant grinste.

Tatsächlich rief Albert mich bald schon wieder an. Es durften keine vier Wochen vergangen sein, seit wir uns zuletzt gesehen hatten.

»Ich habe totale Scheiße gebaut.« Nur wenige Tage nachdem das Verfahren gegen ihn eingestellt worden war, hatte Albert zusammen mit Yvonne und drei seiner Freunde die Nacht im Club verbracht. Gegen halb sechs in der Früh kamen die beiden nach Hause. Als die Tür hinter ihnen ins Schloss gefallen war, lächelte Yvonne ihn verführerisch an. Albert schaute sie mit starrer Miene an. Er atmete laut. Dann brüllte er los: »Mach nur so weiter. Ich weiß genau, was läuft. Du willst es nicht anders.«

Kaum dass er die Worte ausgesprochen hatte, packte er Yvonne von vorne an den Schultern, schüttelte sie eine gefühlte Minute lang und schrie sie mit den immer gleichen Worten unaufhörlich an. Als Yvonne nichts darauf sagte, schlug er ihr mit der flachen rechten Hand erst mit der Handinnenfläche von rechts, dann mit der Handaußenfläche von links fest ins Gesicht. Danach ließ er von seiner Freundin ab, ging wieder auf den Balkon und zündete sich eine Zigarette an.

Yvonne blieb in dieser Nacht in der Wohnung. Sie schloss sich im Schlafzimmer ein. Das respektierte Albert schnell. Zunächst hatte er noch an der Tür gerüttelt. Als Yvonne aber nicht reagiert hatte, verbrachte er die Nacht im Wohnzimmer auf dem Sofa. Am nächsten Morgen beim Frühstück schwiegen sich beide an. Nach endlosen Minuten brach Yvonne schließlich das Schweigen: »Was meintest du mit ›Mach nur so weiter‹?«

Sie bekam keine Antwort. Yvonne gab es auf. Schon beim ersten Vorfall war ihr Freund ihr jede Antwort schuldig geblieben. Und so löffelten beide schweigend ihr Müsli, für das sie zuvor scheinbar einträchtig in morgendlicher Routine das Obst klein geschnippelt hatten.

In der darauffolgenden Nacht schliefen beide schon wieder gemeinsam in einem Bett. Yvonne versuchte, das Geschehene zu verdrängen. Die beiden festen Ohrfeigen hatten zum Glück keine Spuren hinterlassen. Vielleicht würde Albert zu einem späteren Zeitpunkt doch noch mit ihr reden. Aber jetzt aufgeben? Das wollte sie nicht. Sie hatte zu viel investiert. Nach reiflicher Überlegung, welcher unzählige Gespräche mit ihrer Freundin Claudia vorausgegangen waren, hatte sie sich für einen Neuanfang entschieden. Es war nicht leicht gewesen, über ihren Schatten zu springen. Sollte die ganze Mühe etwa umsonst gewesen sein?

Schon Montag früh sprachen die beiden beim Frühstück wieder ganz normal miteinander. So als wäre nichts gewesen. Sie verabschiedeten sich mit einem zärtlichen Kuss und bereiteten abends alles für ein romantisches Candle-Light-Dinner vor. Yvonne hakte die neuesten Geschehnisse für sich ab. Krach konnte es in jeder Beziehung geben. Ein Mal ist kein Mal. Die folgenden Tage waren für beide schön. Sie blieben in ihrem gewohnten Fahrwasser, studierten, machten Sport, kochten und aßen zusammen. Der Ton war liebevoll. Über das Geschehene verloren sie kein Wort. Gerne hätte es ewig so weitergehen können.

Keine Woche später, am Freitagabend, kam es jedoch zu einer erneuten Auseinandersetzung. »Du wirst schon sehen, was du davon hast! Das lasse ich dir nicht durchgehen!« Albert hatte seine Freundin schon wieder aus heiterem Himmel angebrüllt. Aggressiver als beim letzten Mal.

»Wovon?«, schrie Yvonne verzweifelt zurück: »Wovon werde ich was haben? Rede endlich mit mir, du blöder Kerl! Rede endlich! Wovon? Wovon?«

Noch während Yvonne verzweifelt um Antworten flehte, schlug Albert ihr unvermittelt ins Gesicht. Schon wieder. Diesmal mit der Faust. Dann griff er erneut ihre Schultern und schüttelte Yvonne zunächst brutal hin und her. Danach zog er sie zu sich heran, drückte ihren Oberkörper nach unten und drehte sie leicht nach links, sodass er sie mit dem rechten Arm in den Schwitzkasten nehmen konnte. Gegenwehr war für die 1,60 Meter kleine Frau zwecklos. Yvonne schrie Albert verzweifelt an, dass er aufhören und sie endlich loslassen solle. Währenddessen hatte Albert die freie linke Hand zur Faust geballt. Mit dieser schlug er nun unaufhörlich auf den Kopf seiner Freundin ein. »So gehst du nicht mit mir um. So nicht!«

Albert brüllte blindwütig in einer Tour. Es waren immer wieder dieselben inhaltsleeren Vorwürfe, die er gegenüber seiner Freundin lautstark und schier außer Kontrolle abrief. Yvonne hatte große Schmerzen. Und sie hatte noch größere Angst. Sie hatte keinen blassen Schimmer, was ihr Freund ihr vorwarf und weshalb er schon wieder so austickte. Die letzten Tage waren wunderschön und harmonisch gewesen. Es hatte keinen einzigen Ausreißer gegeben. Es war ihr leichtgefallen, sich ihrer Liebe zu Albert wieder hinzugeben. Doch jetzt erkannte sie ihn nicht wieder, war ihm in seiner Raserei hilflos ausgeliefert. Sie flehte ihn kraftlos wimmernd an, dass er aufhören solle.

Dann ließ Albert auf einmal von ihr ab. Wieder ging er auf den Balkon. Wieder zündete er sich eine Zigarette an. Währenddessen rannte Yvonne wie ferngesteuert aus dem Haus. Sie lief direkt zu ihrer Freundin Claudia. Bei ihr konnte sie reden, weinen und schweigen. Am nächsten Morgen nahm die Polizei den Sachverhalt auf. Anschließend schickte der Vernehmungsbeamte Yvonne ins Krankenhaus. Dort wurden ihre Verletzungen, die die Polizei zuvor fotografiert hatte, untersucht, Diagnosen gestellt und in einem Arztbrief festgehalten.

Seit dem Vorfall hatte Albert nichts mehr von Yvonne gehört. Dafür von der Polizei. Sie hatte ihm eine Ladung zur Beschuldigtenvernehmung zukommen lassen.

»Da gehen Sie nicht hin«, sagte ich entschieden. »Zunächst beantrage ich Einsicht in die Verfahrensakte. Wir müssen Augenhöhe zu den Ermittlungsbehörden herstellen. Wir wollen wissen, was Yvonne genau gesagt hat.«

Der Fall stellte sich wenige Tage später als ziemlich eindeutig heraus. Mit seiner Vorgeschichte, für die ich seinerzeit eine Verfahrenseinstellung erwirkt hatte, dem Verletzungsbild und den festgestellten DNA-Spuren würde Albert mit Pauken und Trompeten wegen Körperverletzung verurteilt werden.

Wenn die Sache für ihn einigermaßen glimpflich ausgehen sollte, musste er sich mit Yvonne versöhnen. Aber natürlich nicht etwa, indem er sie aufsuchte, anrief oder anschrieb. Über eine neutrale Stelle musste er alles daransetzen, mit Yvonne eine Einigung in Form eines Täter-Opfer-Ausgleichs zu erreichen.

Ich bereitete ihn darauf vor, dass angesichts der Brutalität seines Vorgehens eine Geldstrafe unrealistisch war und unser Ziel eine Freiheitsstrafe sein musste, die zur Bewährung ausgesetzt würde. Über eine der Schlichtungsstellen, die Täter und Opfer im Bemühen um eine Beilegung ihres Konflikts unterstützen, ließ ich meinen Mandanten Kontakt zu Yvonne aufnehmen.

Ziel eines Täter-Opfer-Ausgleichs, kurz TOA, ist die Schadenswiedergutmachung durch den Täter. So bringt er gegenüber dem Opfer zum Ausdruck, dass er die Verantwortung für seine Tat übernimmt und zu seiner Schuld steht. Außerhalb des eigentlichen Strafverfahrens und losgelöst von der noch ausstehenden strafrechtlichen Entscheidung suchen Täter und Opfer in einem Schlichtungsverfahren gemeinsam nach einer Lösung, um den Konflikt beizulegen. In den weitaus meisten Fällen erfolgt eine Wiedergutmachung in Form einer Schmerzensgeldzahlung.

Für den Täter bewirkt der erfolgreiche Täter-Opfer-Ausgleich regelmäßig die Chance, dass später im Urteil das Strafmaß spürbar reduziert werden kann; Verfahren wegen eher geringfügiger Taten werden gar endgültig eingestellt.

Das Opfer seinerseits hat die Sicherheit, in einer späteren Hauptverhandlung nicht einer womöglich quälenden, bisweilen langwierigen Vernehmung als Zeuge ausgesetzt zu sein. Auch wird durch eine solche Vereinbarung ein für alle Mal die Opferrolle klar festgestellt. Für Vorwürfe gegenüber der geschädigten Person oder Versuche, sich als Täter der Verantwortung zu entziehen, ist dann kein Raum mehr. Das macht einen Täter-Opfer-Ausgleich für beide Seiten oftmals sehr attraktiv.

Yvonne ging auf das Angebot, das Albert ihr über die Schlichtungsstelle unterbreitete, ein. Sie war mit dem ihr angebotenen Schmerzensgeld in Höhe von 1500 Euro einverstanden. Die Entschuldigung ihres früheren Freundes nahm sie an. Sie schämte sich und machte sich große Vorwürfe, dass sie der Beziehung mit Albert eine zweite Chance gegeben hatte. Sie warf sich vor, sogar dann noch bei ihm geblieben zu sein, als es längst schon wieder zu erneuten Handgreiflichkeiten gekommen war.

Mit der Bescheinigung der Schlichtungsstelle über die erfolgreiche Durchführung eines TOA im Gepäck konnte ich mich mit dem Staatsanwalt darauf einigen, die Sache per Strafbefehl zu erledigen. Beim Strafbefehlsverfahren handelt es sich um ein vereinfachtes Verfahren, in dem Anklage und Urteil quasi in einem Dokument verbunden werden. Ähnlich wie bei einem Bußgeldbescheid wird dem mutmaßlichen Täter mitgeteilt, was ihm zur Last gelegt wird, und gleichzeitig eine Strafe gegen ihn verhängt. Ein solcher Strafbefehl wird von der Staatsanwaltschaft beantragt und vom Amtsgericht erlassen.

Akzeptiert der Beschuldigte die Tatvorwürde im Strafbefehl und die darin genannte Strafe, wird der Strafbefehl nach zwei Wochen rechtskräftig. Ist er jedoch nicht damit einverstanden, kann er innerhalb einer Frist von zwei Wochen Einspruch dagegen einlegen. Dann kommt es – wie bei einer »normalen« Anklage – zu einer Verhandlung vor Gericht. Das Risiko für den Beschuldigten ist, dass am Ende eine höhere Strafe verhängt werden kann als die ursprünglich im Strafbefehl genannte. Der Charme eines rechtskräftigen Strafbefehls liegt für viele Beschuldigte nicht zuletzt darin, dass ihnen der schwierige Gang zum Gericht erspart bleibt. Denn so eine Verhandlung ist für viele durchaus belastend.

In Alberts Situation war ein Strafbefehl das Beste, was allen Beteiligten passieren konnte. Yvonne müsste nicht als Zeugin vor Gericht aussagen. Hierzu wäre sie im Falle eines Strafprozesses mittlerweile nämlich wieder verpflichtet gewesen. Nachdem Albert und sie eindeutig entlobt waren, hätte sie kein Recht mehr gehabt, die Aussage zu verweigern. Und selbst bei einem umfassenden Geständnis von Albert in einer Hauptverhandlung hätte das Gericht vermutlich doch noch Fragen an Yvonne gehabt. Und das wäre weder für Albert noch für Yvonne sehr angenehm geworden.

Mit der Staatsanwältin konnte ich mich im Vorfeld auf eine kurze Freiheitsstrafe von drei Monaten verständigen, die zur Bewährung ausgesetzt würde. Im Gegenzug sagte ich ihr zu, dass mein Mandant keinen Einspruch einlegen und den Strafbefehl somit rechtskräftig werden lassen würde.

»Und jetzt versprechen Sie mir, dass ein für alle Mal Ruhe im Karton ist!« Mein Ton gegenüber Albert war freundlich, aber bestimmt: »Stecken Sie Ihre Energie lieber voll und ganz in Ihren Sport!«

Albert nickte und bedankte sich bei mir. Er wolle sich zwischendurch mal wieder bei mir melden, kündigte er an.

Und das tat er. »Sie sind spät dran!«, damit spielte ich nicht etwa auf die Zeit an, die seit unserem letzten Treffen vergangen war. Ich sagte es mit Blick auf die Anklageschrift, die Albert mir auf den Tisch legte. »Warum haben Sie so lange gewartet?«

Albert hatte sich offensichtlich nicht getraut, sich vorher bei mir zu melden. Er mochte mich, das wusste ich. Und er wollte mich nicht enttäuschen. Das konnte er auch gar nicht. Es würde meinem Berufsverständnis doch arg zuwiderlaufen, wenn ich meinen Mandanten vorwerfen würde, dass sie mit dem Gesetz in Konflikt geraten waren. Und doch bin ich keine Maschine. Ich mochte Albert ebenfalls. Und mir tat es leid, dass dieser freundliche, wohlerzogene junge Mann, der außerdem so viel auf dem Kasten zu haben schien, laut Anklage erneut straffällig geworden war.

Das Opfer hieß Valerie. Sie war mit Albert seit knapp sieben Monaten zusammen. Es war für beide Liebe auf den ersten Blick gewesen. Doch Albert hatte sie nicht nur bitter enttäuscht, sondern auch massiv körperlich und seelisch gequält.

Valerie hatte gerade geduscht, als Albert plötzlich die Badezimmertür aufgerissen hatte. »Schalt das ab!«, hatte er sie angebrüllt. Als die junge Medizinstudentin nicht sofort reagiert hatte, hatte er noch lauter geschrien: »Mach sofort das Wasser aus!«

Völlig verunsichert hatte die 20-Jährige den Befehl befolgt. Kaum hatte sie das Wasser abgedreht, hatte Albert völlig unvermittelt den Duschvorhang von der Stange abgerissen, die nackte Frau gepackt, sie aus der Dusche gezogen und zu Boden gedrückt. »Es reicht mir mit dir!« Dann hatte er ihr fünf Mal mit der flachen Hand fest ins Gesicht geschlagen.

Trotz der intimen Situation im Badezimmer hatte der körperliche Übergriff offenkundig keinen sexuellen Hintergrund gehabt. Aus unerfindlichen Gründen war Albert von einer Sekunde auf die andere einfach blind vor Wut gewesen, der er auf brutale Weise Luft gemacht hatte. »Zieh dich an!«, hatte er zuletzt noch gebrüllt, bevor er aus dem Badezimmer und raus auf den Balkon gestürmt war. Dort hatte er sich eine Zigarette angesteckt. Als er nach seinem Handy hatte greifen wollen, hatte er bemerkt, dass es entgegen seiner Annahme nicht in der Hosentasche steckte. »Wo ist mein Handy?«, hatte er in die Wohnung gerufen. Während er zu Ende geraucht hatte, hatte er Valerie von drinnen gehört. »Hier ist das scheiß Teil, pass halt besser drauf auf!« Gleichzeitig hatte er gesehen, wie das Handy in Richtung der leicht geöffneten Terrassentür geflogen kam, noch im Wohnzimmer zu Boden fiel und dabei mit voller Wucht auf den Laminatboden knallte. Albert hatte rotgesehen, seine Zigarette weggeworfen, war ins Wohnzimmer gestürzt und hatte Valerie mit beiden Händen zu Boden geschubst. Dann hatte er sich auf die lediglich mit einem Handtuch bekleidete Freundin gekniet, ihre Haare gepackt, daran gerissen und ihr mehrmals kraftvoll links und rechts mit der flachen Hand auf die Wangen geschlagen. »Du verdammte Schlampe! Du Hure!« Immer wieder. »Du verdammte Schlampe! Du Hure!« Er hatte gebrüllt und gebrüllt und ihr ins Gesicht gespuckt.

Und dann war plötzlich Schluss gewesen. Albert hatte sich aufgerichtet und war hinaus auf die Terrasse gegangen. Valerie, die alles über sich hatte ergehen lassen, hatte sich aufgerappelt, zitternd nach dem heruntergefallenen Handtuch gegriffen und es notdürftig um sich gewickelt und fluchtartig die Wohnung verlassen. Auf dem Weg zur Tür hatte sie geistesgegenwärtig nach ihrem Handy auf der Kommode gegriffen. Vom Treppenhaus aus hatte sie die Polizei angerufen und dann barfuß und nur mit dem Handtuch bekleidet vor der Tür gewartet, bis schon wenige Minuten später ein Streifenwagen eingetroffen war. Albert hatte sich widerstandslos vorläufig festnehmen lassen.

Die Staatsanwaltschaft hatte am nächsten Tag Haftbefehl wegen Fluchtgefahr beantragt. Zum Glück für Albert hatte der Haftrichter das jedoch anders gesehen und keinen Haftbefehl erlassen, sodass er schnell wieder auf freiem Fuß gewesen war. Er hatte sich fortan strikt an das Kontaktverbot gehalten, das die Polizei kurz nach seiner vorläufigen Festnahme ausgesprochen hatte. Der polizeilichen Ladung zur Beschuldigtenvernehmung war er aber nicht gefolgt. Er wusste noch aus seinem letzten Verfahren ganz genau, wie es sich verhielt. Erst einmal Einsicht in die Verfahrensakte nehmen. Augenhöhe mit der Polizei und Staatsanwaltschaft herstellen. Aus Sicht eines Strafverteidigers hatte Albert bis dahin alles richtig gemacht. Nun stand er mit der Anklage in der Hand bei mir in der Kanzlei.

»Diesmal wird's nicht mit einem Strafbefehl enden«, sagte ich ernst. »Ich weiß ehrlich gesagt nicht einmal, wie wir hier überhaupt noch eine Bewährungsstrafe erreichen sollen.«

Flucht nach vorne musste das Motto sein. Auch mit Valerie gelang uns schließlich ein Täter-Opfer-Ausgleich. Sie musste dennoch als Zeugin vor Gericht erscheinen. Die junge Frau wirkte gefasst. Mit ruhiger Stimme erklärte sie dem Gericht, dass sie die Entschuldigung meines Mandanten annehme.

»Ich hätte früher Schluss machen müssen. Schon in den Wochen davor hatte Albert mich ›Schlampe‹ genannt. Danach häuften sich diese Ausbrüche. Irgendetwas muss ihn zuvor völlig grundlos eifersüchtig gemacht haben. Anders kann ich mir seine Wutanfälle nicht erklären.«

Wie immer hatte der Angeklagte in der Verhandlung das letzte Wort, und Albert konnte mit seinen reuevollen Worten enorm punkten. Er holte etwas weiter aus, um Erklärungsansätze für sein Verhalten zu finden und sich gegenüber dem Gericht und den übrigen Anwesenden schonungslos zu öffnen.

Seit er mit seiner Familie nach Deutschland gekommen sei, habe er enorm unter Minderwertigkeitskomplexen zu leiden gehabt, gestand er ein. Seine Leistungen im Sport, sein trainiertes Äußeres, all das habe ihm ein großes Selbstwertgefühl gegeben. Dass ihn schöne Frauen begehrten und er die bildhübsche Valerie zur Freundin hatte haben dürfen, das »pushe« ihn. Sein hieraus geschöpftes Selbstbewusstsein stehe allerdings auf sehr wackeligen Beinen. Ständig habe er mit Verlustängsten zu kämpfen. Als er bei Valerie und seinerzeit bei Yvonne so ausgetickt sei, habe er sich von ihnen nicht mehr begehrt gefühlt. Die Komplimente, die Leidenschaft, all das hatte nach seinem Empfinden bei Valerie nachgelassen.

»Als sie mich dann zu Hause keines Blickes gewürdigt und nur schnell gesagt hatte, dass sie kurz Zähne putzen und dann schlafen gehen würde, habe ich rotgesehen. Warum konnte sie nicht auch mich so verführerisch anschauen, wie sie es zuvor schon bei meinem Kumpel Laurenz getan hatte? Ich konnte es nicht ertragen. Ich empfand nur noch Hass und konnte mich nicht mehr bremsen. Es ist Selbsthass, Herr Richter.«

Ja, so musste er es empfunden haben. Bei Valerie. Und auch schon bei Yvonne, seiner früheren Verlobten. Sie hatte ihm zwar gar keinen richtigen Anlass gegeben. Doch waren für Albert allein schon das Ende der ersten Verliebtheit, die selteneren Küsse und Zärtlichkeiten und Yvonnes rückläufige Initiativen im Bett auf Dauer nur schwer zu ertragen gewesen.

Es tat mir leid, dass Albert sich wieder nicht hatte unter Kontrolle halten können. Er war so ein guter Typ. Die Eltern hatten ihm eine solide Erziehung ermöglicht. Sie hatten ihm beigebracht, wie wichtig Respekt vor seinen Mitmenschen war. Er hatte es offenkundig nicht verinnerlicht. Albert liebte seine Familie und sie ihn. Doch der Umzug in das fremde Land so kurz vor der Pubertät hatte ihn damals für lange Zeit schwach gemacht. Dass er längst akzeptiert und von vielen für seine sportlichen Leistungen und seine tolle Figur bewundert wurde, hatte sich Albert über viele Jahre in seinem oberflächlichen Umfeld hart erkämpft. Diesen Kampf ging er jeden Tag aufs Neue an. Immer plagte ihn die Angst, ihn verlieren zu können. Seine großen Verlustängste, seine Angst vor mangelnder Wertschätzung und schwindender Gegenliebe waren bei seinen körperlichen Übergriffen der Motor gewesen. Ebendiese Ängste mochte er am Tattag empfunden haben, als Valerie ihm zu wenig Interesse entgegengebracht und zuvor auch noch mit seinem Kumpel Laurenz vor seinen Augen geflirtet hatte. Es entschuldigte nichts. Doch erklärte es viel. Und es bot eine ideale Grundlage für die Verhängung geeigneter Bewährungsauflagen.

Das Gericht verurteilte Albert zu einer Freiheitsstrafe von zehn Monaten. Die Strafe setzte es unter Auflagen zur Bewährung aus. Albert verpflichtete sich, an einem Anti-Gewalt-Training teilzunehmen. Auf unbestimmte Zeit. Die Therapeuten würden entscheiden, wann von einem erfolgreichen Abschluss des Trainingsprogramms gesprochen werden könnte. Außerdem musste Albert 120 Sozialstunden bei der Bahnhofsmission ableisten. Es könnte ein erster Schritt zur Selbstreflexion sein. Albert würde dort auf Opfer häuslicher Gewalt treffen. So würde er mit Menschen in Kontakt geraten, die jede Menge seelische und körperliche Verletzungen erleben mussten. Vielleicht konnte er auf diese Weise verstehen lernen, dass die körperlichen Übergriffe bei seinen Opfern tiefe Spuren hinterlassen hatten.

Albert war eine tickende Zeitbombe. Anders als im Fall von

Yvonne hatte es in der Beziehung mit Valerie im Vorfeld zumindest erste Anzeichen schwelender Aggressionen gegeben. Valerie hatte sie jedoch nicht als ernst zu nehmende Anzeichen gedeutet. Vielleicht hätte sie sonst die Beziehung sofort beendet. Mit der ersten Beleidigung als Schlampe hatte Albert eine empfindliche Schwelle überschritten. Als es spät, aber nicht zu spät war, hatte Valerie die Reißleine gezogen.

Albert klang begeistert, als er mich ein gutes halbes Jahr später anrief. Den Anti-Aggressionskurs besuchte er weiterhin. »Eigentlich bin ich fertig. Doch die Therapeuten ermöglichen es mir, auf Nummer sicher zu gehen.« Auch hatte Albert sich freiwillig in psychologische Behandlung begeben. Dort sollte er im Rahmen einer Psychoanalyse verstehen lernen, was ihn in den vergangenen Beziehungen so unberechenbar hatte werden lassen. »Und jetzt kommt das Beste: Ich halte an der Uni und auch bei Fortbildungen von Erziehern Vorträge, stelle mich als ehemaliger Täter allen ihren Fragen.« Ich war beeindruckt. Albert hatte sein Schicksal in die Hand genommen, arbeitete hart an sich und tat es mit aller Ernsthaftigkeit.

Ein gutes Jahr hörte ich nichts von Albert. Dann wurde die 23-jährige Sina auf die Intensivstation gebracht. Sie hatte viel Blut verloren. Albert hatte kurz zuvor um Hilfe ringend einen Notruf abgesetzt.

Sina war seit fünf Monaten seine Freundin. Die hübsche Jura-Studentin war genauso wie die früheren Freundinnen sportlich. Sie spielte in ihrer Freizeit an mehreren Tagen in der Woche Tennis. Am Wochenende gingen sie aus. Oder sie verließen München für einen Städtetrip.

Albert hatte Sina bei schönstem Wetter im Englischen Garten kennengelernt. Im Schwabinger Bach hatte er sich ein wenig abgekühlt. Sina hatte sich gerade von der Strömung treiben lassen, hatte ihm nicht mehr ausweichen können und war schließlich sanft gegen ihn geprallt. Der Tag war noch lang gewesen, sie hatten ihn zu zweit verbracht. Später waren sie gemeinsam in den nahe gelegenen Biergarten am Chinesischen Turm gegangen. Es schien zwischen ihnen zu passen. Bald zogen sie zusammen. Sie teilten die gemeinsame Lust am Sport und an gesundem Essen.

Es dauerte allerdings nicht lange, bis Albert damit begonnen hatte, seine Freundin zu beleidigen, sie als »Hure« und »Schlampe« zu bezeichnen. Von seinen Vorstrafen hatte Sina gewusst. Sie hatte kein Problem damit. Sie war beeindruckt, wie toll sich Albert bei der Aufarbeitung seiner Straftaten engagierte. Die Beleidigungen stünden mit seiner Vorgeschichte in keinem Zusammenhang, hatte er ihr vorgelogen. Sie seien Ausdruck seines russischen Temperaments, das ihm seine Familie vererbt habe.

Jetzt ermittelte die Staatsanwaltschaft gegen Albert nicht nur wegen des Verdachts der gefährlichen Körperverletzung, sondern auch wegen Geiselnahme. Mindestfreiheitsstrafe fünf Jahre. Sina hatte auf dem Sofa gesessen und sich gerade die Fußnägel lackiert.

»Es ist Winter!«, hatte Albert seine Freundin angebrüllt. »Für wen machst du das, du blöde Schlampe?«

Die beiden hatten am Abend in einen Club gehen wollen. Kalte Temperaturen hin oder her, Sina hatte fest vorgehabt, offene Schuhe zu tragen. Sie hatte gerade dazu angesetzt, sich zu rechtfertigen, als Albert sie grob an ihrem rechten Handgelenk gepackt, sie mit Gewalt vom Sofa gezogen und mehrmals auf ihren Handrücken geschlagen hatte.

»Und das hier? Was ist damit? Sieh dir deine Hände an! Kein Nagellack! Obwohl die Hände doch jeder sehen kann! Aber bei deinen Füßen, da muss es sein. Dein Ernst? Willst du mich eigentlich verarschen, du scheiß Hure?«

Er hatte Sina mehrfach ins Gesicht geschlagen und im Befehlston angebrüllt: »Zieh dich an!« Sina hatte unter ihrem Bademantel nur ihren BH und einen Slip getragen. »Los, wird's bald! Zieh dir was Vernünftiges über! Jetzt! Wir machen eine Spritztour.«

Sina hatte es mit der Angst zu tun gekriegt. Was hatte Albert vor? Schnell hatte sie den Bademantel gegen Jeans und Hemd getauscht. Sie hatte so gezittert, dass es ihr nur mit Mühe gelungen war, die Knöpfe zu schließen. Als sie gerade nach ihren Strümpfen hatte greifen wollen, hatte Albert ihr erneut auf die Hand geschlagen.

»Du brauchst keine! Wozu sonst der ganze Aufwand mit dem Nagellack, du Hure? Los, ab in die High Heels! Die offenen!«

Sina hatte die Anweisungen befolgt, außerstande, Albert zu widersprechen, und voller Angst vor dem, was jetzt kommen könnte. Albert hatte sie erneut am Handgelenk gepackt, über die Treppe in die Tiefgarage gezerrt und dort auf den Beifahrersitz seines Cabrios gezwungen. Dann war er selbst eingestiegen und losgefahren. Draußen hatte es schon gedämmert.

Eine ganze Weile waren sie schweigend umhergefahren. Sina hatte starr vor Angst in ihrem Sitz gesessen. Ihr Instinkt hatte ihr gesagt, dass es besser war, Albert nicht anzusprechen. Nur nichts tun, das ihn noch wütender machen und womöglich zu weiteren Gewalttätigkeiten anstacheln konnte! Inzwischen waren sie auf der Landstraße unterwegs. Unvermittelt war Albert mit quietschenden Reifen rechts in einen holprigen Waldweg abgebogen und immer tiefer in den Wald hineingefahren. Sina hatte die Anspannung kaum mehr ausgehalten, als Albert direkt an einer Lichtung angehalten hatte.

»Aussteigen!«, hatte er geschrien. Sina hatte getan, wie ihr geheißen. Zitternd vor Angst hatte sie auf ihren wackeligen High Heels auf dem weichen Waldboden gestanden. Albert war im Licht der Autoscheinwerfer vor sie getreten. Um sie herum war der Wald stockdunkel. Sie hatte ihren Blick starr vor sich auf den Boden gerichtet und nicht gewagt, Albert anzuschauen.

»Los, komm, du Schlampe, wir gehen ein wenig spazieren.« Ein Schubser von Albert. Sie war gestrauchelt. »Na los, geh! Wir machen einen Spaziergang!« Wieder ein Stoß.

»Hör auf!«, hatte sie leise gesagt. Der nächste Schubser hatte sie zu Boden gebracht. Albert hatte über ihr gestanden und auf sie hinuntergeschaut. Er hatte das tiefe Bedürfnis verspürt, Sina zu demütigen, ihr wehzutun, sie zu bestrafen. Wieder jemand, der ihm nicht genug Beachtung geschenkt, ihn gekränkt, ihn verraten hatte.

»Steh auf!«, hatte er Sina angeschrien: »Ich sagte spazieren gehen. Nicht rumliegen! Was genau verstehst du daran nicht?«

Die junge Frau hatte versucht, sich aufzurichten, hatte nun vor ihm in der Hocke gesessen, als sie ein wuchtiger Fußtritt in den Bauch getroffen hatte. Erneut war sie umgekippt.

»Aufstehen, habe ich gesagt. Aufstehen! Nun mach endlich, du Hure!«

Unter Aufbietung aller Kräfte war es Sina gelungen, auf die Füße zu kommen. Als Albert sie ein weiteres Mal geschubst hatte, war sie erneut gestürzt und hatte sich beim Aufkommen leicht den Kopf aufgeschlagen. Während sie rücklings am Boden lag, hatte Albert sich über sie gekniet. Gerade hatte er noch brüllend wüste Beleidigungen von sich gegeben; jetzt war sein Ton jedoch plötzlich ganz ruhig: »Ich bin enttäuscht von dir.«

Er hatte zu einem ersten Schlag mit der flachen Hand ausgeholt. Kräftig hatte er seiner Freundin ins Gesicht geschlagen. Noch einmal. Und ein drittes Mal. Schließlich hatte er noch mit einem Faustschlag nachgesetzt. Sina hatte vor Schmerzen und in Panik geschrien und sich unter ihm gewunden, während Albert zu einem weiteren Faustschlag ausgeholt hatte. Und immer wieder, bei jedem Schlag: »Ich bin enttäuscht von dir.«

Schließlich hatte er von ihr abgelassen und sich aufgerichtet. Er hatte über ihr gestanden und sie eine Weile stumm beobachtet, wie sie, jetzt nur noch leise wimmernd, vor ihm auf dem Waldboden gelegen hatte. Er schien zur Ruhe gekommen zu sein. Hatte weiter auf sie herabgestarrt, auf die klaffende Wunde in ihrem Gesicht, aus der das Blut hervorquoll.

Plötzlich war seine Ruhe in Verunsicherung umgeschlagen. »Scheiße, das hört ja gar nicht auf zu bluten«, hatte er gestöhnt.

Er hatte Sina, die regungslos am Boden gelegen hatte, geschüttelt, aber sie schien bewusstlos zu sein. Albert war zum Auto gerannt, hatte über sein Handy die 112 gewählt. Er hatte die bewusstlose Sina ins Cabrio verfrachtet und war über den Waldweg zurück auf die Landstraße gefahren. Nach quälend langer Zeit war ein Krankenwagen eingetroffen. Die junge Frau hatte gerade noch gerettet werden können. Nach drei Tagen hatte sie die Intensivstation verlassen dürfen. Sina war Bluterin. Das hatte Albert nicht gewusst.

Ich muss gestehen, dass es mich schauderte, als ich die Aussage von Sina in der Gerichtsakte las. Daran, dass sie die Wahrheit sagte, bestand kein Zweifel. Wie auch in den Fällen zuvor gab Albert die Tat unumwunden zu. Aber es wurde nun eng.

Wieder kam es zum Prozess. Wieder hatten wir einen Täter-Opfer-Ausgleich durchgeführt. Und wieder legte Albert ein umfassendes Geständnis ab. Das alles würde sich strafmildernd auswirken. Dass er von Sinas Bluterkrankheit nichts hatte wissen können, sah auch das Gericht. Es hielt ihm auch zugute, dass er von sich aus, und ohne zu zögern, den Notarzt gerufen hatte.

Aber ich merkte, dass ich jenseits davon mit meinem Latein am Ende war. Wie hatte es nur zu dieser weiteren Tat kommen können, bei der Albert noch brutaler vorgegangen war als zuvor? Ich begriff es beim besten Willen nicht.

Albert war im Nachgang zu seinen Straftaten immer einsichtig und reflektiert. Das Anti-Gewalt-Training, die Sitzungen beim Psychologen und dann die Vorträge, die er als »ehemaliger« Straftäter hielt, alles das hatte er immer engagiert und konsequent durchgezogen. Er wollte ganz offensichtlich etwas ändern. Jedes Mal aufs Neue. Doch immer wieder kam es erneut zu diesen völligen Kontrollverlusten. Albert hatte in Sachen Tataufarbeitung sehr viel mehr geleistet, als das Gericht ihm in Form von Bewährungsauflagen aufgegeben hatte. Auch das würde sich vermutlich beim Urteil zu seinen Gunsten auswirken. Aber wie sollte es weitergehen?

»Ich verlange Klartext!«, ging ich Albert in einer Verhandlungspause energisch an. »Ich verstehe nicht, wieso Sie Sina das alles angetan haben. Ich versteh's wirklich nicht!«

»Das muss unter uns bleiben«, sagte Albert daraufhin leise. »Ich war völlig bekifft. Nur irgendwie kam da bis jetzt niemand drauf.«

Das war ja etwas ganz Neues! Dass Albert täglich viele Zigaretten wegrauchte, wusste ich. Aber dass er kiffte, hatte er nie erwähnt. Und davon abgesehen war das auch keine plausible Erklärung, die meine Frage beantwortet hätte. THC hat bekanntlich eine dämpfende Wirkung, also hätten ein paar Joints ihn ruhiger machen müssen. Wie sollte das zu seinem enorm aufgebrachten, aggressiven Verhalten bei der Tat passen?

»Das kann Ihnen am besten mein Psychologe erklären.«

»So nicht«, entgegnete ich unzufrieden.

Albert reagierte mit dem Versuch einer Antwort. »Mein, ich sage mal, narzisstisches ›Ich‹ und der Konsum von Haschisch wirken sich so aus.«

Ich ließ es so stehen. Nachvollziehbar erschien es mir nicht. Und warum hatten alle seine Freundinnen nichts von seinem

Haschischkonsum mitbekommen? Aber seine Behauptung als wahr unterstellt, könnte es für das Gericht natürlich eine Rolle spielen, dass Albert zur Tatzeit womöglich schwer berauscht war. Vielleicht konnte sich das bei der Frage nach seiner Schuldfähigkeit positiv auswirken. Aber Albert wollte davon nichts wissen.

»Auf keinen Fall sprechen Sie das mit den Drogen an«, bestimmte er: »Sie stehen unter Schweigepflicht, das wissen Sie!«

Das wusste ich. Aber eine dritte Bewährungsstrafe war ein kühnes Ziel. Ob allerdings die Behauptung, Albert sei zur Tatzeit berauscht gewesen, da tatsächlich hilfreich sein würde, war eine gute Frage. Der Schuss konnte ebenso nach hinten losgehen. Wenn das Gericht wüsste, dass Albert bei der Tat unter dem Einfluss von Drogen gestanden hatte, würde ein Gutachten erstellt werden. Sollte ein Sachverständiger dann meinem Mandanten ernsthafte Drogenprobleme bescheinigen, würde eine Bewährungsstrafe sogar in noch viel weitere Ferne rücken können, als sie es ohnehin schon tat. Aufgrund der klaren Ansage des Mandanten und meiner anwaltlichen Schweigepflicht blieb mir ohnehin keine Wahl. Doch ich hatte ein mulmiges Gefühl. Die Suchtmittelproblematik meines Mandanten hatte bei Ausführung der Tat womöglich eine wesentliche Rolle gespielt. Und sie war auch für seine künftige Entwicklung nicht ganz unwichtig. Das Thema gehörte nach meiner Überzeugung daher in den Gerichtssaal.

»Wir sind ein unschlagbares Team«, quittierte Albert das schließlich gesprochene Urteil. Zwei Jahre mit Bewährung. Natürlich mit Auflagen, insbesondere einer dreimonatigen stationären Psychotherapie. Als sachverständiger Zeuge hatte sich hierfür der Psychologe, bei welchem mein Mandant schon seit vielen Monaten in Behandlung war, persönlich starkgemacht. Im Anschluss daran sollte zudem das Anti-Gewalt-Training bis auf Weiteres fortgesetzt werden.

Albert hielt sich an alle Auflagen. Seine Stunden beim Psychologen besuchte er im Anschluss an die stationäre Therapie weiterhin. Auch die Vorträge im Kreise von Studenten und ausgebildeten Pädagogen setzte er fort. Ich hatte bei einer dieser Veranstaltungen auf Alberts Bitte hin zugehört. Er machte es prima. Reflektiert und überzeugend sprach er zu den Zuhörern und beantwortete bereitwillig sämtliche Fragen der vielen Teilnehmer. Albert schien gerade noch die Kurve gekriegt zu haben.

»Ich schreibe gerade ein Buch«, sagte er strahlend, als er mich gut eineinhalb Jahre nach seinem Urteil anrief, um mich mal wieder auf dem Laufenden zu halten. »Ich habe viel zu erzählen und will anderen Menschen helfen.«

Ich freute mich sehr für ihn und nicht zuletzt für seine so anständige Familie. Ich hoffte inständig, dass er sich diesmal dauerhaft bewähren und ihm keine weitere Frau zum Opfer fallen würde. Mich interessierte Alberts Entwicklung von Herzen. Und ich fand es schön, dass ich zwischendurch immer diese positiven Lebenszeichen von ihm bekam.

Mehr als 300 Leute waren zu Marinas Beerdigung gekommen. Die junge Frau war nur zwanzig Jahre alt geworden. Marina war ihren inneren Blutungen erlegen. Albert hatte seine Freundin zu Tode geprügelt. Der schreckliche Vorfall hatte sich in dem Waldstück ereignet, in welchem er bereits Sina geschlagen und gedemütigt hatte.

Marina und Albert waren seit gut zehn Monaten ein Paar gewesen. Albert hatte die hübsche Amerikanistik-Studentin bei einem seiner Vorträge an der Uni kennengelernt. Die Beziehung hatten sie langsam angehen lassen. Sie hatten bis zuletzt immer noch getrennt gewohnt. Im nächsten Jahr hatten sie zusammenziehen und hierfür eine ganz neue, große Wohnung finden wollen. Wie auch Alberts vorherige Freundinnen war Marina sehr sportlich gewesen. Sie hatte am Rhönrad geturnt. Diese Sportart hatte sie ihrer Großmutter abgeschaut, die in den Fünfzigerjahren bei Meisterschaften immer ganz vorne und nicht nur deshalb ihr großes Vorbild gewesen war.

Als mich Alberts Brief aus dem Gefängnis erreichte, stockte mir der Atem. Albert bat mich, ihn so schnell wie möglich zu besuchen. Er saß in Untersuchungshaft wegen des dringenden Tatverdachts des Mordes. Albert wurde schon bald von einer Psychiaterin begutachtet. Im Zeitpunkt der Tat hatte er nachweislich unter dem Einfluss einer großen Menge Marihuana gestanden. Die Sachverständige bescheinigte ihm genau die Wechselwirkung, von welcher mir Albert kurz vor seiner letzten Verurteilung grob berichtet hatte. Sein Psychologe hatte das seinerzeit sehr richtig erkannt.

Die neuerliche Tat hatte sich früh abgezeichnet. Freundinnen der Toten berichteten im Prozess vor der Schwurgerichtskammer davon, wie sehr Marina immer und immer wieder von Albert beleidigt worden war. Auch sollte er ihr schon früher nach mancher Clubnacht Ohrfeigen verpasst und sie angebrüllt haben. Warum hatte sich die junge Frau das bloß bieten lassen? Albert war offensichtlich durch die bisherigen Therapiemaßnahmen nicht zu ändern gewesen. Sein Narzissmus und seine Suchtprobleme machten ihn zu einem hochgefährlichen Menschen.

Auf diese Problematik war in seinen Therapien offenkundig zu wenig eingegangen worden. Es war eben nicht nur der übersteigerte Narzissmus, sondern die Wechselwirkung mit seinem heimlichen Drogenkonsum, der ihn zur tickenden Zeitbombe machte. Albert hatte das schon seit unserer ersten Begegnung gewusst. Zunächst hatte sich sein Haschischkonsum allerdings noch stark in Grenzen gehalten. Sein großer Ehrgeiz im Sport hatte ihm noch eine ganze Weile geholfen, sich in Zurückhaltung zu üben. Als der Konsum allerdings immer stärker wurde, hatte Albert die gefährliche Wechselwirkung zwar mehr und mehr erkannt, jedoch zu lange für sich behalten. Erst bei unserem dritten gemeinsamen Prozess hatte er mir auf dem Gerichtsflur völlig überraschend davon berichtet, mir sogleich aber den Mund verboten. Das war sein gutes Recht. Doch spätestens im Rahmen der stationären Psychotherapie hätte er sich seinen Problemen in Gänze öffnen müssen, um sich auf diese Weise neben seiner Persönlichkeits- auch der so wesentlichen Suchtproblematik und deren Zusammenspiel stellen zu können. Ein Therapeut kann immer nur so gut sein wie sein Klient.

Als Albert, kurz nachdem er die stationäre Therapie beendet hatte, mit Marina zusammengekommen war, musste er erkannt haben, dass die Probleme in seiner Persönlichkeit in Wechselwirkung mit seinem Drogenkonsum fortbestanden. Denn wieder hatte er angefangen, immer öfter nicht nur Zigaretten, sondern auch den einen oder anderen Joint zu rauchen. Und wieder hatte der Konsum in seiner Beziehung mit Marina zu verbalen und körperlichen Übergriffen geführt. Warum nur hatte er das zugelassen? Er hatte doch auch sonst immer viel mehr an sich gearbeitet, als es die Gerichte von ihm in ihren Bewährungsbeschlüssen verlangt hatten. Warum in diesem Fall nicht?

Marina war bereits die vierte Frau, die meinem Mandanten und seiner Gewaltbereitschaft zum Opfer gefallen war. Die vier Frauen waren allesamt bildhübsch. Sie waren sportlich, in ihren anspruchsvollen Ausbildungen engagiert und gut erzogen.

Warum hatten sie sich von Albert so schlecht behandeln und demütigen lassen? In allen Beziehungen hatte es im Vorfeld Signale gegeben. Die Frauen hatten diese auch erkannt. Dennoch hatten sie sie alle immer so lange ignoriert, bis es für jede von ihnen auf ihre Weise zu spät gewesen war. Vielleicht hatte Sina in dem dritten Verfahren, in welchem ich Albert verteidigt hatte, in ihrer Zeugenvernehmung einen nachvollziehbaren Ansatz geboten:

»Es war so irrational. Albert ist intelligent, ehrgeizig, und er kann so unfassbar liebevoll sein. Die Signale, die er gesendet hatte, waren mir dermaßen absurd vorgekommen, dass ich nicht bereit war, ihnen allzu viel Wert beizumessen. Selbst noch, als er mich beleidigt und grob angegangen hatte, war ich einfach nicht offen dafür, mich dem zu stellen. Albert blieb für mich ungebrochen der liebenswerte, intelligente und interessierte Typ, den ich so sehr liebte. Ich vermochte beim besten Willen keine Symptomatik zu erkennen. Dass er hier und da ausgetickt war, sah ich bis zuletzt immer nur als Augenblicksversagen an. Eine andere Erklärung wäre mir im Traum nicht eingefallen. Das war mein Fehler. Doch ich bin nicht bereit, mir das vorzuwerfen.«

Unweigerlich stellte ich mir die Frage, ob vielleicht ich persönlich mir etwas vorzuwerfen hatte. Ich hatte von der gefährlichen Mischung aus krankhaft übersteigerter Selbstliebe und Drogenkonsum gewusst. Es bedrückte mich. Doch natürlich wusste ich nur deshalb Bescheid, weil Albert mir vertraute. Er wusste um meine Schweigepflicht. Wer sie bricht, macht sich strafbar. Nur deshalb hatte er so offen mit mir gesprochen. Dass ich für Albert drei Mal Bewährung geholt hatte, war ein großer Erfolg. Bei allen drei Bewährungsentscheidungen hatten die Gerichte mit ihren günstigen Sozialprognosen im Nachhinein falschgelegen. Insgeheim wünschte ich, beim dritten Mal wäre mein Antrag, Albert zu einer Bewährungsstrafe zu verurteilen, nicht durchgegangen. Meine Gedanken waren bei Marina und ihren Eltern.

Das Gericht verurteilte Albert am Ende nicht wegen Mordes, sondern wegen Totschlags zu einer Freiheitsstrafe von zwölf Jahren. Bereits nach vier Jahren würde Albert in einer Entziehungseinrichtung untergebracht werden. Mit etwas Glück könnte er nach erfolgreichem Therapieabschluss bereits nach sechs Jahren wieder auf freien Fuß kommen.

Ich hatte keinen Zweifel daran, dass Albert die Therapie schaffen würde. Er hatte alle Bewährungsauflagen immer mit Bravour gemeistert. Genau das machte mir aber auch Angst. Ich hatte als sein Verteidiger auch in dem Schwurgerichtsverfahren alles für ihn herausgeholt. Wie jedes Mal. Ich hatte mich bedingungslos für eine Verurteilung »nur« wegen Totschlags eingesetzt. So war Albert um eine lebenslange Freiheitsstrafe, die bei Mord zwingend vorgesehen wäre, herumgekommen. Ich setzte alle Hoffnungen darauf, dass er sich den Therapien in der Entziehungseinrichtung dieses Mal bedingungslos stellen würde. Ich hoffte es für ihn, seine liebe Familie und allem voran die Frauen, die er in diesem Leben noch kennenlernen würde. Es fiel mir schwer, die schlimmen Vorfälle nicht nur als Akte abzulegen, sondern auch ganz persönlich zu einem Abschluss zu bekommen. Vielleicht musste etwas Zeit ins Land gehen. Da passten Alberts Worte im Anschluss an seinen Prozess womöglich gut: »Herr Lucas, ich werde Sie wie immer auf dem Laufenden halten.«

Wellness im Kindergarten

Und das hier ist unsere Sauna. Dienstags ist Saunatag.« Heike Claaßen war verzückt. Die Leiterin des Privatkindergartens »Laluné« ging mit ihr alle Räumlichkeiten des wunderschönen Altbaus ab. Als »high end« hatte Heikes Arbeitskollegin den Kindergarten immer bezeichnet und ihr vorgeschwärmt, welcher Luxus ihre beiden Kinder bei »Laluné« umgeben würde. Doch was Heike nun sah, übertraf alle Erwartungen. Hochwertige Antik-Möbel im Eingangsbereich, eine Bar, an der sich die Eltern mit Kaffee, Säften, Obst und Keksen nach Lust und Laune versorgen konnten, und in den einzelnen Gruppen große Indoor-Klettergerüste aus Massivholz. Außerdem verfügte der Kindergarten über eine große Küche, in der eine Köchin jeden Tag ein Bio-Dreigängemenü für die kleinen Genießer zauberte, sowie über eine ganz in Weiß gehaltene Bettenlandschaft für den Mittagsschlaf und eben über eine Sauna für die Kids.

»Ich bin platt, hier wird sich unsere Lina sicher sehr wohlfühlen.« Und lächelnd ergänzte Heike Claaßen: »Wir Eltern uns sicher auch.«

Grit Rieder lächelte ebenfalls: »Nichts anderes wünschen wir uns.« Die Leiterin des Kinderhauses war höchstens Mitte dreißig, schlank und sportlich, in stylischem Look gekleidet. Sie passte äußerlich gut in dieses wunderschöne Ambiente.

»Dann komme ich mit Lina also am Montag zur Eingewöhnung.«

Beschwingt fuhr Heike Claaßen nach Hause. Sie freute sich schon darauf, ihrem Mann und der kleinen Lina von ihren

Eindrücken zu berichten. In dem Kindergarten würde die Tochter künftig von 9 bis 17 Uhr betreut werden. Die drei Erzieher aus Linas Gruppe hatte ihr Grit Rieder bereits vorgestellt. Marie war die Chef-Erzieherin, Judy würde als Native Speaker mit Lina künftig nur Englisch sprechen. Und Michi ergänzte das Team als Dritter im Bunde. »Er ist unser Quatschmacher.« Heike fand alle drei äußerst sympathisch. Sie schienen sich zu mögen und gut eingespielt zu sein. Ein gutes Team war wichtig. Auch diese drei jungen Menschen waren um die dreißig und hatten nicht nur unglaublich freundlich gewirkt, sie sahen auch wie schon ihre Chefin verdammt gut aus.

»Jackpot«, sagte Heike zu ihrem Mann. Und Claudius strahlte. Er arbeitete als Fachanwalt für Erbrecht in einer renommierten Anwaltskanzlei. Heike war in einer großen Steuerberatungsgesellschaft angestellt. Die Firma hatte ihr den Platz bei »Laluné« vermittelt. Der Kindergarten war eigentlich kaum bezahlbar. Doch mithilfe ihres Arbeitgebers hatte sie den Platz für ihre Tochter zum Tarif eines städtischen Kindergartens bekommen.

»Es ist dein Jackpot, Schatz. Danke!«, sagte Claudius und nahm seine Frau zärtlich in den Arm.

Endlich folgten ruhigere Wochen. Heike Claaßen konnte wieder als Steuerberaterin arbeiten. Claudius schaffte es, nach Feierabend joggen zu gehen. Seine Frau nahm ihm die Kleine dann gerne ab. Endlich war sie nicht mehr den ganzen Tag damit beschäftigt, für Lina Essen zu kochen und sie mit Spielplatzaktionen und »Playdates« zu bespaßen. Im Team mit jungen Kolleginnen und Kollegen kümmerte sie sich um die Prüfung von Firmen. In den Pausen ergaben sich hier und da schöne Gespräche. Wie sehr hatte Heike diesen Austausch vermisst.

Umso glücklicher machte es sie nun, an den Abenden, an denen ihr Mann Sport trieb, die gemeinsame Tochter abzuholen und dann fest in ihre Arme zu schließen. Den Eltern war es anfangs nicht leichtgefallen, die Tochter nach Abschluss der Eingewöhnungsphase in fremde Hände zu geben. Es beruhigte sie daher ungemein, dass sich Lina in der Einrichtung wohlfühlte. Denn die schönste Sauna und die stilvollsten Möbel hätten kaum einen Wert, würde ihr Kind mit den Erziehern persönlich nicht klarkommen und sich nur ungern in den Kindergarten bringen lassen.

Dankbar verfolgten Heike und Claudius, wie sich Lina über die Monate entwickelte. Und dass sich beide nun wieder mehr auf ihre Bedürfnisse konzentrieren konnten, war eine Wonne und tat dem Eheleben gut.

»Papa«, rief Lina, als Claudius gerade die Haustür aufschloss. Sie rannte auf ihren Vater zu und nahm ihn fest in den Arm. Im selben Moment ließ sie ein lang gezogenes »Iiiiihhh« folgen, als sie an seinem verschwitzten Shirt zog. Claudius hatte sich gerade mit einer 20-Kilometer-Tour für den anstehenden Halbmarathon fit gemacht. Frisch sein fühlte sich anders an. Da hatte Lina mit ihrem »Iiiiihhh« völlig richtiggelegen.

»Komm, Lina, lass mal das verschwitzte T-Shirt los!« Claudius musste lachen: »Das ist doch eklig …! Lass mich kurz unter die Dusche springen! Und danach machen wir was Schönes zusammen.«

Lina grinste, setzte sich auf das alte Holzschaukelpferd im Flur und wartete, bis ihr Papa fertig war. Als er frisch geduscht die Treppe herunterkam, lief sie freudig auf ihn zu und flog in seine Arme. »Papa, leg dich aufs Sofa!«

Lina hatte offensichtlich einen Plan. Sie packte ihren Vater am Arm und führte ihn zur Couch. »Hinlegen!« Claudius tat, wie ihm befohlen. »Und jetzt umdrehen!« Lina konnte wirklich ziemlich streng sein. Sie setzte sich auf seinen Rücken und schob sein T-Shirt bis zum Hals hoch. »Was wird das, Lina, wenn es fertig ist?«

»Mastase«, antwortete sie. Claudius liebte diese kleinen Fehler bei der Aussprache. Seine kleine Tochter sollte ruhig noch ein bisschen Baby sein dürfen. Sie legte ihre kleinen Hände auf seine Schultern und machte kreisende Bewegungen. »Ist das gut so, Papa?«

Claudius nickte. Lina ballte ihre Hände zu kleinen Fäusten und trommelte leicht über den gesamten Rücken. Anschließend formte sie die Hände zu Krallen und kratzte leicht über seine Haut. Natürlich tat das nicht weh.

»Woher hast du das, Lina?«, wollte ihr Papa wissen.

»Aus dem Kindergarten«, antwortete sie.

»Lina, stopp mal kurz.« Claudius richtete sich auf und schob sein Shirt wieder nach unten.

»War es nicht schön, Papa?«

»Doch, Lina, sogar sehr. Das war eine ganz tolle Mastase! Aber sag mir doch bitte noch mal genau, woher du das so gut kannst.«

»Vom Michi. Er hat mir das gezeigt«, antwortete Lina. »Wir machen das immer nach dem Schlafen.«

Claudius fand es merkwürdig, dass seine kleine Tochter ihn so selbstverständlich massierte und dabei gleich so viele verschiedene Techniken draufhatte.

»Mach dich bitte nicht verrückt«, bat ihn Heike. »Du kennst doch den Michi. Das ist ein cooler und obendrein lustiger Vogel. Und mal ehrlich, an einer Massage, noch dazu einer so kindgerechten, ist doch nichts auszusetzen.«

Heike mochte recht haben. Man hörte und las halt so viel. Manche Dinge, die Claudius früher für selbstverständlich gehalten hatte, waren es heute anscheinend nicht mehr. Erst kürzlich hatte ein befreundeter Vater ihm erzählt, dass er seiner Tochter verboten habe, ihn in der Öffentlichkeit auf den

Mund zu küssen. »Das macht nur ohne Not einen falschen Eindruck«, hatte er zu ihm gesagt.

Claudius gestand sich ein, dass auch er manchmal komisch guckte, wenn Väter ihre Töchter auf den Mund küssten. Dabei tat er es selbst ja auch. Dennoch wollte er sich diesen ganzen Debatten um Kinderschutz nicht entziehen. Er fand es gut, dass die Leute heute genauer hinschauten. Es stand außer Frage, dass es Menschen gab, die in Kindern Sexobjekte sahen und sich wünschten, sich an ihnen sexuell ausagieren zu können. Aber was war mit all den anderen? Claudius versuchte, sich zu beruhigen. In diesem Luxus-Kindergarten gab es nun einmal eine Sauna, die Kinder machten regelmäßig Kneipp-Kuren, sie liefen im Winter barfuß durch den Schnee. Eine Rückenmassage passte womöglich gut in das Konzept. Und trotzdem nahm er sich vor, das Thema in den nächsten Tagen bei Grit Rieder anzusprechen.

»Ja, die Massagen sind Teil unseres Konzepts«, sagte die Leiterin mit einem freundlichen Lächeln auf den Lippen. »Regelmäßig schulen wir unser Personal bei Kneipp- und Massageseminaren. Nach dem Saunieren stehen bei uns Kneippgüsse und Wassertreten auf dem Stundenplan. Bei der Ernährung achten wir auf Vollwertkost. Und wir kombinieren die Kneippansätze gerne mit Massagen, ganz kindgerecht und eher spielerisch. Aber natürlich könnten Sie Lina jederzeit aus diesen Programmen herausnehmen.«

Claudius winkte ab: »Ich finde Ihr Konzept sehr gut, und Lina scheint es wirklich zu mögen. Das ist es, was für uns zählt.«

So gerne Claudius es so sehen wollte, es gefiel ihm trotzdem nicht, dass Michi seine Tochter regelmäßig und über einen längeren Zeitraum auf dem nackten Rücken berührte.

»Jetzt kommst du auch noch damit an«, sagte sein Freund Tim leicht ironisch am anderen Ende der Telefonleitung. Tim war ein alter Schulfreund, den es nach Kiel verschlagen hatte. Er leitete dort eine Kindertagesstätte. »Überleg doch mal, ob dir genauso unwohl wäre, wenn euer Michi kein Michael, sondern eine Michaela wäre. Hättest du mich dann ebenfalls angerufen?«

»Nein, hätte ich nicht. Aber bei einer Frau muss man sich ja auch keine Sorgen machen.« Da war etwas dran. Rein statistisch gehen kaum sexuelle Übergriffe auf Kinder von Frauen aus. Die Dunkelziffer könnte allerdings höher sein. Vielleicht wird bei Frauen auch gar nicht erst so genau hingeschaut. Der Argwohn gegenüber Männern ist schon sehr viel größer, ob nun berechtigt oder nicht.

»Sollen wir die Männer also aus den Bildungsstätten verbannen, oder was ist dein Vorschlag?«, fragte Tim.

»Nein, nein«, rief Claudius in den Hörer: »Natürlich soll es auch Männer im Kindergarten geben. Das finde ich ja sogar gut. Meine Sorgen bleiben aber bestehen, egal wie sehr du hier versuchst, an meine Vernunft zu appellieren.«

»Männer in Erziehungsberufen, insbesondere wenn die Berufe Kleinkinder und Babys betreffen, haben immer gegen einen Generalverdacht anzukämpfen«, erklärte Tim. »Die Bilder sind medial derart aufgebauscht worden. Die Botschaft dahinter mag mehr als vernünftig sein. Doch lassen sich Eltern hierdurch sehr verunsichern.«

Claudius fühlte sich von Tim ertappt. Gleichzeitig war er sehr viel beruhigter als vor seinem Anruf.

»Weißt du«, schloss Tim das Gespräch, »mögen die meisten sexuellen Übergriffe auf Kinder von Männern ausgehen, so darf man doch bitte nicht außer Acht lassen, dass der Großteil der Männer nichts mit diesen Widerlichkeiten zu tun hat. Aber bleib natürlich wach, mein Lieber. Ein abschließendes Urteil darf ich mir da nicht anmaßen.«

Heike schmunzelte, als Claudius ihr von seinem Telefonat mit Tim erzählte. Sie nahm ihren Mann fest in den Arm. Sie fand es schön, wie sehr er sich um Lina sorgte. Väter und ihre Töchter. Das war eben eine ganz eigene Kombi!

Der Halbmarathon rückte näher. Lina war Claudius eine hervorragende Masseurin. Der Vater wusste, dass er sich mit den Langstreckenläufen bisweilen an seine Grenzen brachte. Sein Rücken hatte sich über die Wochen mehr und mehr verkrampft. Und seine Beine waren nach manchem Lauf leicht angeschwollen.

Das Töchterchen nahm sich ihres Papas an. Es war entzückend, wie Lina die kleinen Kinderhändchen vorsichtig in seinen Rücken drückte. Als sie jedoch am Vorabend des großen Laufs ihrem Papa den Rücken streichelte, küsste sie ihn plötzlich auf sein Schulterblatt, streichelte ihn weiter, küsste ihn auf das andere Schulterblatt, und nach einer weiteren Streicheleinheit gab sie ihrem Papa noch einen Kuss auf dessen Steißbein.

»Lina, was machst du da?«

Lina trommelte leicht mit ihren Fäusten auf der Höhe von Claudius' Rückgrat. »Ich küsse dich, Papa! Tut das gut?«

»Klar.« Aber das war für Claudius nicht der Punkt. Einmal mehr merkte er, dass ihn dieses Massagethema nervös machte. Nichts hatte sich an seinen Sorgen gebessert. »Lina, hör mal zu, das mit dem Küssen, das ist neu. Woher hast du das?«

»Vom Michi«, antwortete Lina.

Claudius richtete sich sofort auf, nahm seine Tochter auf den Schoß und fragte eindringlich: »Vom Michi, sagst du? Was genau hast du denn vom Michi? Küsst er dich auch?«

Lina nickte: »Der Michi will immer von mir geküsst werden. Das fühlt sich schön an, sagt er.«

»Und er, wenn er dich massiert, küsst er dich dann auch?«

Lina nickte erneut. »Ja, Papa, als Dankeschön.«

»Wo genau massiert er dich?«
»Überall.«

Es war bereits 20:30 Uhr, als Claudius bei der zuständigen Polizeiinspektion aufschlug. »Ich möchte eine Strafanzeige erstatten.«

Der Polizeibeamte nahm geduldig alles auf, was Claudius ihm berichtete. Genau genommen war er als Vater nur Zeuge vom Hörensagen. Er konnte einzig das berichten, was er zu Hause mit Lina erlebt und was sie ihm erzählt hatte. Selbst hatte er von den Vorkommnissen, die er nun anprangerte, nichts wahrgenommen. Wie auch? Das machte die Sache nicht leicht.

Der Vernehmungsbeamte bot Claudius an, am nächsten Tag zusammen mit der Tochter noch einmal herzukommen. Viel versprach sich der Beamte allerdings nicht von der geplanten Befragung. Lina war gerade einmal drei Jahre alt. Zwar gibt es für Zeugen weder nach unten noch nach oben eine Altersgrenze. Entscheidend ist allein, ob von einer Zeugenperson eine verständliche Aussage zu erwarten ist. Je nach Reife ist diese Fähigkeit jedoch bei vielen Kleinkindern nicht sehr ausgeprägt. Nachdem die kleine Lina die einzige unmittelbare Zeugin der möglichen sexuellen Übergriffe durch den Erzieher war, musste es die Polizei hier aber auf einen Versuch ankommen lassen.

Alles hing nun von Linas Aussage ab. Sollte sich tatsächlich bestätigen, dass Michi übergriffig geworden war, müsste das dringend Konsequenzen haben, nämlich eine Bestrafung, verbunden mit einem Verbot, sich Kindern künftig beruflich zu nähern. Ein solches Verbot könnte sogar schon vor einem rechtskräftigen Urteil ausgesprochen werden. Eine Suspendierung wäre die zwingende Folge.

Ob Linas Aussage hierfür jedoch ausreichen würde, konnte

im Vorhinein niemand sagen. Die Aussage eines Kindes ist womöglich wacklig. Kinder sind leicht beeinflussbar, geben in Linas Alter bisweilen Sachverhalte wieder, die sie in Wirklichkeit gar nicht selbst erlebt haben, sondern ihnen von Dritten eingeredet oder durch eine Vielzahl suggestiver Fragen vermittelt wurden. Manche Aussagen entstammen auch einfach der Fantasie eines Kleinkindes, oft motiviert von Rollenspielen im Kindergarten.

In vielen Missbrauchsfällen sind die Gerichte auf diese oftmals schwachen Aussagen von Kleinkindern angewiesen. Nicht selten sind sie in diesen Fällen die einzigen Beweismittel. Existieren keine weiteren Zeugen, die zum mutmaßlichen Tatgeschehen inhaltlich etwas beitragen können, führt bei einem bestreitenden Angeklagten die bestehende Aussage-gegen-Aussage-Konstellation nicht selten zu dessen Freispruch. Denn die Anforderungen, die an die einzige Zeugenaussage gestellt werden, sind äußerst streng. Zu groß wäre andernfalls die Sorge um ein Fehlurteil. Nicht auszudenken, ein Unschuldiger würde aufgrund der unsicheren Aussage eines Kindes inhaftiert werden.

Dies führt auf der anderen Seite dazu, dass bei Kindesmissbrauchsfällen überdurchschnittlich viele Strafverfahren eingestellt oder mit einem Freispruch quittiert werden. Hat der Angeklagte die Tat in Wahrheit begangen, bleibt er dennoch auf freiem Fuß. Weder wird er therapiert, noch werden Kinder künftig vor diesem Menschen geschützt.

Claudius hatte sich für den nächsten Tag freigenommen, um Lina zur Polizei zu begleiten. So war es mit seiner Frau abgesprochen. Die Befragung fand im Kindervernehmungszimmer des Kommissariats statt. Hier konnte sich Lina an einen kleinen Kindertisch setzen. Auf dem Tischlein lagen Bauklötze und Kuscheltiere. Auch der bunte Teppich, auf dem der kleine Tisch stand, war voll mit Spielsachen.

Claudius setzte sich neben seine Tochter. Um die Atmosphäre ein wenig aufzulockern, fragte der Beamte Lina zunächst, womit sie am liebsten spiele.

»Mit der Holzeisenbahn«, gab Lina noch etwas verschüchtert zur Antwort.

Dann sprachen die beiden über Linas Ballettstunden, die Freunde im Kindergarten und ihr Lieblingsessen. Die Stimmung wurde allmählich gelöster. Nun wollte der Polizist wissen, ob Lina den Michi kenne.

Das kleine Mädchen gab keine Antwort. Verschämt schaute sie zu ihrem Papa.

»Das ist völlig normal«, sagte der Polizist: »Wir haben alle Zeit der Welt. Niemand drängelt uns.«

Claudius war beruhigt. Seine Sorge war es, dass der Beamte die Vernehmung genervt abbrechen könnte. Nicht auszumalen, wenn er mit Lina unverrichteter Dinge wieder nach Hause geschickt würde.

»Kennst du den Michi vielleicht aus dem Kindergarten?«, fragte der Vernehmungsbeamte vorsichtig.

Lina schüttelte den Kopf.

»Dein Papa hat mir gestern gesagt, dass der Michi in deiner Gruppe arbeitet. Magst du mir etwas dazu erzählen?«

Lina schwieg.

»Lina, du weißt, dass dir nichts passiert? Der Papa ist da. Und er bleibt auch da. Die ganze Zeit, versprochen. Du brauchst also keine Angst zu haben. Wir möchten dir einfach nur gerne zuhören.«

Lina kuschelte sich ganz fest an ihren Papa.

»Magst du vielleicht mit dem Papa darüber reden und ich frage einfach gar nichts? Ich sitze einfach nur da. Und du erzählst dem Papa, was mit dem Michi passiert ist. Wie findest du das?«

»Gut«, sagte Lina endlich und guckte erwartungsvoll ihren Papa an.

»Dann erzähl mir doch mal vom Michi«, sagte Claudius im ruhigen Ton.

»Der ist lustig. Ich spiele immer mit ihm.«

»Was spielst du denn mit dem Michi?«

»Aufwecken.«

»Magst du mir mal zeigen, wie das Spiel geht?«

»Nein, ich will jetzt nach Hause.«

Claudius verzweifelte innerlich. Warum erzählte Lina nicht, was sie ihm zu Hause gesagt hatte? Mit »Aufwecken« konnte er nichts anfangen. Es ging doch um Massage. Und um Küsse. Claudius war überzeugt davon, dass der Erzieher sein kleines Töchterchen missbraucht hatte. So hatte er es am Vortag der Polizei berichtet. Jetzt konzentrierte sich alles auf Lina.

»Okay, Lina«, startete er einen weiteren Versuch: »Du erzählst mir noch ganz kurz, wie das geht mit dem Aufwecken, und dann, verspreche ich dir, gehen wir beide nach Hause, ja? Und du musst heute nicht mehr in den Kindergarten.«

»Wir machen dann immer Mastase.« Endlich war das Stichwort auch von Lina gefallen: »Mein Rücken ist immer ganz glitschig. Und mein Popo auch.«

»Was macht der Michi denn da an deinem Popo?«, mischte sich der Vernehmungsbeamte ein.

»Halt Mastase. Und dann zaubert der Zauberer Zackzerack.«

Der Beamte und Linas Vater schauten sich fragend an. »Massiert der Michi dich denn auch?«

»Ja. Und ich auch den Michi.«

»Berührt er denn dabei auch deinen Po?«

»Vielleicht schon.«

»Vielleicht?«

»Ja, und es ist feucht.«

»Weil er dir Küsse gibt?«

»Nein, weil der Zauberer das so zaubert.«

Die Vernehmung lief zäh. Linas Sätze blieben ungenau und

meist zusammenhangslos. Es konnte im Kindergarten durchaus strafbewehrte Vorkommnisse gegeben haben. Sie hatte die Massage schließlich auch heute wieder angesprochen. Und irgendetwas sollte nach ihren Worten dabei glitschig gewesen sein. Vielleicht meinte Lina die Küsse, von denen sie ihrem Papa zuvor berichtet hatte. Oder war etwa von Ejakulat die Rede? Immerhin hatte sie auch von ihrem Popo gesprochen. Wenn Linas Äußerungen jedoch derart ungenau bleiben würden, wäre es kaum möglich, Michi irgendeiner Straftat zu überführen.

»Wurdest du denn vom Zauberer schon mal verwandelt?«, startete der Polizist einen letzten Versuch.

»Nein, nur die Anna«, gab das kleine Mädchen zur Antwort. »Und mir hat der Zauberer mal meine Anziehsachen weggezaubert.«

»Wann war das, Lina?«

»Weiß nicht mehr.«

Linas Worte blieben wirr. Und es machte keinen Sinn, ihr Sätze in den Mund zu legen. Die Verteidigung würde später zu Recht darauf pochen, das Mädchen sei bei der Befragung beeinflusst worden. Nur kamen die drei so nicht weiter. Lina konnte von der Massagesituation im Kindergarten nur wenig berichten. Erst recht konnte sie keine Angaben machen, die den Verdacht sexueller Übergriffe durch Michi erhärtet hätten. »Jetzt möchte ich aber gehen.«

Das war das Stichwort. Der Beamte schloss die Vernehmung. »Es wird nicht reichen, Herr Claaßen. Ich werde die Akte in den nächsten Tagen der Staatsanwaltschaft vorlegen. Die wird das Verfahren aller Voraussicht nach einstellen.« Claudius nickte enttäuscht. »Wissen Sie, Herr Claaßen, mir tut das wirklich von Herzen leid. Da ist was vorgefallen. Das steht außer Frage. Nur was? Ich weiß es nicht. Und das, was wir bislang an Beweisen haben, reicht nicht.«

Während der Rückfahrt schwieg Claudius. Er war traurig. Seine Anzeige und die Vernehmung waren ergebnislos geblieben. Lina wollte er keinen Vorwurf machen. Sie war zu klein. Das war das Gemeine. Genau dieser Umstand konnte den Täter schützen. Kinder waren leichte Opfer. Und sie waren schlechte Zeugen. Claudius würde nicht aufgeben. Doch wie sollte es weitergehen?

»Der Zauberer ist der Michi«, brach Lina das Schweigen.

»Ich weiß, Lina.«

»Wir spielen auch öfter Mutter, Vater, Kinder. Und da muss ich mich auch immer ausziehen.«

Claudius war entsetzt. Was war in diesem Kindergarten bloß alles vorgefallen?

»Wer sind die anderen Kinder?«, hakte er schnell nach.

»Marie und Anna!«

Die beiden waren Schwestern. Claudius kannte die Mädchen schon länger. Mit den Eltern verstanden sich seine Frau und er gut. Marie war in Linas Alter, Anna bereits fünf Jahre alt. Claudius würde die Eltern der beiden anrufen. Noch heute. Und Lina würde ab morgen zu Hause bleiben.

Auch Marie und Anna blieben am nächsten Tag dem Kindergarten fern. Stattdessen schlugen am Nachmittag die Eltern mit ihren beiden Kindern bei derselben Polizeidienststelle auf, bei der nur einen Tag zuvor Lina ihre Aussage versucht hatte. Die beiden Mädchen berichteten dem Polizisten, dass sie sich beim Vater-Mutter-Kind-Spiel schon mal nackt vor Michi ausziehen mussten, und dass er ihnen nach der Sauna immer wieder den nackten Rücken massierte.

»Einmal, da hat mir der Michi auf den Rücken gespuckt.«

»Hast du gesehen, wie er gespuckt hat?«, fragte der Vernehmungsbeamte die dreijährige Marie.

»Nein, aber ich habe es gespürt. Das war eklig.«

Anna konnte in ihrer Aussage nichts von einem Spucken

berichten. »Aber der Michi hat mich dafür schon oft geküsst. Im Gesicht und am Rücken. Und das war ziemlich nass. Eigentlich auch wie spucken.«

Beide Kinder berichteten ebenfalls von den Massagen nach den Saunabesuchen: »Michi streichelt uns dann immer über den Rücken«, erklärte die fünfjährige Anna.

»Nur über den Rücken?«, hakte der Beamte nach.

»Nur über den Rücken – und manchmal auch über meinen Po.«

Wie auch schon bei Linas Vernehmung war in nahezu jeder Antwort der Kinder ein Hinweis auf mögliche Missbrauchshandlungen des Kindergärtners enthalten. Es waren viele Puzzlestücke. Doch wie passten sie zusammen? Wie sollte die Staatsanwaltschaft daraus konkrete Tatvorwürfe herleiten? Entsprechend ernüchternd fiel der vom zuständigen Polizisten gefertigte schriftliche Schlussbericht aus.

»Die Videovernehmung gestaltete sich schwierig, da die geschädigte Lina altersbedingte Unsicherheiten und bei der Befragung schamhafte Reaktionen zeigte. Viele Fragen wurden nicht oder nicht direkt beantwortet. Sie berichtete in ihrer kindlichen Art von einem Zauberer. Zu einer näheren Beschreibung des Zauberers und eines schlüssigen Gesamtverhaltens war Lina altersbedingt nicht in der Lage. Auch Marie und Anna sprachen in ihrer Videovernehmung von besagtem Zauberer. Marie gab an, der Zauberer hätte ihr auf den Rücken gespuckt. Die Aussage deutet an, dass es womöglich zu einer Ejakulation auf den Rücken des Kindes gekommen sein könnte. Entsprechende Maßnahmen wurden in die Wege geleitet.«

Zu den Maßnahmen gehörte ein Anruf der Polizei im Privatkindergarten. Grit Rieder erfuhr von den Strafanzeigen und den bereits erfolgten Befragungen der drei Kinder. Auch sie wurde nun als Zeugin vernommen, konnte zu den Tatvorwürfen jedoch nichts sagen. Doch immerhin konnte sie aufklären, dass die von den Kindern geschilderten Vorfälle räumlich, zeitlich und personell überhaupt hatten stattfinden können. Der Beschuldigte war tatsächlich öfter mit den Kindern allein. So hätte er zumindest die Gelegenheit, die Kinder auszuziehen, zu küssen und zu massieren.

Grit Rieder fühlte sich wie vor den Kopf gestoßen. Sie war für den Privatkindergarten und seinen hervorragenden Ruf verantwortlich. Viel sprach dafür, dass es zu Missbrauchsfällen gekommen war. Dass Lina, Marie und Anna dem Kindergarten unentschuldigt ferngeblieben waren, konnte sie sich nun erklären. Und so war sie auch nicht überrascht, als noch am Nachmittag Linas Vater bei ihr anrief und sie um eine Äußerung bat.

»Ich kann Ihnen zu den Vorwürfen leider im Augenblick überhaupt nichts sagen«, antwortete Grit Rieder ihm. »Ihre Sorgen sind mehr als nachvollziehbar. Wir wollen ebenfalls, dass die mutmaßlichen Vorfälle nahtlos aufgeklärt werden. Wir stehen bereits mit der Polizei in Verbindung. Und so viel darf ich Ihnen im Augenblick sagen: Michi ist bis auf Weiteres von seiner Tätigkeit suspendiert.«

Es beruhigte Claudius, dass der Kindergarten nicht untätig geblieben war. Dass sie Michi erst einmal von der Arbeit abgezogen hatten, zeigte, dass die Vorwürfe ernst genommen wurden.

»Weil ich Sie gerade dran habe, Herr Claaßen, ein Anliegen hätte ich. Solange die Ermittlungen laufen, würde ich Sie gerne um Stillschweigen bitten. Gerade auch gegenüber anderen Eltern. Die Ermittlungen stecken noch in den Kinderschuhen, und ich möchte nur ungern die Pferde scheu machen.«

Claudius war einverstanden. Er hatte ohnehin nicht vorgehabt, mit dem Schicksal seiner Tochter hausieren zu gehen. Lina brauchte Schutz. Wenigstens jetzt konnte er mit seiner

Frau alles dafür tun. Niemand sollte die Möglichkeit bekommen, hinter dem Rücken ihrer Tochter zu tuscheln oder sie schlimmstenfalls direkt zu konfrontieren. Lina würde deshalb auch bis auf Weiteres zu Hause bleiben.

Für Anna und Marie verhielt es sich genauso. Wenigstens mit deren Eltern konnten sich Heike und Claudius offen austauschen. Sie teilten das gleiche Leid.

Zu wissen, dass ihre Kinder Opfer sexueller Missbräuche geworden sein könnten, nicht jedoch zu wissen, was genau im Einzelnen vorgefallen war, empfanden die beiden Elternpaare als äußerst beklemmend. Entsprechend groß war die Angst, dass noch viel mehr passiert sein könnte, als die drei Mädchen in ihren Vernehmungen ohnehin nur fragmentarisch angegeben hatten. Das, was nun allmählich zutage trat, bewies ihnen, wie schutzlos ihre Kinder waren. Sie, die Eltern, hatten mit der Übergabe ihrer Zöglinge das ganze Vertrauen in die Hände des Kindergartens gelegt. Diese Basis war zerbrochen. Ihre Kinder waren zu Opfern geworden. Es konnte jedes Kind treffen. Und niemand wusste, wie viele Kinder in der hochgelobten Einrichtung noch Opfer sexueller Übergriffe geworden waren.

»Weißt du noch, wie überschwänglich mich dieser Michi in den ersten Wochen immer begrüßt hatte?«

Als Heike Claudius daran erinnerte, kamen ihm unweigerlich wieder die Bilder von damals in den Sinn. In den ersten Tagen nach der Eingewöhnungsphase hatten sie ihre Tochter Lina immer gemeinsam abgeholt. Michi hatten sie als »lustigen Vogel« abgetan. Er hatte Heike immer mit einem angedeuteten Handkuss und manchmal einer überschwänglichen Umarmung begrüßt. Anzüglich hatte es nie gewirkt. Herzlich schon eher. Das musste sich Heike auch heute noch eingestehen. Im Nachhinein fiel aber auf, dass diese körpernahe Herzlichkeit eines Tages schlagartig vorbei gewesen war.

»Vielleicht war es das schlechte Gewissen?«, gab Heike zu bedenken. »Vielleicht war sich Michi nicht sicher, ob Lina zu Hause etwas ausplauderte. Mal ehrlich, er hatte doch ganz offenkundig von jetzt auf gleich jeglichen Dialog mit uns gemieden.«

Claudius sah es genauso. Doch war er nach dem Telefonat mit Tim vorsichtig geworden. Mit dem Wissen von heute wollte man manches vielleicht einfach anders sehen.

»Die wollen das Verfahren doch wohl nicht wirklich einstellen, Herr Lucas!« Mitfühlend schaute ich in die besorgten Gesichter von Heike und Claudius Claaßen. Die Eltern wollten nicht mehr nur Zuschauer sein in dieser so üblen Angelegenheit. Deshalb hatten sie mich zu einem Erstberatungsgespräch in meiner Kanzlei aufgesucht. Schnell stand die Entscheidung fest, dass Lina, vertreten durch ihre Eltern, als Nebenklägerin in dem Verfahren gegen den Erzieher auftreten und ich sie als Nebenklägervertreter unterstützen sollte.

»Die Klärung der Vorwürfe wird hier nicht leicht sein«, sagte ich den Eltern in ernstem Ton. »Ich werde zunächst Akteneinsicht beantragen. Sobald mir die Verfahrensakte vorliegt, werde ich in aller Ruhe die Aussagen studieren! Und danach werde ich mit dem zuständigen Staatsanwalt sprechen. Sie haben zum Glück sehr viele prozessuale Rechte. Und diese werde ich mit Ihnen ausschöpfen, versprochen.«

»Das wird nichts, Herr Lucas«, sagte mir der zuständige Staatsanwalt nur wenige Tage später, nachdem ich ihn endlich telefonisch erreicht hatte. »Sie kennen mich, ich bin ein Hardliner, wenn es um Missbrauchsfälle geht. Aber ich brauche eine stabile Grundlage. Und das, was die Kinder bei der Polizei ausgesagt haben, reicht einfach nicht für eine Anklage.«

Michi hatte zwischenzeitlich über seinen Verteidiger erklären lassen, dass er sich zu den Vorwürfen nicht äußern werde.

Somit beschränkte sich die Beweislage auf die Aussagen der drei Kinder, welche im Bericht der Polizei leider ziemlich realistisch als zu dünn und bisweilen wirr eingestuft worden waren.

Zwei Wochen nach meinem Telefonat bekam ich Post von der Staatsanwaltschaft. Sie hatte das Verfahren mit deutlichen Worten eingestellt:

»*Lina war im Tatzeitpunkt gerade einmal drei Jahre alt. In Literatur und Rechtsprechung ist anerkannt, dass Kinder in einem solchen Alter nur in seltenen Fällen die Fähigkeit besitzen, einen spezifischen Sachverhalt zuverlässig wahrzunehmen und im Gedächtnis zu behalten, das Ereignis angemessen abzurufen und Erlebtes von anders generierten Vorstellungen zu unterscheiden. Die polizeiliche Vernehmung hat gezeigt, dass Lina, gemessen hieran, nicht aussagetüchtig ist. Die kindliche Zeugin vermag erkennbar tatsächlich Erlebtes von Fantasie nicht zuverlässig abzugrenzen und zeigt sich anfällig für suggestive Einflüsse. Auf ihren Angaben kann eine Verurteilung nicht beruhen. Ähnlich verhält es sich bei Marie. Anlässlich der polizeilichen Vernehmung zeigte sich, dass die ebenfalls Dreijährige noch nicht ausreichend in der Lage ist, auf Fragen adäquat zu antworten. Eine sinnvolle Konversation mit ihr war nur in Teilen möglich. Die Aussage ist erkennbar unzuverlässig, auf ihr kann eine Verurteilung ebenfalls nicht beruhen. Auch die Angaben der fünfjährigen Anna bei der Polizei können nicht als zuverlässig eingestuft werden. In der umfangreichen polizeilichen Vernehmung war sie kaum fähig, Erlebtes in freiem Bericht zu erzählen. Sie zeigte sich anfällig für suggestive Fragen und baute vorgegebene Antwortalternativen kindertypisch in ihre Schilderungen ein, wobei sich erhebliche Zweifel am Wahrheitsgehalt ergeben.*«

Die Verfügung des Staatsanwalts war für die betroffenen Eltern ein Schlag ins Gesicht. Sie konnten sich von der Überzeugung nicht frei machen, dass der Erzieher ihre Kinder sexuell angegangen hatte. Die Frage war, wie und in welchem Ausmaß. So wollten sie diese Angelegenheit keinesfalls stehen lassen. In Absprache mit den Eltern legte ich gegen die Einstellung des Verfahrens Beschwerde ein und forderte die Staatsanwaltschaft auf, die Kinder durch einen Richter nachvernehmen zu lassen. Es war ein zweischneidiges Schwert. Sollten die Aussagen auch bei Gericht nicht erhellender ausfallen, so wäre das Ende des Verfahrens besiegelt. Außerdem war es für die Kinder alles andere als leicht, erneut von einer fremden Person zu Ereignissen befragt zu werden, die sie womöglich sehr verletzt hatten und seelisch stark belasteten. Andererseits bestand nur so die Chance, die Fälle vielleicht doch noch aufzuklären und den mutmaßlichen Täter künftig außer Gefecht zu setzen.

»Herr Lucas, ich verstehe Sie. Aber jetzt mal unter uns: Das bringt doch nichts. Die Aussagen werden beim Richter nicht besser werden, zumal die mutmaßlichen Vorfälle bis dahin noch sehr viel länger zurückliegen. Und selbst wenn diesmal ein bisschen mehr rumkommen sollte, dann wird die Frage gestattet sein, wo denn plötzlich diese ganzen Mehrinformationen herkommen.«

Der Staatsanwalt hatte recht. Und trotzdem: Es musste etwas passieren. Also startete ich einen weiteren Versuch: »Dass in dem Kindergarten etwas vorgefallen ist, wissen Sie so gut wie ich. Wenn Sie das nicht näher aufklären, wird dieser Michi fröhlich weitermachen. Wie viele Kinder sollen womöglich noch zu Schaden kommen? Und wissen Sie, wie sich die Eltern fühlen? Dass sie ihre Kinder vor sexuellen Übergriffen nicht hatten schützen können, bringt sie an den Rand der Verzweiflung. Also können wir doch bitte nicht einfach an dieser Stelle abbrechen.«

»Was schwebt Ihnen denn vor, Herr Lucas?«

Nach dieser Rückfrage des Staatsanwalts hoffte ich, dass ich ihn zu weiteren Ermittlungsmaßnahmen bewegen konnte.

»Vernehmen Sie die übrigen Kinder aus dem Kindergarten! Es wird noch mehr Opfer geben. Leider. Und es wird wohl das eine oder andere Kind geben, das bereits fünf oder sechs Jahre alt ist und sich als aussagetüchtig erweist.«

Ganz ausgegoren war die Idee noch nicht. Die Staatsanwaltschaft konnte den Eltern wohl schwer ins Blaue hinein einen Brief schreiben, wonach ihre Kinder womöglich sexuell missbraucht worden seien und sie sich deshalb bitte bei der Polizei als mögliche Zeugen melden mögen.

»Sollten sich weitere Eltern an mich wenden, deren Kinder mutmaßlich von diesem Michi sexuell angegangen wurden, dann werde ich auch diese Kinder selbstverständlich vernehmen lassen. Ich bleibe in dieser Sache wach, Herr Lucas. Aber an der Einstellung der Verfahren gegen Lina, Anna und Marie werde ich nicht mehr rütteln. Natürlich bleibt es Ihnen unbenommen, Beschwerde einzulegen. Hierzu habe ich Ihnen alles gesagt.«

Meine Ausbeute war gering. Gegen Michi wurde nicht mehr ermittelt. Meine Beschwerde wurde schon bald verworfen. Neue Vorwürfe standen bislang keine im Raum. Und natürlich wünschte ich mir auch nicht, dass es noch mehr Kinder gab, die von Michi missbraucht wurden. Sollte es sie allerdings doch geben, dann wäre es nur allzu wünschenswert, dass auch sie gegen den Erzieher eine Aussage machen würden.

»Willst du dir das wirklich antun, Schatz?«

Dass Claudius entschieden hatte, zum anberaumten Elternabend zu gehen, sorgte Heike sehr. Wie auch ihre Tochter Lina hatten die Eltern den Kindergarten seit der polizeilichen Vernehmung nicht mehr betreten. Allein der Gedanke an die

Räumlichkeiten und daran, was darin passiert sein mochte, bedrückte sie sehr. Die Eheleute hatten daher zunächst auch beschlossen, dem Treffen an diesem Abend fernzubleiben. Was sollten sie auch dort? Dass Lina den Kindergarten niemals wieder betreten würde, war besiegelt. Doch Claudius hatte seine Haltung zwischenzeitlich geändert.

Am Vortag hatte eine Mutter angerufen, deren Kind ebenfalls bei Laluné angemeldet war. Außer den Eltern von Marie und Anna hatten Heike und Claudius bislang niemandem erzählt, weshalb sie ihre Tochter nicht mehr in den Kindergarten schickten. So hatte Claudius es schließlich mit Grit Rieder besprochen.

»Der Michi hat sich beim gestrigen Ausflug zum Abenteuerspielplatz die Hand verstaucht.«

Als die Mutter ihm das eher beiläufig berichtete, brachte Claudius zunächst kein Wort heraus. Er verstand die Welt nicht mehr. Wie konnte es sein, dass dieser Michi bei dem Ausflug dabei war? Bis zu diesem Moment war er fest davon ausgegangen, dass er unverändert suspendiert sein würde. Grit Rieder hatte diesen Menschen doch tatsächlich wieder auf die Kinder losgelassen.

»Was wollen Sie noch hier, Herr Claaßen?«

Grit Rieder zeigte sich sehr überrascht und wenig glücklich, als sie Claudius kurz vor Beginn des Elternabends auf dem Flur antraf.

»Michi arbeitet wieder im Kindergarten, ist das wahr?« Claudius war aufgebracht, als er die Leiterin mit dieser Frage konfrontierte.

»Bitte beruhigen Sie sich doch ein wenig. Und lassen Sie es mich erklären. Ja, es ist wahr. Michi hat am Montag seine Stelle bei uns wieder angetreten. Die Staatsanwaltschaft hatte mich kurz zuvor informiert, dass sämtliche Verfahren gegen ihn eingestellt wurden. Warum sollten wir ihn dann nicht wieder bei uns arbeiten lassen? Er ist ein Top-Mitarbeiter und bei Kindern und Eltern gleichermaßen beliebt. Ich bitte Sie, Herr Claaßen, versuchen Sie, mit der Sache abzuschließen.«

Doch Claudius war hierzu weder bereit noch in der Lage. Er machte sich Vorwürfe, dass er aus falsch verstandener Scham nicht längst auch die übrigen Eltern der Gruppe von den Vorfällen, die hier im Raum standen, in Kenntnis gesetzt hatte. Dass der Staatsanwaltschaft aufgrund der leider zu schwachen Aussagen der drei Kinder die Hände gebunden waren, hieß ja nicht, dass es im Kindergarten nicht dennoch zu den schrecklichen Vorfällen gekommen sein konnte. Das hatten bereits der Sachbearbeiter der Polizei und auch der Staatsanwalt so gesehen und unverändert Interesse für den Fall signalisiert. Dann konnte es aber doch nicht sein, dass die Leiterin einfach so zur Tagesordnung übergegangen war und Michi zurück ins Team geholt hatte, der nun wieder tagtäglich mit Dutzenden Kindern zusammen war.

»Was hat denn das alles noch für einen Sinn?«, hielt Grit Rieder dem sichtlich aufgebrachten Vater entgegen: »Lina wird nicht mehr zurückkehren. Michi wird nicht mehr verdächtigt. Wir gehen von seiner Unschuld aus. Sollen wir jetzt wirklich die übrigen Eltern ohne Not verunsichern?«

»Sie werden wohl verstehen, dass ich an einer Nachlese interessiert bin. Das sind Sie nicht zuletzt allen Eltern schuldig. Sie sollen sich ihr eigenes Bild machen dürfen. Stellen Sie sich vor, neue Vorwürfe würden aufkommen. Sie müssten sich immer die bittere Frage anhören, weshalb Sie die Eltern nicht zuvor, sagen wir mal, sensibilisiert hatten. Ich darf deshalb wohl fest damit rechnen, dass die Missbrauchsfälle in Ihrer Einrichtung heute beim Elternabend Thema sein werden.«

Der Abend sollte turbulent werden. Der Missbrauchsverdacht hatte natürlich nicht auf der Tagesordnung gestanden. Claudius sprach die Vorwürfe gegen Michi dennoch an. Wofür gab es schließlich den Tagesordnungspunkt »Verschiedenes«? Galant leitete er das Thema mit der Frage ein: »Ihr Kollege Michi ist wieder zurück, richtig?«

Grit Rieder bejahte die Frage.

»Aber er war länger weg. Sagen Sie den Eltern bitte auch den Grund dafür?«

Claudius ließ nicht locker. Grit Rieder entschied sich, wahrheitsgemäß zu antworten. Andernfalls würde es der Vater gewiss selbst tun. Er war ganz offenkundig entschlossen, nicht länger das Schweigen mitzutragen. Das hatte er viel zu lange getan. Als sie den anwesenden Eltern schließlich von den Missbrauchsvorwürfen berichtete, wurde es im Besprechungsraum unruhig. Die Mütter und Väter waren entsetzt darüber, dass sie bislang nicht informiert worden waren. Angst machte sich breit, dass auch dem eigenen Kind etwas angetan worden sein könnte. Nun musste der Kindergarten sich den beklemmenden Vorwürfen stellen. Viele Eltern würden sich daranmachen, bei ihren Kindern vorzufühlen, ob Michi ihnen etwas angetan hatte. Womöglich würde sich die eine oder andere Familie bei der Polizei zur Zeugenvernehmung anmelden.

»Ich bin die Mutter von Carlotta«, sagte eine freundliche Frauenstimme zu mir am Telefon. »Nach dem Elternabend habe ich mit meiner Tochter über Michi gesprochen. Auch sie wurde von ihm missbraucht. Details berichte ich Ihnen gerne bei einem persönlichen Treffen. Ihre Nummer habe ich von Linas Eltern. Wir würden uns gerne von Ihnen vertreten lassen.«

Carlotta wurde im nächsten Monat sechs Jahre alt. Das ließ mich hoffen. Auch wenn die fünfjährige Anna in ihrem Aussageverhalten noch sehr schwach gewesen war, setzte ich darauf, dass die etwas ältere Carlotta womöglich aussagetüchtig sein würde und bei der Aufklärung der Geschehnisse im Kindergarten maßgeblich helfen könnte. Ich bat Carlottas Mama, nicht weiter mit ihrer Tochter über mögliche Vorkommnisse mit dem Erzieher zu sprechen. Ich wollte vermeiden, dass es auch hier am Ende heißen könnte, Carlotta sei aufgrund suggestiver Vorbefragungen in ihrer richterlichen Vernehmung nicht glaubhaft.

»So, Carlotta«, sagte der vernehmende Richter freundlich, »jetzt hast du ja schon mal eine Kamera entdeckt. Wir haben ganz viele Kameras. Die wichtigste ist die da. Die filmt dich. Und hinter dir, im Rücken, da ist eine weitere Kamera. So als ob eine Fernsehsendung aufgezeichnet wird, weißt du? Ich bin das natürlich schon gewohnt. Denn ich werde hier dauernd gefilmt. Ist das so okay für dich?«

Carlotta nickte.

»Drüben das Zimmer habe ich dir schon gezeigt. Da ist der Fernseher mit den Wachtmeistern. Und da sitzen jetzt noch zwei, drei Leute. Die bleiben aber da drüben. Und die sehen und hören wir gar nicht. Diese Leute hören aber uns und schauen uns bei dem Gespräch zu. Manchmal haben die dann noch Fragen. Und die werden mir hier aufgeschrieben. Und dann bespreche ich alles mit dir, okay?«

»Hm, ja.« Carlotta nickte erneut.

»Cool. Und noch was, Carlotta. Ich bin ein Richter. Ein Richter muss manchmal Leute bestrafen. Und hier geht es darum, ob der Michi bestraft werden soll. Deswegen muss ich dir vorher sagen, dass du dich bitte anstrengen musst. Wenn du irgendwas nicht mehr weißt, dann sag mir das. Oder wenn du nur noch so ungefähr was weißt, dann sag mir bitte auch das. Auf gar keinen Fall darfst du lügen, ja?«

Carlotta nickte wieder. Dann wiederholte sie, was sie nur wenige Tage zuvor schon bei der Polizei geschildert hatte, zumindest in weiten Teilen. Auch sie berichtete von der Massage während der Mittagsruhe und davon, wie Michi sie am Rücken und am Bauch gestreichelt und dort auch immer wieder geküsst hatte. »Und er hat mich auch am Po und ein bisschen an der Mumu berührt.«

»Hattest du denn etwas an?«

»Ja. Aber er ist unter mein T-Shirt gegangen.«

»Ah, unter dein T-Shirt. Und bei der Mumu, wie war's da?«

»Da unter die Hose.«

»Und wie war das mit dem Küssen?«

»Er hat gesagt: Kannst du mir ein Bussi geben?«

»Und hast du ihm eines gegeben?«

»Ja. Auf die Backe.«

Der Richter schaute Carlotta nun ernst an: »Hör mal, Carlotta. Bei der Polizei hast du's genau so erzählt wie heute. Mit einer einzigen Ausnahme. Dort hast du nur vom Bauch und vom Rücken erzählt. Und dann haben dich die Polizisten gefragt, ob der Michi dich auch an der Scheide berührt hat. Und da hast du ›nein‹ gesagt. Die Scheide, das ist ein anderes Wort für Mumu. Und das ist mir aufgefallen. Magst du mir dazu was sagen?«

»Ich habe mich nicht getraut.«

»Verstehe. Manchen Kindern geht es da genauso wie dir. Wahrscheinlich wäre es mir auch so gegangen. Ja, ich war früher auch manchmal ein bisschen schüchtern. Das ist gar nicht schlimm. Ich wollte es nur mit dir besprochen haben, okay?«

»Er hat mich direkt auf meiner Mumu angefasst.«

»Heißt das, er war mit seiner Hand in deiner Unterhose?«

»Ja.«

»Jetzt hast du ja bei der Polizei nichts davon gesagt. Hattest du erst danach irgendwann mal mit deiner Mama oder deinem Papa darüber gesprochen?«

»Weiß nicht.«

»Hat dir die Mama so ein bisschen geholfen, weil du nicht mehr alles wusstest?«

»Nein!« Carlotta schüttelte heftig den Kopf.

»Herr Lucas, ich werde Anklage erheben.«

Die Worte des Staatsanwalts erleichterten mich.

»Carlottas Aussage reicht für einen Tatnachweis. Außerdem hat sich zwischenzeitlich Grit Rieder noch einmal von sich aus bei der Polizei gemeldet.«

Deren dreijährige Tochter ging ebenfalls in den Kindergarten, dem sie als Leiterin vorstand. Eine Äußerung von Michi hatte Grit Rieder keine Ruhe gelassen: »Versprochen, Frau Rieder, Ihre Tochter habe ich nie intim berührt.«

Ob es stimmte? Jedenfalls ließ es aus Sicht des Staatsanwalts tief blicken. Ihn hatte Grit Rieder angerufen und von dem befremdlichen Dialog mit Michi berichtet. Die Äußerung des ansonsten schweigenden Angeklagten hatte Gewicht bei der Bewertung der Videoaussage der mit knapp sechs Jahren noch immer sehr jungen Zeugin Carlotta. Warum hatte Michi extra betont, dass er die kleine Esther in Ruhe gelassen habe? Wäre er insgesamt unschuldig, hätte er das wohl klar geäußert. So aber schien er in seiner verteidigenden Äußerung nur ganz bewusst die Tochter der Chefin auszuklammern.

Drei Monate später wurde gegen den Erzieher Anklage wegen sexuellen Missbrauchs von Kindern in Tateinheit mit sexuellem Missbrauch von Schutzbefohlenen erhoben. Ihm wurde vorgeworfen, sich bei wenigstens einer Gelegenheit der kleinen Carlotta im Ruhezimmer des Kindergartens genähert zu haben. Während sie auf der Couch gelegen habe, sollte er sie auf Mund und Wange geküsst, sie unter dem T-Shirt massiert und sie in der Unterhose mit streichelnden Bewegungen der Hand im Schambereich berührt haben.

Das Gericht verurteilte den Erzieher zu einer Freiheitsstrafe von zwei Jahren und vier Monaten. Das Urteil war für die Vorwürfe, die am Ende übrig geblieben waren, angemessen. Alles sprach dafür, dass auch Lina, Marie und Anna von ihm missbraucht worden waren. Doch mangels Aussagetüchtigkeit war beim besten Willen nicht aufzuklären, was wie oft und zu welcher Zeit vorgefallen sein mochte. Von daher war es vernünftig gewesen, den Fokus voll auf Carlotta zu richten und so zumindest zu ermöglichen, dass Michi überhaupt verurteilt wurde. Zusätzlich wurde ihm vom Gericht verboten, künftig weiterhin in Berufen zu arbeiten, in denen er Umgang mit Kindern hätte.

Linas Eltern und die Eltern von Marie und Anna atmeten auf. Michi war Täter. Das stand zur Überzeugung des Gerichts fest. Zwar war nun einzig das Schicksal der fünfjährigen Carlotta juristisch aufgeklärt worden. Doch zumindest gab es den beiden Elternpaaren die – wenn auch traurige – Gewissheit, dass ihre Kinder sich bei ihren Schilderungen nichts zusammengereimt hatten.

Die Folgen waren für die Familien noch gar nicht absehbar. Die Eltern mussten mit persönlichen Rückentwicklungen ihrer Kinder als Reaktion auf die sexuellen Übergriffe rechnen. Gerade Kleinkinder fragen oftmals wieder nach dem Schnuller, nässen trotz zuvor erfolgreich abgeschlossenen Toilettentrainings wieder ein, werden mürrisch oder depressiv. Oft verhalten sie sich auch auffallend sexuell frühreif. Das alles musste so nicht kommen. Die Folgen eines sexuellen Missbrauchs im Kindesalter sind so vielfältig, wie es Kinder gibt, die Missbrauchshandlungen zum Opfer fallen. Und natürlich spielen auch der Zeitraum der Missbrauchshandlungen, deren Intensität und der Grad möglicher Gewalttätigkeiten eine nicht unerhebliche Rolle. Mochten sich die hier zutage getretenen Handlungen des Erziehers Michi noch eher am unteren Rand bewegt haben, so konnte niemand wissen, ob seine Handlungen gegenüber den Kindern auch nur annähernd in Gänze aufgedeckt worden waren. Nachdem Michi mit seinem strafbaren Verhalten die Distanz gebrochen hatte, die natürlicherweise zwischen Kindern und Erwachsenen bestehen sollte, war jedenfalls mit empfindlichen Vertrauensverlusten gegenüber Älteren, insbesondere Erziehenden, zu rechnen.

Ob und zu welchem Zeitpunkt sich solche durchaus gravierenden Defizite zeigen würden, war nicht abzusehen. Retraumatisierungen mussten die Familien jedenfalls ernstlich in Betracht ziehen. Hilfreich konnte es bereits jetzt sein, für die Kinder Unterstützung durch einen erfahrenen Therapeuten, Psychologen oder Psychoanalytiker zu suchen.

So bitter die Erkenntnis auch war, dass die Kinder missbraucht worden waren, so sehr schöpften die Eltern aus der traurigen Gewissheit auch Kraft. Sie würden in Zukunft bei kleinsten Anzeichen hellhörig werden, sofort nachfragen und sich nicht schämen, wenn sie in künftigen Bildungseinrichtungen schon bei ersten Signalen das Gespräch mit den Verantwortlichen suchten. Jeder konnte zum Opfer werden. Jederzeit. Das hatten die Eltern schmerzlich erfahren. Doch hatten sie eine Stimme. Diese hatten sie erhoben. Künftig würden sie es noch sehr viel früher tun.

Spiel mit dem Feuer

Nackt und mit gespreizten Beinen stand er da. Die drei Beamten der Justizvollzugsanstalt starrten auf den Po von Carsten Pertler. Der Älteste übernahm das Kommando: »Los, Beine breit! Und schön die Arschbacken auseinander.«

Es war demütigend. Und es stand völlig außer Verhältnis. Bereits elf Monate saß Carsten Pertler wegen des Verdachts der mehrfachen Brandstiftung in Untersuchungshaft. Vier Jahre zuvor war er wegen Besitzes einiger Konsumeinheiten Haschisch zu einer Geldstrafe verurteilt worden. Diese Tatsache wurde ihm gerade zum Verhängnis. Seine Ehefrau hatte ihn kurz vorher mit zwei der drei gemeinsamen Kinder im Gefängnis besucht. Carsten Pertler war das neue silberne Kettchen an ihrem Hals aufgefallen. Unwillkürlich hatte er danach gegriffen. Das war dem Beamten, der den Besuch überwacht hatte, zu weit gegangen. Er hatte darin den möglichen Versuch der heimlichen Drogenübergabe sehen wollen. Sofort hatte er den Besuch abgebrochen. Es war für das Ehepaar kaum zu begreifen, was gerade passierte.

Natürlich hätte ein solcher Griff in Richtung Hals rein theoretisch auch nur ein Trick von Carsten Pertler gewesen sein können, um auf diese Weise blitzschnell an ein kleines Tütchen Haschisch zu kommen. Immer unterstellt, dass die Ehefrau ein solches Tütchen unter dem Kragen der Bluse versteckt und trotz der strengen Kontrollen in die JVA geschmuggelt hätte. Nur dann hätte der wegen Eigenkonsums vorbestrafte Häftling das mutmaßliche Tütchen, das es in Wahrheit nie gegeben hatte, rein theoretisch anschließend in Sekundenschnelle und vom strengen Besuchsbeamten unbeobachtet im

Sitzen in seinem von Unterhose und Jeans bedeckten Hinterteil verschwinden lassen können. Ein an Lebensnähe schwer zu unterbietendes Szenario allemal. Was immer die drei Beamten womöglich persönlich zu kompensieren versuchten, die entwürdigende »After-Show«, die hier gerade stattfand, war also ganz offenkundig nichts anderes als ein Machtspiel und noch dazu amtsmissbräuchlich.

Doch was konnte Carsten Pertler schon gegen drei Beamte ausrichten? Was in diesem Moment hinter den Gefängnismauern vor sich ging, würde für immer hinter den Gefängnismauern bleiben. JVA-Insassen haben keine Lobby. Carsten Pertler ließ die Aktion daher klaglos über sich ergehen.

Auch das zusätzlich verhängte dreiwöchige Fernsehverbot hatte er ohne Widerworte hingenommen. Dabei war es schrecklich für ihn. Denn Carsten Pertler saß 21 Stunden am Tag allein in seiner acht Quadratmeter großen Einzelzelle. Eine Unterbrechung der Einsamkeit erfolgte lediglich durch den täglichen Hofgang. Der fand meist schon morgens um sechs Uhr statt. Wehe, Carsten Pertler reagierte nicht sofort auf das morgendliche Klopfen des zuständigen Beamten. Dann war das einstündige Luftschnappen für diesen Tag gestrichen. Ansonsten gab es weitere zwei Stunden täglich, in denen Pertler seine Zelle verlassen durfte.

Wenn der sogenannte »Aufschluss« stattfand, waren sämtliche Haftträume auf seinem Gang geöffnet. So konnte er sich in dieser Zeit regelmäßig mit anderen Häftlingen zum Quatschen oder Kartenspielen treffen. In den verbleibenden 21 Stunden – ohne Arbeit und ohne sozialen Austausch – war das Fernsehprogramm für ihn die einzige Ablenkung und Möglichkeit zur Flucht aus der Gefängnistristesse. Carsten Pertler schaute meist Reportagen, am liebsten über schöne Landschaften aus aller Welt. Es tat seinen Augen gut, ab und an in farbige Weiten schauen zu können. Alternativ sah er gerne Lifestyle-Magazine. Für ihn war es eine Wohltat, ein paar schöne Menschen aller Geschlechter zu sehen.

»Ich steh das schon durch, Herr Lucas. Erzählen Sie mir lieber, was es draußen Neues gibt.«

Ich mochte die freundliche, positive Art meines Mandanten. Und ich bewunderte ihn für seine Gelassenheit.

Carsten Pertler war 41 Jahre alt. Seit vielen Jahren arbeitete er als »Mädchen für alles« im Immobilienbüro seines Bruders. Sein Geschichtsstudium hatte er nach einigen Semestern abgebrochen. Dass der Bruder ihn danach in seiner Firma aufgenommen und ihm einen sicheren und durchaus gut bezahlten Arbeitsplatz angeboten hatte, war eine glückliche Fügung gewesen. Nicht zuletzt ermöglichte seine Arbeitsstelle ihm viel Freizeit, die er zu gerne intensiv mit seiner Familie verbrachte. Mit seiner drei Jahre jüngeren Ehefrau Susanne, den gemeinsamen drei Söhnen im Alter von fünf, sieben und zehn Jahren und seinem Großvater lebte er in der Vorstadt in einer Doppelhaushälfte.

»Wir hätten nach den drei Kindern nicht aufhören sollen. Die Welt hätte es verdient, noch ein paar mehr von diesen gelungenen Geschöpfen zu kriegen.«

Ich musste bei Sprüchen wie diesen herzhaft lachen. Mein Mandant rang nicht mit Gewalt um Pointen. Es war einfach die Art, wie er zu einem sprach. Dabei wirkte er immer herrlich unbekümmert. Genau dieser Charakterzug mochte ihn anfällig gemacht haben für die Straftaten der Brandstiftung, die ihm jetzt von der Staatsanwaltschaft vorgeworfen wurden. Dass sein bester Freund und Mitangeklagter Moritz Büding bei den Bränden die treibende Kraft und Carsten Pertler in seiner gewohnt entspannten Art allenfalls Mitläufer gewesen war, erschien mir offenkundig. Pertler war kein Pyromane. Das sah auch die Staatsanwaltschaft so und legte bei der Klärung des möglichen Tatmotivs den Fokus bewusst auf den

Mitangeklagten. Nichtsdestotrotz war das mutmaßliche Verhalten meines Mandanten, der Büding zu den Tatorten gefahren haben sollte, strafbar gewesen. Wäre Carsten Pertler von seinem Freund nicht in diese völlig sinnlosen und obendrein gefährlichen Brände reingezogen worden, hätte Moritz Büding ihn vermutlich ebenso für fragwürdige Bitcoin-Geschäfte begeistern können.

Vielleicht romantisierte ich es etwas. Viel kriminelle Energie sah ich bei meinem Mandanten jedenfalls nicht. Er musste dennoch aufpassen, dass er mit seiner entspannten Leichtgläubigkeit künftig nicht wieder in eine Straftat hineinrutschen würde. Diese fast schon naive Art war es aber auch, die ihn bei seinen Kindern und seiner Frau und auch im Freundeskreis schon immer so beliebt gemacht hatte.

Seine Familie tat mir sehr leid. Seine Frau hatte den ganzen Betrieb zu Hause allein zu steuern. Die Kinder vermissten ihren »Tobe-Papa« von Tag zu Tag stärker. Umso mehr freute ich mich für Carsten Pertler von Herzen, dass seine Frau Susanne so sehr hinter ihm stand und ihn regelmäßig besuchte. Dass sie meist auch die Kinder dabeihatte, war alles andere als selbstverständlich. Manche Familien versuchen, die Kinder nicht mit der Haftsituation eines Elternteils zu konfrontieren, vor allem wenn sie noch um einiges jünger sind als die Söhne meines Mandanten. Es mag bei dieser Frage kein Richtig und kein Falsch geben. Carsten Pertler, seiner Frau und den Söhnen taten die Besuche jedenfalls sichtlich gut. Viele Ehen gehen mit der Inhaftierung eines Ehepartners in die Brüche. Dies ist umso trauriger, wenn Kinder im Spiel sind. Für Carsten Pertler drückte ich alle Daumen. Die Familie wirkte stark aufgestellt. Das war die entscheidende Voraussetzung.

Knapp zwei Monate später sollten die Brandstiftungen beim Landgericht verhandelt werden. Der schon seit Jahren arbeitslose Moritz Büding hatte eine ganze Reihe von Scheunen und Hütten in Brand gesetzt und dadurch für nicht unerhebliche Gefahren gesorgt. Carsten Pertler hatte ihn laut Anklage zu diesen Bränden als Fahrer begleitet. Für die Staatsanwaltschaft war er nach Überzeugung der Staatsanwaltschaft deshalb Mittäter. Ginge es nach ihrem Willen, sollten die beiden Freunde zu jeweils mehr als fünf Jahren Freiheitsstrafe verurteilt werden.

»Ich habe von den Bränden wirklich nichts gewusst.« Carsten Pertler wiederholte den Satz bei jedem meiner Besuche.

So ganz wusste ich nicht, was ich glauben sollte. Merkwürdig war die ganze Angelegenheit allemal. Ich fragte mich, warum Moritz Büding die Brände gelegt hatte. War es Freude am Feuer oder doch eher Langeweile? Ein psychiatrischer Gutachter, der Büding untersucht hatte, konnte keinerlei persönliche Auffälligkeiten feststellen. Ich fragte mich auch, aus welchem Grund mein Mandant mitgemacht haben könnte. Anders als bei einer Diebstahlsserie oder bei Drogengeschäften hatte er aus den gelegten Bränden keinen finanziellen und auch sonst keinen greifbaren Nutzen ziehen können. Es konnte sich nur um Freundschaftsdienste des allzu leicht überzeugbaren Mandanten gehandelt haben. Einen anderen Reim konnte ich mir auf sein Verhalten nicht machen. Ich fragte mich, wie sehr Carsten Pertler sich bei den Fahrten überhaupt bewusst gewesen war, was sein Freund Moritz Büding jedes Mal getrieben hatte, wenn er aus dem Auto gestiegen und bereits wenige Minuten später beschwingt und beseelt zurückgekehrt war.

Als Erstes hatte laut Anklage ein Altpapiercontainer gebrannt, einen Tag später waren es schon fünf Mülltonnen gewesen. Es war erstaunlich, wie hoch die Flammen geschlagen hatten. Dass kein Mensch zu Schaden gekommen war, ließ einen aufatmen. Denn schnell war das Feuer auf einen Fahrradunterstand übergegangen, der sich gleich neben einem Reiheneckhaus befunden hatte. Die Feuerwehr war gerade noch rechtzeitig angerückt, um einen Übergriff der Flammen auf das Wohnhaus zu verhindern.

Nur zwei Tage später brannte eine Scheune. Diese brach bei den Löscharbeiten vollständig zusammen. Zwei Traktoren, die in der Scheune geparkt waren, erlitten einen Totalschaden. Ein Feuerwehrmann hatte sich bei den Löscharbeiten in Lebensgefahr gebracht und war mit einer Rauchvergiftung ins Krankenhaus eingeliefert worden.

Wieder zwei Tage später ging eine Feldscheune in Flammen auf. Auch sie stürzte ein. Auch hier wurden verschiedene landwirtschaftliche Geräte, wenigstens aber keine Fahrzeuge zerstört.

Schließlich folgten binnen einer Woche fünf weitere Scheunenbrände. Und als krönender Abschluss sollten die beiden Freunde verantwortlich sein für das Niederbrennen einer ganzen Lagerhalle. Dass zu diesem Zeitpunkt keine Menschen in der Halle gearbeitet hatten, war einzig einer glücklichen Fügung zu verdanken.

Tatzeugen gab es für sämtliche Vorfälle keine. Die Staatsanwaltschaft hatte deshalb zunächst gegen »unbekannt« ermittelt. Im Zuge dessen hatte sie schließlich an allen Brandorten zu den jeweiligen Brandentstehungszeiten sämtliche Handydaten überprüfen lassen. Auffallend war, dass Moritz Büding in einem engen Zeitfenster und fast ausschließlich zu den Alarmierungszeiten der Feuerwehr in der jeweiligen Funkzelle sämtlicher Tatorte eingewählt gewesen war. Drei Mal hatte das auch für das Handy von Carsten Pertler gegolten. Er musste sich zumindest in der Nähe des Tatorts aufgehalten haben. Bei der letzten Tat, als die Lagerhalle brannte, hatten schließlich Nachbarn sein Fahrzeug in Tatortnähe gesehen und sich das Nummernschild notiert. Das recht bald erfolgte Geständnis des Mitangeklagten Büding reichte dem ermittelnden

Staatsanwalt aus, um nicht nur für ihn, sondern auch gleich für meinen Mandanten erfolgreich Haftbefehl zu beantragen. Die wenig guten Aussichten auf ein niedriges Urteil und die strenge Haftsituation trug mein Mandant mit erstaunlicher Fassung, vielleicht auch nur mit naiver Leichtigkeit.

In der Praxis ist die Untersuchungshaft die härteste Haftform, die Deutschland zu bieten hat, viel härter als der »normale« Vollzug, bei dem der Häftling nach seiner Verurteilung tatsächlich seine Strafe absitzt. Untersuchungshäftlinge bekommen im Gefängnis nur schwer eine Arbeit, beispielsweise in der Gefängnisküche. Und dann sitzen sie wie Carsten Pertler mehr als zwanzig Stunden am Tag in ihrer Zelle. Das Schlimmste an der Haft ist für die meisten die bedingungslose Abhängigkeit von dem, was im Gefängnis geregelt und von den Justizvollzugsbeamten umgesetzt wird. Rund um die Uhr haben Häftlinge ihr eigenes Leben nicht mehr selbst in der Hand. Manch unbescholtener Bürger empört sich gerne über Schwimmbäder und Fitnessräume in einer Haftanstalt. Luxus wie im Hotel, heißt es dann. Aber Unfreiheit bleibt Unfreiheit.

Wer als Untersuchungsgefangener in der JVA keinen der seltenen Jobs abkriegt, der darf auch nur zwei Mal pro Woche duschen. Als Verteidiger ist es mir immer nur bedingt eine Freude, nicht arbeitende Mandanten zu besuchen und mit ihnen in einer fensterlosen Besucherzelle zu sitzen, die vorher schon von anderen nicht arbeitenden Häftlingen und ihren Anwälten frequentiert wurde. Ich frage mich immer: Will die JVA mit den eingeschränkten Möglichkeiten der Körperhygiene den unliebsamen Häftling oder eher den meist noch unliebsameren Anwalt ärgern? Womöglich steckt hinter alldem auch nur ganz ernüchternd die Allzweckbegründung fortwährenden Personalmangels.

Wünscht der Häftling persönlichen Kontakt zu Angehörigen und Freunden, wird er auch diesbezüglich nicht gerade verwöhnt. Besuche gibt es maximal zwei Mal im Monat, jeweils höchstens eine Stunde und nur von bis zu drei Besuchern gleichzeitig. Hat ein Häftling, wie auch Carsten Pertler, mehr als zwei Kinder, muss daher eines immer zu Hause bleiben. Fair ist das nicht. Und die Familie muss Entscheidungen treffen, sich gut organisieren und den Kindern auch diese Situation erst einmal nahebringen. Natürlich finden die Besuche nur unter Überwachung statt. In einem Raum mit mehr als einem Dutzend anderen Häftlingen und ihren Besuchern. Unfassbar, wie laut es in den Besucherräumen zugeht. Und unfassbar, wie schnell so eine Stunde vorbei ist. Es empfiehlt sich daher, einen solchen Besuch gut vorzubereiten und sich als Besucher im Vorfeld genau zu überlegen, welche Fragen dieses Mal unbedingt geklärt werden sollen.

Angesichts dieser massiven Einschränkungen sollte man sich immer vor Augen führen, dass es sich bei der Untersuchungshaft nicht um eine Bestrafung handelt. Die Schuld des Inhaftierten soll erst später im bevorstehenden Strafprozess geklärt werden. So lange gilt die Unschuldsvermutung.

Im Fall von Carsten Pertler erfolgte die Inhaftierung einzig, um ihn daran zu hindern, sich dem Verfahren durch Flucht zu entziehen. Nicht zuletzt die hohe Straferwartung konnte aus Sicht der Staatsanwaltschaft für meinen Mandanten einen Fluchtanreiz begründen. Geht es aber in erster Linie um die Sicherung des Verfahrens, sollte ein U-Häftling rein theoretisch auf nichts verzichten müssen, mit Ausnahme seiner Freiheit.

»Und wenn es die Pizza ist, die er sich abends kommen lässt«, so hatte unser Uni-Professor im ersten Semester damals die Theorie beispielhaft zu erklären versucht. Und es spräche eigentlich auch nichts dagegen, das so gezeichnete Bild in die Praxis umzusetzen, gäbe es da nicht die massive und nicht zu unterschätzende Hürde eines zu kleinen, bisweilen viel zu ineffizienten Personalapparats.

Mich berühren besonders die Schicksale der unschuldigen Ehe- und Lebenspartner und noch mehr der definitiv völlig unschuldigen Kinder. Warum dürfen die ihren Papa, der quasi über Nacht aus ihrem Alltagsleben verschwunden ist, nicht öfter sehen? Während jemand auf seinen Prozess wartet, also noch gar nicht bestraft wurde, müsste es Pflicht sein, Familien umfassende Besuchsrechte einzuräumen. Und ein psychologischer Beistand müsste gestellt werden. Nicht dem Häftling zuliebe. Sondern für die Kinder. Die engsten Angehörigen, die mit der Tat selbst nichts zu tun haben, quälen sich meist Tag und Nacht mit der zermürbenden Frage: Wann kommt mein Mann, wann kommt der Papa bloß endlich wieder nach Hause?

Der Mitangeklagte Büding hatte in seiner ersten Vernehmung meinen Mandanten aus allen Vorwürfen herausgehalten.
»Der wusste nichts. Carsten war nur ein paar Mal dabei. Er hat weder etwas gesehen, noch hatte ich ihm von meinem Treiben etwas gesagt. Ich hatte ihn als meinen Fahrer auf gut Deutsch instrumentalisiert. Nicht mehr, nicht weniger.«
Mich überzeugte das. Warum sonst hätte Moritz Büding seinen Kumpel aus der Schusslinie nehmen und jegliche Schuld auf sich nehmen sollen? An den Tatorten selbst gab es tatsächlich nur Fingerabdrücke und DNA-Spuren, die auf Büding als Täter hinwiesen. Allerdings war Carsten Pertler nun einmal nachweislich mindestens drei Mal zumindest in Tatortnähe gewesen. Hierfür sprach das Bewegungsprofil, das die Ermittler aufgrund der Auswertung der Handydaten erstellen konnten. Außerdem hatten Zeugen den Wagen meines Mandanten zu der Zeit gesehen, als die Lagerhalle lichterloh brannte.

Dass Moritz Büding so vehement die Beteiligung meines Mandanten bestritten hatte, hatte der Polizei nicht gepasst. Der sachbearbeitende Staatsanwalt hatte Büdings Verteidiger davon überzeugen können, dass sich eine umfassende Aussage auch zur Tatbeteiligung von Carsten Pertler bei der ohnehin hohen Straferwartung für seinen Mandanten sicherlich auszahlen würde. In einer Nachvernehmung hatte der Mitangeklagte Büding seine Aussage schließlich dahin gehend korrigiert, dass die beiden Freunde immer gemeinsam unterwegs gewesen seien und Pertler über die Brände auch genau Bescheid gewusst habe.

»Ein bisschen ist's hier wie im Hotel Mama. Nur gibt's hier noch mehr Mamas – und auch Papas.«

Carsten Pertler versuchte, die Haftsituation mit Humor zu nehmen. Tatsächlich musste er sich im Gefängnis um nichts kümmern. Und zu essen gab es ausreichend. Doch bereits die Zeiten, zu denen das Essen aufgefahren wurde, mussten ihm, dem Langschläfer, übel aufstoßen. Frühstück wurde bereits vor sechs Uhr an der Zellentür ausgegeben, Mittagessen gab es gegen elf Uhr in einem kantinenähnlichen Gemeinschaftssaal, und das Abendessen wurde schon nachmittags um vier zu ihm in die Zelle gebracht.

Dass Carsten Pertler in Wahrheit sehr unter den Haftbedingungen litt, spürte ich von Besuch zu Besuch mehr. Es tat weh, dass sein ehemals bester Freund ihn bei Polizei und Staatsanwaltschaft hingehängt hatte. Er hatte gepetzt und sich dadurch eine günstigere Strafe zu sichern erhofft. In den vielen Stunden allein in der Zelle hatte Carsten Pertler viel zu viel Zeit, seine Sorgen ständig an sich heranzulassen. Ich versuchte deshalb, doch noch einen Job für ihn in der Haft zu organisieren. Irgendetwas. Hauptsache, er würde öfter aus seiner Zelle herauskommen und sich ein wenig ablenken können.

Das Problem war in diesem Fall jedoch nicht der Mangel an Jobs, sondern ein Arbeitsverbot, das mit dem Haftbefehl verhängt worden war. Ein Antrag auf Erteilung einer Arbeitserlaubnis wurde abgelehnt. Es blieb beim sogenannten Trennungsbeschluss. Dieser untersagte Carsten Pertler das Arbeiten und die Teilnahme an Gemeinschaftsveranstaltungen wie Chor, Fitnesstraining oder sonntäglichen Messen.

Die Idee hinter einem solchen Trennungsbeschluss liegt auf der Hand: Es soll verhindert werden, dass ein Häftling bei gemeinsamen Aktivitäten mit anderen Beschuldigten in seinem Verfahren Kontakt aufnehmen und sich z. B. über Aussagen absprechen kann. Befinden sich, so wie im Falle meines Mandanten, aber die Mittäter in unterschiedlichen Haftanstalten, erscheinen solche Maßnahmen kaum verständlich. Die Gerichte argumentieren, dass ohne Trennungsbeschluss selbst in diesen Fällen eine Kontaktaufnahme unter Beschuldigten zu befürchten sei. Denn sie könnten zumindest indirekt in Verbindung treten. So wäre es möglich, Mithäftlinge zum Beispiel im Falle ihrer Verlegung in eine andere Anstalt, in welcher sich ein Mitbeschuldigter befindet, als Bote von Nachrichten zu missbrauchen.

Was diese harten Bedingungen eines Trennungsbeschlusses allerdings noch mit der Ur-Idee der Untersuchungshaft zu tun haben, in erster Linie nämlich die Flucht des Beschuldigten zu verhindern, ist nur schwer nachvollziehbar. Carsten Pertler arrangierte sich mit der Tatsache, 24/7 größtenteils in seiner kleinen Zelle mit schmalem, vergittertem Fenster und Blick auf eine weiße Mauer zu verbringen. Umso härter hatte ihn im Vergleich zu manchen arbeitenden Mithäftlingen das Fernsehverbot nach dem spontanen Griff an die Kette seiner Frau getroffen. Und es war nicht bei diesem einen Mal geblieben. Bei einem letzten Hofgang hatte Carsten Pertler noch eine allerletzte Runde gehen wollen. Nachdem der zuständige Beamte allerdings bereits zum Rückmarsch in die Zelle gepfiffen hatte, führte auch dieses Verhalten wieder zu einem Disziplinarverfahren. Wieder wurde ihm das Fernsehgerät weggenommen – für sage und schreibe zwei Wochen. Carsten Pertler lächelte das Verbot höflich weg. In Wahrheit traf es ihn ein weiteres Mal hart.

»Geben Sie sich einen Ruck, Herr Staatsanwalt!«
Kurz nach Prozessbeginn war es zu einem Rechtsgespräch unter Beteiligung der beiden Berufsrichter, der zwei Schöffen, des Staatsanwalts und der Verteidigung gekommen. Ziel des Gesprächs, zu dem wir uns in ein Beratungszimmer des Gerichts zurückgezogen hatten, war eine das Verfahren verkürzende Absprache. Hierfür tauschten wir angeregt die verschiedenen Argumente und Sichtweisen aus. Das Gericht teilte meine Überlegung, den Angaben des Mitangeklagten Büding eher eingeschränkten Wert beizumessen.

Moritz Büding hatte tatsächlich erneut für Wirbel gesorgt. Er hatte nach seiner zweiten Vernehmung, in welcher er meinen Mandanten stark belastet hatte, zwischenzeitlich seinem Vater einen Brief geschrieben. Diesen hatte die Staatsanwaltschaft im Rahmen der Briefkontrolle gelesen, eine Kopie davon zu den Akten gegeben und das Schriftstück erst dann an den Vater weitergeleitet. In dem Brief war Moritz Büding zurückgerudert. Es tue ihm leid, dass sein Freund einsitze, hatte er geschrieben. Dieser sei längst nicht bei allen Taten und auch nicht als treibende Kraft dabei gewesen. Carsten Pertler habe er lediglich als seinen Fahrer eingesetzt.

Das Hin und Her im Aussageverhalten des Mitangeklagten war bemerkenswert. Ob die neueste Version nun allerdings heißen sollte, dass mein Mandant insgesamt unwissend und deshalb freizusprechen war oder dass er zwar mitgemacht hatte, aber eben doch nicht so umfangreich, blieb nebulös. Allemal wurde eindrucksvoll deutlich, dass die Aussage, mit welcher Büding meinen Mandanten im Rahmen seiner Nachvernehmung plötzlich angeschwärzt hatte, umso mehr mit Vorsicht zu genießen war. Wollte man sich dagegen einzig auf die objektiven Beweise stützen, blieb zulasten meines Mandanten gar nicht so viel übrig.

»Herr Lucas, bei drei Fällen ist aber schon aufgrund der Funkzellenauswertung eine Tatbeteiligung Ihres Mandanten nicht so ganz von der Hand zu weisen.« Da hatte der Vorsitzende Richter recht. »Wie wäre es, wenn er diese drei Fälle einräumt?«

Für diesen Fall konnte das Gericht sich gerade noch eine Bewährungsstrafe für Carsten Pertler vorstellen. Der Staatsanwalt war mit dem vorgeschlagenen Vorgehen nach längerem Hin und Her wider Erwarten einverstanden:

»Also gut, Geständnis bezüglich der Lagerhalle und zwei weiterer Scheunenbrände. Im Gegenzug beantrage ich, den Rest der gegen Ihren Mandanten erhobenen Vorwürfe einzustellen. Mit einer Bewährungsstrafe besteht mit dieser Maßgabe Einverständnis.«

Es bahnte sich für meinen Mandanten ein echter Erfolg an. Auch Büdings Anwalt wollte mit Gericht und Staatsanwalt eine Einigung erzielen. Der Freund, der meinen Mandanten so derbe verpetzt hatte, würde gemäß der nun erfolgten Einigung gegen Geständnis zu einer Freiheitsstrafe von drei Jahren und zehn Monaten verurteilt werden. Antworten auf das »Wieso, Weshalb, Warum« würde es nicht geben. Die Straftaten würden für ein Urteil ausreichend, jedoch nur oberflächlich geklärt werden. Wie so oft würde die – sagen wir – historische Wahrheit im Dunkeln bleiben. Schade.

Auch das deutlich höhere Strafmaß, auf das sich die Prozessorgane für Moritz Büding verständigt hatten, war kein schlechtes Ergebnis. Entscheidend lag der Gedanke zugrunde, dass Büding gemäß Beweislage und seiner eigenen Aussage – anders als mein Mandant – bei sämtlichen Taten dabei und ganz offenkundig der Initiator gewesen sein musste. Carsten

Pertler würde nach rund 13 Monaten Untersuchungshaft endlich wieder auf freiem Fuß sein und zurück zu seiner Familie dürfen. Ich erklärte für ihn schließlich in öffentlicher Sitzung, dass er an den drei Taten, auf die wir uns zuvor auf dem »Deal«-Wege geeinigt hatten, beteiligt gewesen war. Mein Mandant bestätigte meine Worte auf Rückfrage des Gerichts. Damit galten sie als seine eigene Erklärung.

Die Verständigung von Richtern, Verteidigern und Staatsanwaltschaft über den Ausgang eines Strafverfahrens, die außerhalb der eigentlichen Hauptverhandlung getroffen wird, war noch bis vor einigen Jahren nicht gesetzlich geregelt, sondern wurde einfach praktiziert. Nachdem diese Praxis jedoch immer exzessiver gehandhabt wurde, waren immer öfter Rufe nach einer klaren gesetzlichen Regelung zu hören. Nur so sei ein faires und transparentes Strafverfahren zu gewährleisten. Der im Jahre 2009 schließlich neu eingeführte § 257c StPO regelt seither den »Deal« im Strafverfahren gesetzlich.

Im Normalfall ziehen sich Gericht, Staatsanwaltschaft und Verteidigung in das richterliche Beratungszimmer, das sich meist direkt hinter dem Sitzungssaal befindet, zurück. Dort wird in aller Regel ein Geständnis des Angeklagten im Austausch gegen die Vereinbarung einer Unter- und einer Obergrenze der zu verhängenden Strafe vereinbart. Die Einigung auf ein genaues Strafmaß, sprich eine Punktstrafe, ist unzulässig. Die Strafbemessung soll auch nach erfolgter Absprache immer noch ein Stück weit Gegenstand der gerichtlichen Einschätzung sein. Hierfür wird sich das Gericht in öffentlicher Sitzung Ausführungen des Angeklagten zu seiner Vita und überhaupt seinen Lebensverhältnissen und Perspektiven anhören. Das Geständnis darf nicht zuletzt auch kein reines Zweckgeständnis sein, das einzig dem Wunsch nach einer zugesicherten niedrigen Strafe entspringt. Es muss daher auch nach einem »Deal« immer dem richterlichen Aufklärungsanspruch genügen. Deshalb wird das Gericht nach einer Verfahrensabsprache zwar einzelne, jedoch längst nicht mehr alle Zeugen anhören – so meist den Sachbearbeiter der Polizei zum Gang des Verfahrens und das Opfer der Straftat. Selbst bei einem erfolgreichen »Deal« bleibt es dem Angeklagten unbenommen, gegen das auf diese Weise zustande gekommene Urteil Rechtsmittel einzulegen.

Der Vorteil einer solchen Verfahrensabsprache in Form eines »Deals« liegt auf der Hand. Der Prozess wird erheblich abgekürzt. Alle Verfahrensbeteiligten wissen, worauf sie sich im Urteil einzustellen haben. Nicht immer sind die Angebote allerdings gut. Und bisweilen will ein Angeklagter ohne »Wenn und Aber« um seinen Freispruch kämpfen. In solchen Fällen muss ein Verteidiger in der Lage sein, sich mit allen prozessual zur Verfügung stehenden Mitteln für das Verteidigungsziel einzusetzen und sich nicht mit einer andernfalls fadenscheinigen Einigung abspeisen zu lassen.

Die für meinen Mandanten vereinbarte Strafuntergrenze lag bei zwei Jahren, die Obergrenze bei zwei Jahren und fünf Monaten. Das Gesetz erlaubt eine Strafaussetzung zur Bewährung jedoch nur bei Freiheitsstrafen bis maximal zwei Jahren.

Für Carsten Pertler würde es also knapp werden. Die deutliche Aufforderung des Gerichts gegenüber dem Sitzungsvertreter der Staatsanwaltschaft, diese Untergrenze doch bitte im »Deal«-Wege mitzutragen, war allerdings ein klarer und beruhigender Hinweis darauf, dass das Gericht sich am Ende der Untergrenze einer Bewährungsstrafe von zwei Jahren und der sofortigen Aufhebung des Haftbefehls nicht verschließen wollte. Dass der Staatsanwalt nun ausdrücklich zu einem Deal mit dieser Untergrenze bereit war, ließ Carsten Pertler und mich dankbar durchatmen.

Am ersten Verhandlungstag brachten wir den Prozess leider nicht zu Ende. Der Polizeibeamte, dessen Zeugenaussage die Geständnisse der Angeklagten untermauern sollte, war auf dem Weg zum Gericht mit seinem Wagen in eine Vollsperrung geraten. Nachdem wir geschlagene zweieinhalb Stunden auf sein Erscheinen gewartet hatten, blies der Vorsitzende Richter die Übung für diesen Tag ab. Wir brauchten also einen weiteren Verhandlungstermin. 18 Tage später würde der Prozess weitergehen. Zwischen zwei Hauptverhandlungstagen dürfen grundsätzlich maximal 21 Tage liegen. Auf diese Weise soll sichergestellt werden, dass das Gericht, welches seine Überzeugungsbildung aus dem laufenden Prozess schöpft, noch ausreichend Erinnerungen an die einzelnen Zeugenvernehmungen hat und weitere Beweiserhebungen und Zusammenhänge zwischen einzelnen Aussagen vernünftig zusammenbringt.

Am zweiten Verhandlungstag plädierte der Staatsanwalt als Erster. Ich ging von einem kurzen Plädoyer aus. Die Sache war schließlich ausgedealt. Es bedurfte keiner ausschweifenden Ausführungen. Doch es kam anders.

»Ich sag Ihnen mal etwas, Herr Angeklagter!« Der Staatsanwalt schaute meinen Mandanten streng und sichtlich verärgert an. In scharfem Ton hielt er ihm vor, wie gefährlich sein Verhalten gewesen sei und dass die Staatsanwaltschaft hierfür kein Verständnis aufbrächte. Mein Mandant musste schlucken. Niemand hatte verlangt, dass die ihm vorgeworfenen Taten lächelnd und mit einem freundlichen Klaps auf den Hintern abgetan würden. Und ganz grundsätzlich konnte ich die Worte des Staatsanwalts durchaus unterschreiben. Nachdem wir uns zuvor jedoch insgesamt verständigt hatten, wirkten die Ausführungen unpassend. Da zudem der Zuschauerraum an diesem Tag voll besetzt war und auch Presse- und Medienvertreter den Weg in den Gerichtssaal gefunden hatten, konnte ich mich des Gefühls nicht erwehren, dass hier gerade jemand die Showbühne suchte und bekam.

»Ja, wir haben einen Deal gemacht«, räumte der Staatsanwalt bedeutungsschwanger ein, nur um anschließend zum ganz großen Schlag auszuholen. »Wenn Sie aber glauben, dass Sie heute den Sitzungssaal als freier Mann verlassen können, dann haben Sie sich definitiv geschnitten. Das weiß die Staatsanwaltschaft zu verhindern. Und das gebe ich Ihnen gerne mit Brief und Siegel.«

Was nahm sich der Staatsanwalt da heraus? Die Entscheidung, ob mein Mandant eine Bewährungsstrafe bekommen und heute noch seine Freiheit zurückerhalten würde, hatte einzig das Gericht am Ende der Sitzung zu fällen. Diese Rechnung hatte ich jedoch ohne den Vertreter der Staatsanwaltschaft gemacht: »Ich erkläre Ihnen hiermit die vorläufige Festnahme.«

Es war ein linkes Spiel, das der Staatsanwalt mit uns spielte. Er trug die Idee einer Bewährungsstrafe seinen Worten nach weiterhin mit. Doch vereitelte er ihre Vollziehung durch die völlig überraschend ausgesprochene und für mich zunächst unerklärliche vorläufige Festnahme. Welchen Grund sollte es dafür geben? Die Auflösung ließ nicht lange auf sich warten: Jede Menge neue Tatvorwürfe sollte es gegen meinen Mandanten geben, die der Staatsanwalt nun genüsslich vortrug. Erst jetzt eröffnete er den übrigen Prozessorganen, dass der Mitangeklagte Büding bereits vier Wochen zuvor, und damit deutlich vor dem Deal-Gespräch des ersten Prozesstages, umfassend bei der Staatsanwaltschaft gegen meinen Mandanten ausgesagt hatte. Er hatte ihn gleich einer ganzen Latte neuer Straftaten verdächtigt: illegaler Waffenbesitz, Drogenhandel in drei Fällen, Besitz von Kinderpornografie, Betrug in zwei Fällen, zehnfacher Hausfriedensbruch, Sachbeschädigung und Einbruchsdiebstahl.

Carten Pertler verstand die Welt nicht mehr, ich auch nicht. Wir hatten bis eben nichts von der Aussage des Mitangeklagten und einem darauf gegründeten weiteren Strafverfahren gegen meinen Mandanten gewusst. Weil der Staatsanwalt mit einer Bewährungsstrafe grundsätzlich einverstanden gewesen war, hatten wir uns auf die Abkürzung des Verfahrens geeinigt und uns auf die Haftentlassung einstellen dürfen. Was der Staatsanwalt sich hier nun herausnahm, war ein völliges Untergraben der Autorität des Gerichts. Dieses hatte meinen Mandanten ganz offenkundig heute entlassen wollen. Doch nun waren ihm die Hände gebunden.

Es kam, wie es kommen musste: Erwartungsgemäß verurteilte das Gericht Carsten Pertler zu einer Freiheitsstrafe von zwei Jahren, die es zur Bewährung aussetzte. Doch frei kam er trotzdem nicht. Aufgrund der vom Staatsanwalt ausgesprochenen vorläufigen Festnahme musste er zurück in die Justizvollzugsanstalt. Der antragsgemäße Erlass eines Haftbefehls durch den zuständigen Ermittlungsrichter am nächsten Tag war reine Formsache.

Was mit Feuer begonnen hatte, war längst zu einem eiskalten Spiel geworden, bei dem der ehemals beste Freund gegen meinen Mandanten antrat. Warum er damals wie auch sinnbildlich heute mit dem Feuer spielte, war nicht ersichtlich. Was sollte dieses ganze Hin und Her? Warum musste er Carsten Pertler immer wieder und ohne Not so massiven Schaden zufügen?

»Das ist alles Unsinn, Herr Lucas. Kein einziger Vorwurf trifft zu. Ich habe nichts gemacht.«

Erstmals erlebte ich Carsten Pertler verzweifelt. Wer wollte es ihm verdenken. Dass er nun doch nicht aus der Haft entlassen worden war und womöglich viele Monate inhaftiert bleiben würde, bevor auch über die weiteren Vorwürfe geurteilt werden könnte, musste er erst noch verdauen. Er hatte die

U-Haft immer klaglos hingenommen und auch die vielen Verbote und nicht zuletzt die entwürdigende Behandlung durch die Justizbeamten nach dem Besuch seiner Frau. Die neuerliche Haftsituation aber fing an, ihn kaputtzumachen.

Die erhobenen Anschuldigungen waren massiv. Die Frage war, wie fundiert die vielen Vorwürfe sein konnten. Immerhin stammten sie aus dem Munde eines Moritz Büding, der sich bereits im Brandstiftungsverfahren mit seinen belastenden Aussagen viel zu weit und größtenteils erfolglos aus dem Fenster gelehnt hatte. Gespannt wartete ich darauf, dass die Staatsanwaltschaft mir die Verfahrensakte zur Einsicht überlassen würde.

Warum nur verhielt sich Moritz Büding gegenüber meinem Mandanten so gemein? Für sein eigenes Strafmaß hatte der selbstherrliche Kronzeugenauftritt keinen zusätzlichen Erfolg gebracht.

»Ich denke, er war tief enttäuscht, dass ich die Brandstiftungen bis zum Beginn der Hauptverhandlung nicht ebenfalls zugegeben und ihn dadurch quasi im Regen stehen gelassen hatte. Ich meine, ich war ja nun mal wirklich ein paar Mal dabei gewesen. Das habe ich im Prozess dann auch eingeräumt. Aber eben erst dann. Da hatte Moritz bereits gegen mich ausgesagt.«

Mochte sein, dass Carsten Pertler recht hatte. Vielleicht gingen die Freundschaftsgefühle des Mitangeklagten Moritz Büding sehr weit. Entsprechend tief konnte die Enttäuschung bei ihm sitzen. Persönliche Enttäuschungen sind in Strafsachen oft ein starker Motor und letztlich Motiv für viele Strafanzeigen. Richtig befriedigend war die Erklärung jedoch nicht.

Der Anruf bei der Ehefrau fiel mir schwer. Sie hatte sich voller Vorfreude darauf eingestellt, dass ihr Mann am Prozesstag endlich zu ihr und den drei Kindern zurückkehren würde. Ich musste ihr erklären, dass es nun noch viele Monate, im Fall einer weiteren Verurteilung sogar Jahre dauern könnte. Die Kinder brauchten ihren Papa. Sie brauchte ihren Mann.

Bei dem bunten Strauß an Straftaten, die meinem Mandanten nun vorgeworfen wurden, kam eine Vielzahl an Zeugen in Betracht. Nicht zuletzt bei den angeblichen Drogengeschäften musste es schließlich Abnehmer gegeben haben. Die waren dringend zu vernehmen. Sollte Moritz Büding tatsächlich schon wieder gelogen haben, so mussten diese Lügen äußerst kurze Beine haben.

Wieder war es ein Brief von Moritz Büding, der das Verfahren gegen meinen Mandanten nach neun Wochen entscheidend ins Wanken brachte.

> *»Sehr geehrter Herr Staatsanwalt, meine Vorwürfe gegen Carsten Pertler waren alle ausgedacht. Es tut mir leid. Aber ich war so unfassbar traurig darüber, dass sich mein bester Freund bei den Brandstiftungen nicht solidarisiert und mich in dem Verfahren hängen gelassen hatte. Ich habe Carsten schon ein Leben lang von Herzen gemocht. Er war für mich immer wie ein Bruder.«*

Noch am selben Tag wurde mein Mandant aus der Haft entlassen. So fühlte es sich richtig an. Carsten Pertler konnte endlich wieder seine Kinder in den Arm nehmen, mit ihnen toben, Quatsch machen, sie morgens zur Schule bringen und abends ins Bett legen. Er schloss seine Frau in seine Arme und ließ sie lange nicht los.

Der Haftbefehl wurde sofort aufgehoben. Gegen Moritz Büding wurde ein Ermittlungsverfahren wegen Verdachts der falschen Verdächtigung und mittelbaren schweren Freiheitsberaubung eingeleitet. Dennoch wurde das Verfahren gegen meinen Mandanten nicht eingestellt. Ein sogenannter dringender Tatverdacht lag zwar nicht mehr vor. Somit gab es für einen Haftbefehl keine Grundlage mehr. Die Staatsanwaltschaft wollte jedoch erst noch einen Abgleich mit allen Beweismitteln, vor allem den möglichen Zeugenaussagen, vornehmen. So lange standen die von Büding erhobenen Vorwürfe unverändert im Raum.

Die drei mutmaßlichen Abnehmer der Drogen hatten ein umfassendes Auskunftsverweigerungsrecht. Sie hätten sich mit ihren Angaben zur Sache womöglich selbst belasten können. Allerdings waren sie dermaßen erbost über die haltlosen, falschen Behauptungen, die Moritz Büding in seiner Aussage erhoben hatte, dass sie bei ihren Vernehmungen bereitwillig die Anschuldigungen in aller Deutlichkeit vehement zurückwiesen.

Auch der mehrfache Hausfriedensbruch erwies sich als Luftnummer. Die Behauptung, mein Mandant habe sich gegen den ausdrücklichen Willen seiner Schwiegermutter ständig in deren Haus gedrängt, war schon wirklich kühn gewesen. Im Gegenteil. Sonntags hatte die ältere Dame ihrem Schwiegersohn immer gerne die eine oder andere selbst gebackene Torte serviert. Wenigstens er habe ihre Backkünste zu schätzen gewusst, erklärte sie.

Auch den Wohnungseinbruch hatte es nie gegeben. Pertlers Computer waren pornofrei. Und die Betrügereien, die mein Mandant vorgenommen haben sollte, konnten nicht näher aufgeklärt werden. Ein Zeuge sprach zwar von zwei größeren Geldgeschäften mit meinem Mandanten. Außer dass es schließlich zum Streit zwischen beiden gekommen sei, konnte der junge Mann jedoch hierzu heute nicht mehr sagen.

Mir drängte sich der Verdacht auf, dass Moritz Büding bei seinen Bezichtigungen stur nach dem Prinzip »Gießkanne« vorgegangen war, frei nach dem Motto: »Wenn ich nur möglichst viele Vorwürfe erhebe, dann wird am Ende schon irgendetwas dabei sein.« Zumindest eine Leiche musste doch wohl jeder im Keller haben. Und für immerhin neun weitere Wochen hatte er seinen ehemals besten Freund nach dessen Bewährungsurteil bereits in die Unfreiheit geschickt. Völlig verlieren konnte er sein Spiel schon jetzt nicht mehr. Er hatte die Staatsanwaltschaft mit seinem Verhalten zu seinem Spielball gemacht. Und die Ermittlungsbehörde hatte sich viel zu leichtfertig auf sein Spiel eingelassen.

Am Ende blieb ein einziger Vorwurf übrig. Die Staatsanwaltschaft klagte Carsten Pertler wegen illegalen Waffenbesitzes an. Die Polizei hatte kurz nach Erlass des Haftbefehls bei meinem Mandanten eine Hausdurchsuchung durchgeführt. Im Rahmen dieser Maßnahme war sie auf ein altes Schießeisen von 1934 gestoßen.

Dieses mutmaßliche Fehlverhalten nun anzuklagen, zeugte von wenig Feingefühl. Wäre es von Anfang an ausschließlich um den Vorwurf unrechtmäßigen Waffenbesitzes gegangen, hätte es allein schon mit Blick auf die Verhältnismäßigkeit sicherlich keinen Haftbefehl und dementsprechend keine vorläufige Festnahme gegeben. Nur die Menge der damals schon äußerst fragwürdigen und am Ende haltlosen Vorwürfe hatte die Festnahme meines Mandanten seinerzeit möglich gemacht. Der Staatsanwaltschaft hätte von daher im jetzigen Stadium eine gewisse Zurückhaltung durchaus gut zu Gesicht gestanden. Es wäre ein Leichtes gewesen, das verbleibende Verfahren – einzig wegen Verstoßes gegen das Waffengesetz – einzustellen.

Vier Monate nachdem mein Mandant endlich aus der Haft entlassen worden war, wurde ihm erneut der Prozess gemacht. Auch der in der Waffensache nun zuständige Staatsanwalt trat beim Verlesen der Anklageschrift martialisch auf. Mein Mandant war gezeichnet von dem großen Druck, der schon so lange auf ihm lastete. Für den illegalen Waffenbesitz sah das Gesetz eine Freiheitsstrafe von mindestens sechs Monaten vor. Sollte der Staatsanwalt mit seiner Anklage durchkommen, würde aus dieser neuen und der Bewährungsstrafe von zwei Jahren nachträglich eine gemeinsame Strafe gebildet werden, eine sogenannte Gesamtstrafe. Diese würde dann allerdings weit über den bislang verhängten zwei Jahren liegen und dürfte daher von Gesetzes wegen nicht mehr zur Bewährung ausgesetzt werden.

»Herr Staatsanwalt, die Waffe hing im gemeinsamen Flur des Dreigenerationenhauses! Sie könnte genauso gut der Ehefrau oder – fast naheliegender – dem 94-jährigen Großvater gehören.«

Diese Umstände konnte auch der Staatsanwalt nicht so leicht von der Hand weisen. Tatsächlich würden die Besitzverhältnisse an der Waffe nicht so einfach zu klären sein. Außerdem hatten Ehefrau und Großvater bereits im Vorfeld angekündigt, im Prozess als Verwandte ebenso zu schweigen wie mein Mandant selbst. Ein Freispruch »im Zweifel für den Angeklagten« schien möglich. Er würde Carsten Pertler enorm rehabilitieren. Doch gab es keine Garantie. Eine Einstellung des Verfahrens hingegen wäre eine sichere Sache. Und sie würde meinen Mandanten gleichermaßen vor einer erneuten Inhaftierung schützen.

Ich drängte den Staatsanwalt daher weiter, einer Verfahrenseinstellung doch bitte zuzustimmen. Ich konnte es mir nicht verkneifen, den Sitzungsvertreter der Staatsanwaltschaft noch einmal in epischer Breite mit der katastrophalen Prozessgeschichte, insbesondere der unsäglichen Festnahme im Sitzungssaal, zu konfrontieren. »Wie oft soll mein Mandant denn nun noch ins Gefängnis wandern?«

Die Vorsitzende Richterin bremste mich freundlich, schlug

sich mit ihren nachfolgenden Worten jedoch auffallend auf meine Seite. »Mal vorsichtig ausgedrückt, Herr Staatsanwalt, über die Argumente des Herrn Verteidigers lässt sich nicht so leicht hinwegsehen.«

Der Staatsanwalt durfte Mitte dreißig sein. Er war im Laufe der Verhandlung freundlicher geworden. Sein Auftreten wirkte auch nicht mehr so unangenehm inszeniert. »Geben Sie mir zehn Minuten. Ich spreche mit dem Abteilungsleiter.«

Das war ein gutes Signal. Der Leiter seiner Abteilung hatte das Verfahren wegen der ganzen neuen Vorwürfe und damit auch des unerlaubten Waffenbesitzes ursprünglich bearbeitet. Der junge Ankläger war an diesem Tag lediglich für die Sitzung als Vertreter eingeteilt worden. Dass er nun mit seinem ursprünglich für das Verfahren verantwortlichen Kollegen Rücksprache halten wollte, signalisierte uns, dass er persönlich einer Verfahrenseinstellung nicht mehr abgeneigt war, er dem eigentlichen Sachbearbeiter jedoch nicht in die Parade fahren wollte.

»Danke für die gewährte Pause. Ich konnte mit dem Sachbearbeiter zwischenzeitlich sprechen. Wir stimmen einer Einstellung des Verfahrens nicht zu.«

Für einen Moment herrschte Stille in Saal 137. Das konnte doch nicht wahr sein. Ich war wütend. Als gestandene Organe der Rechtspflege hatten Gericht, Staatsanwaltschaft und Verteidigung zuvor eine geschlagene Stunde in der Hauptverhandlung diskutiert und argumentiert. Und nun nahm sich der Abteilungsleiter heraus, mit einem einzigen Satz und ohne sich an unserem ausgiebigen Rechtsgespräch beteiligt zu haben, alles zunichtezumachen. Es war sein gutes Recht, doch fühlte es sich anmaßend an.

Umso mehr beeindruckte uns in dem Moment mein Mandant, den wir nun in einer echten Glanzstunde erleben durften: »Frau Richterin, bevor wir gleich weitermachen, darf ich bitte kurz das Wort ergreifen?«

Er durfte.

»Ich war bei Ihrem Rechtsgespräch ja nicht dabei. Doch sicherlich werden Sie in dem Gespräch alles nur Denkbare intensiv gemeinsam besprochen haben. Ich verstehe es so, dass das Gericht, der anwesende Staatsanwalt und mein Verteidiger vollwertige Rechtsorgane sind. Untergräbt der Abteilungsleiter mit seiner Vorgabe dann nicht genau genommen die Autorität des anwesenden Staatsanwalts und auch die von Ihnen allen?«

Es war der junge Staatsanwalt, der schließlich das Wort ergriff und so der Stille im Saal ein Ende setzte: »Ich tu's.«

Verblüfft schaute nicht nur ich den jungen Staatsanwalt an. »Frau Vorsitzende, wenn Sie mir bitte das Wort erteilen würden. Der Angeklagte hat mit dem, was er gerade gesagt hat, recht. Ich nehme das auf meine Kappe. Und ich entscheide das jetzt einfach so. Ja, ich stimme der Verfahrenseinstellung zu.«

Der Auftritt des jungen Staatsanwalts zeugte von wahrer Größe. Natürlich hatte er über die Frage der Verfahrenseinstellung allein entscheiden dürfen – aber nicht müssen. Losgelöst von der klaren Ansage seines Vorgesetzten hatte er sich aufgrund des vorausgegangenen Rechtsgesprächs mit Gericht und Verteidigung souverän zu einem Vorgehen entschieden, das ihm richtig erschien und das er vertreten konnte und auch vertreten wollte. Diese Haltung hatte er letztlich bereits signalisiert, als er sich in der Sitzung zur Rücksprache mit dem Sachbearbeiter bereit erklärt hatte. Nun hatte er sich durchgerungen, die Vorgabe seines Chefs zu ignorieren. Mein Mandant sollte nicht mehr erneut ins Gefängnis. Die Verfahrenseinstellung hatte sich hierfür auch aus seiner Sicht angeboten.

Der Staatsanwalt hatte für seine gesamte Behörde im allerletzten Moment einen überzeugenden Auftritt hingelegt. War die Festnahme seinerzeit unfair, mit viel zu heißer Nadel gestrickt und nicht anständig vollzogen worden, so war die vom Staatsanwalt nun gezogene Konsequenz ein Beleg für Einsicht und für den Mut, nach dieser Einsicht eigenständig und als unabhängiges Rechtsorgan zu handeln. Es war richtig, den Fokus nun voll auf Moritz Büding zu setzen.

Ihn verurteilte das Amtsgericht später – wie zuvor angeklagt – wegen Verdachts der falschen Verdächtigung und der mittelbaren schweren Freiheitsberaubung zu einer Freiheitsstrafe von acht Monaten. Zusammen mit seiner Verurteilung aus dem Brandstiftungsverfahren zu drei Jahren und zehn Monaten bildete das Gericht aus den beiden Strafen nachträglich eine Gesamtstrafe von vier Jahren und drei Monaten. Der eher milden Entscheidung lag ein Täter-Opfer-Ausgleich zugrunde. Moritz Büding hatte sich verpflichtet, meinem Mandanten für die neun Wochen Untersuchungshaft, die er aufgrund der falschen Verdächtigungen im Anschluss an die damalige Hauptverhandlung erlitten hatte, eine Entschädigung von 2000 Euro zu bezahlen. Das war nicht viel für die verlorene Lebenszeit. Und doch war es rund doppelt so viel, wie der Staat hierfür noch an ihn leisten würde.

Man sollte unter Berufung auf unser Grundgesetz meinen, die Freiheit habe in Deutschland einen höheren Wert. Mit Blick auf die gesetzlich vorgesehene Haftentschädigung fällt es jedoch schwer, sich des Eindrucks zu erwehren, dass Politik und Justiz Freiheit anders gewichten. Dieser Eindruck verfestigt sich mit Blick auf die zuvor so leichtfertig erfolgte vorläufige Festnahme und auch auf den selbstherrlichen, entwürdigenden Umgang mit dem Häftling im Anschluss an den Besuch seiner Ehefrau.

Carsten Pertler hatte seinem alten Freund vergeben. Er wollte mit den schrecklichen Ereignissen der vergangenen eineinhalb Jahre endlich abschließen. Die Zeilen, die Moritz Büding an die Staatsanwaltschaft gerichtet hatte, ließen erahnen, dass es tiefe Verletzungen gewesen sein mussten, die ihn zu dem verwerflichen Vorgehen angetrieben hatten. Ein offenes Gespräch zwischen den beiden ehemals besten Freunden stand sicherlich aus. Es würde aufgrund der Inhaftierung von Moritz Büding noch lange auf sich warten lassen. Carsten Pertler fiel es schwer, seine Gedanken zu ordnen. War er Täter oder Opfer? Die Brandstiftung hatte er teilweise eingeräumt. Dafür war er als Täter verurteilt worden. Später wurde er Opfer der von Büding initiierten Freiheitsentziehung.

Vier auf einen Streich

»Herr Lucas, ich hab das nicht getan! Keiner von uns. Wir mögen gemeine Diebe sein. Das ja. Und unser Verhalten war schäbig, das weiß ich selbst. Aber weitere Vorwürfe höre ich mir nicht an.«

Während Philip Weber das sagte, schaute er mir verzweifelt in die Augen. Er saß mir in einer engen Besucherzelle im Stuttgarter Polizeipräsidium gegenüber. Wir kannten uns gerade einmal zwei Minuten, waren genau genommen Fremde. Würden wir uns bei einer Party oder einem Geschäftsessen getroffen haben, so wäre die Unterhaltung in diesem Stadium sicherlich sehr viel allgemeiner und manches persönliche Wort ungesagt geblieben. Hier jedoch war ich kein Partygast, kein Geschäftspartner. Ich war Verteidiger. Und so sah der 19-jährige Philip in mir vor allem seinen Anwalt, den er soeben mit seinem Fall beauftragt hatte.

Philip Weber wusste, dass ich zur absoluten Verschwiegenheit verpflichtet war. Und so war der Inhalt seines übersprudelnden Monologs spätestens nach Minute 3:42 in seiner Offenheit kaum zu überbieten. Der verwerfliche mutmaßliche Diebstahl sollte nur die Spitze des Eisbergs sein in einem Strafverfahren, in dem es in erster Linie um einen ganz anderen Vorwurf ging: die stundenlange Gruppenvergewaltigung einer 32-jährigen Stuttgarterin.

»Ja, wir hatten Sex mit dieser Frau. Jeder von uns. Das will ja niemand bestreiten. Aber diese Frau, die wollte es nicht anders. Sie bestand darauf, von mir und meinen Jungs – bitte verzeihen Sie meine Ausdrucksweise – mal so richtig durchgenagelt zu werden. Die Frau war gar nicht zu stoppen.«

Drei Stunden zuvor war Philip von der Polizei festgenommen worden.

»Ist Ihr Sohn zu Hause?«, hatte Philip in seinem Zimmer die strengen Worte eines der beiden Polizisten vernommen. Als die Mutter nach ihm gerufen hatte, war er zur Tür gekommen und hatte sich anstandslos in Handschellen legen und von den Beamten zum Polizeiwagen führen lassen. Er hatte gleich gewusst, dass es nur um die vergangene Nacht gehen konnte.

Am Ende eines für sein Empfinden heißen Abenteuers hatten er und seine drei Kumpel Beate Gerstner schlafend in ihrer großzügigen Altbauwohnung in Stuttgart Mitte zurückgelassen. Allerdings hatten sie im Vorbeigehen aus den Schubladen im Flur mal eben sieben Handtaschen mitgehen lassen, die nur zu gut den Edelboutiquen der Stuttgarter Stiftstraße entstammen konnten.

»Das war absolut bescheuert, das weiß ich selbst. Und ich könnte kotzen«, versicherte mir der junge Mann.

Bei der Polizei hatte er zu dem Vorwurf allerdings nichts gesagt. Und erst recht nichts zu dem, wie er mir gegenüber immer wieder beteuerte, haltlosen Vorwurf der mehrfachen Vergewaltigung.

Dass er sich gegenüber der Polizei fürs Schweigen entschieden hatte, war genau richtig gewesen. Wer wusste denn schon, was die 32-jährige Beate Gerstner alles bei der Polizei ausgesagt hatte. Vernünftig verteidigen kann man sich nur, wenn man die Vorwürfe exakt kennt. Die Tatsache allein, dass Philip selbst bei der mutmaßlichen Straftat dabei war, nutzte da nur wenig. Denn Wahrnehmungen können ganz unterschiedlich ausfallen. Selbst wenn jeder Beteiligte nicht zu lügen, sondern wahrheitsgemäß auszusagen versucht, staunt bisweilen ein jeder über die Version des anderen.

Es war deshalb nicht nur Philips Recht, es war vor allem

richtig, zunächst abzuwarten, bis sein Verteidiger die Akte bekommen und sich die Beweislage genau angeschaut haben würde. Welche Spuren hatten gesichert werden können? Was hatte welcher Zeuge bzw. Tatbeteiligter ausgesagt? Von welchem Tatgeschehen ging die Polizei bislang aus? Erst wenn mir das alles bekannt sein würde, könnte ich seriös mit dem Mandanten entscheiden, ob er eine Aussage machen oder es beim Schweigen belassen sollte.

Für Vergewaltigung sieht das Strafgesetzbuch eine Mindestfreiheitsstrafe von zwei Jahren vor. Es war davon auszugehen, dass der Ermittlungsrichter aufgrund der hohen Straferwartung vorschnell Fluchtgefahr annehmen und am nächsten Tag einen Haftbefehl erlassen und Untersuchungshaft anordnen würde.

Da die Festnahme am Abend erfolgt war, hatte die Staatsanwaltschaft noch keinen Haftbefehlsantrag formuliert. Die Polizei hatte Philip aufgrund der im Raum stehenden Vorwürfe vorläufig festgenommen. Erst am nächsten Tag würde die Staatsanwaltschaft einen Haftbefehl beim Amtsgericht beantragen. Sollte er erlassen werden, würde Philip anschließend in die Justizvollzugsanstalt Stuttgart Stammheim gebracht werden. Und so konnte ich jetzt erst einmal nur von meinem Mandanten selbst grob skizziert bekommen, was sich in jener Nacht zugetragen haben mochte.

Gegen 17 Uhr war er in der Fußgängerzone unterwegs gewesen und hatte gerade in ein Sneakergeschäft abbiegen wollen, als ihm die bis dahin völlig unbekannte Beate Gerstner laut hinterhergepfiffen hatte.

»Das war schon irgendwie abgefahren«, gab Philip unumwunden zu: »Hey, ich meine, diese Frau ist 13 Jahre älter als ich. Die könnte beinahe meine Mutter sein. Und dann pfeift sie mir wie so'n Kerl in absoluter Flirtlaune hinterher. Und zugegeben, heiß sah die Dame schon aus. Völlig aus heiterem Himmel rief sie mir dann zu, dass dieser Laden nichts für kleine Jungs sei. Blödsinn. Aber so kamen wir dann ruckzuck ins Gespräch.«

Philip erzählte mir, wie die beiden schäkernd durch die halbe Stadt spaziert waren.

»Am Ende war unser Gespräch ›Dirty Talk‹ vom Feinsten. Die Frau hatte ganz offenkundig schon echt was gebechert. Aber es war schon sexy, wie offen sie mich in einer Tour anbaggerte.«

Irgendwann hatte sie sich von Philip dann verabschiedet, es allerdings nicht versäumt, schnell auf eine Fortsetzung zu drängen.

»Sie schickte mir an Ort und Stelle ihre Kontaktdaten und bot mir an, gegen 21 Uhr zu ihr zu kommen. Und ich sollte ein paar ›süße Jungs‹ mitbringen.«

Das war das geringste Problem gewesen.

»Mit Ben und Andi war ich eh schon für den Abend verabredet. Dann riefen wir noch Flo an. Wir waren alle spitz wie Nachbars Lumpi. Und so standen wir Punkt neun bei ihr vor der Wohnungstür und klingelten.«

Ich schaute mir Philip genau an, während er das alles sagte. Er war ein gut aussehender Typ, bestimmt 1,90 Meter groß, blond, sportlich. Die Zähne waren etwas aufgehellt. So kam die kleine Lücke zwischen seinen Schneidezähnen noch deutlicher zum Vorschein. Philip hatte gerade sein Abi gemacht. Er war immer ein guter Schüler gewesen und wusste es ganz offensichtlich zu genießen, dass er jung war. Doch jetzt hatte der Spaß ein jähes Ende gefunden.

Die Geschichte schien bis ins Detail zu stimmen. Und als ich nur wenige Tage später Einsicht in die Verfahrensakte erhielt, zeigte sich, dass auch Beate Gerstner in ihrer schriftlichen Zeugenaussage alles genauso geschildert hatte wie er.

»Als die vier Jungs dann tatsächlich vor meiner Tür standen, freute ich mich wie ein kleines Kind und ließ sie in meine Wohnung.« Die Zeugin schien sich noch ziemlich genau in die Situation hineinversetzen zu können. Obwohl sie danach ein schreckliches Martyrium erlebt haben wollte, war ihr der anfänglich so lustvolle Auftakt der bevorstehenden gemeinsamen Nacht durchaus noch gegenwärtig. Auch dass es zum Sex mit den vier Jungs gekommen war, bestätigte die Zeugin. Und natürlich, dass sie später die ganzen Taschen hatten mitgehen lassen. Aber für die vielen Stunden dazwischen stand es in diesem Verfahren Aussage gegen Aussage.

»Ich hatte für die Jungs und mich allerlei alkoholische Getränke aus meiner Bar bereitgestellt. Allen war klar, dass wir nicht nur kurz am Gläschen nippen würden.«

Und auf Frage der Vernehmungsbeamtin führte sie weiter aus: »Ich meine, wir hatten gemeinsam fünf Flaschen Hugo geleert. So ziemlich zu gleichen Anteilen. Die Jungs hatten außerdem jeder noch einen halben Liter Bier und ein oder zwei Gläser Gin Tonic gekippt. Bei mir war's dann noch eine Flasche schwarzer Puschkin, ach ja, und auch ein halber Liter Bier, ein Klopfer und Whiskey Red Bull.«

»Wurde denn sonst noch was getrunken?«

»Also Wasser gab's nicht. Aber ich meine, Philip und Flo hatten beide noch ein Bier vorher gehabt. Jeweils 'ne Halbe. Aber natürlich kann ich nicht sagen, ob die Jungs sich nicht schon vorher etwas Mut angetrunken hatten.«

»Wurde sonst noch irgendetwas konsumiert?«

»Ja«, antwortete die Zeugin kleinlaut: »Zwei Mal machte ein Joint die Runde. Mein Ex hatte das Zeug bei mir liegen lassen. Ich dachte, es macht uns vielleicht alle ein wenig entspannter. Ich habe in meinem ganzen Leben erst vier oder fünf Mal gekifft. Ehrlich! Ansonsten hatte ich mit Drogen echt nie was zu tun. Ich könnte Ihnen nicht einmal sagen, wie der Shit bei mir konkret gewirkt hatte.«

Die Polizistin lenkte das Gespräch wieder auf das eigentliche Thema, den Vorwurf einer brutalen Massenvergewaltigung.

»Ich hatte die Idee, dass wir Flaschendrehen spielen könnten. Das kennen Sie ja vielleicht noch aus Ihrer Jugendzeit. Wir haben also fleißig gedreht. Zeigte die Flasche bei ›sauer‹ auf einen der Jungs, musste mir derjenige einen Kuss auf die Wange geben. Zeigte die Flasche auf mich, durfte ich mir einen Kerl aussuchen. Bei ›süß‹ gab es einen Kuss auf den Mund. Und dann haben wir das Spiel noch um ›Snoopy‹ und ›Supersnoopy‹ erweitert. Fragen Sie mich bitte nicht, wie wir auf diese schrägen Begriffe kamen. Hauptsache, alle waren sich einig, welcher Begriff für was stand. Bei ›Snoopy‹ musste derjenige, auf den die Flasche zeigte, einen Striptease hinlegen. Und bei ›Supersnoopy‹ ging's für fünfzehn Minuten mit mir ins Schlafzimmer. Langer Rede kurzer Sinn: Keiner nahm ›süß‹ oder ›sauer‹, es begann gleich mit ›Snoopy‹. Schon nach der ersten Runde war ich komplett nackt. Dann gab es nur noch ›Supersnoopy‹. Ich verschwand zunächst mit Flo im Schlafzimmer. Wir hatten fünfzehn Minuten Zeit. Wir hatten's dann einfach getan und sind auch beide gekommen. Und schon war der nächste Typ dran. An die genaue Reihenfolge habe ich beim besten Willen keine Erinnerung mehr. Irgendwann habe ich gesagt, dass ich nicht mehr kann und dass jetzt Schluss sei. Der Alkohol und der Shit hatten mich irgendwie so merkwürdig fahrig und abwesend sein lassen. Keine Ahnung, was plötzlich mit mir los war.«

»Haben Sie denn auch ab diesem Zeitpunkt noch Erinnerungen?«

Beate Gerstner überlegte kurz: »Teils, teils.«

Die 32-Jährige konnte den weiteren Verlauf des Abends zunächst noch im Zusammenhang schildern. Spätere Abläufe gab sie schließlich nur noch lückenhaft wieder. »Ich weiß noch, dass dieser Florian dann sinngemäß zu mir sagte, wenn mir der Antrieb fehle, dann treibe eben er mich an, und zwar gemeinsam mit seinen Jungs. Ich verstand das ganz so nach dem Motto: Du musst nichts tun, wir machen das schon.«

Die Zeugin schilderte, wie Andi und Flo sie ins Schlafzimmer getragen hatten. Andi hatte sie unter den Armen, sein Kumpel hatte sie an den Beinen gehalten und schließlich aufs Bett geworfen. »Der Andi hielt mich dann weiter an den Armen fest, während Flo meine Beine weit auseinanderdrückte. Und dann vollzog Philip den Geschlechtsverkehr mit mir. Danach haben Andi und Flo mich rüber ins Gästezimmer getragen und dort auf den Schreibtisch gesetzt. Wieder wurde ich vom Andi festgehalten. Der Typ stand hinter dem Schreibtisch und umklammerte mich fest mit seinen Armen. Philip war irgendwie nicht mehr dabei. Dafür kam dann der Vierte, also Ben, und nahm mich von vorne und später noch von hinten.«

Ab da verblassten die Erinnerungen der Zeugin immer mehr.

»Die drei Jungs hatten mich wieder zurück ins Schlafzimmer gebracht. Drei von ihnen haben gleichzeitig irgendwo in mir dringesteckt. Ich war außerstande, auch nur irgendetwas zu sagen und mich überhaupt zu wehren. Ich glaub, mich hielt auch niemand mehr fest. Die Kerle bedienten sich einfach. Ich konnte echt nicht mehr. Und ich wollte auch nicht mehr.«

Danach hatte Beate Gerstner einen kompletten Filmriss. Sie erinnerte sich nur wieder daran, dass sie irgendwann aufgewacht und allein war und sich einfach nur leer und ausgebrannt gefühlt hatte.

»Ich bin dann erst mal so liegen geblieben. Ich wollte nicht aufstehen. Ich konnte es auch nicht. Irgendwann bin ich dann rüber in die Küche. Da habe ich mir einen Kaffee gemacht. Ich weiß nicht so ganz genau, wann. Aber irgendwann fiel mein Blick auf die offenen Schubladen im Flur, in denen ich immer meine Handtaschen verstaut hatte. Die Schubladen waren alle aufgezogen. Und sie waren leer. Ich konnte es erst gar nicht glauben. Ich schaute immer wieder wie paralysiert in Richtung Schrank. Aber die Taschen waren weg. Die Jungs mussten sie mitgenommen haben.«

Beate Gerstner weinte bitterlich. Sicher, die Taschen mochten sehr teuer gewesen sein. Doch wirkte der Diebstahl beinahe harmlos gegen den eigentlichen Vorwurf eines grausamen Sexualverbrechens. Allerdings stand der Diebstahl für Beate Gerstner unweigerlich in einem ganz besonderen Verhältnis zu den Vergewaltigungen:

»Ich fühlte mich wie ein Stück Vieh, das sie zurückgelassen hatten. Die Kerle hatten ihren Spaß gehabt und haben mich anschließend weggeworfen. Und als ob ich nichts wert wäre, haben sie mich dann auch noch um mein Eigentum gebracht.«

Philip hatte es mir nach seiner Festnahme anders geschildert.

»Wir hatten Sex. Schon klar. Deswegen waren wir ja bei ihr. Die MILF hatte es so gewollt. Die drei Jungs hatte ich extra auf ihre Bestellung hin mitgebracht. Sie war es ja auch, die mich in der Stadt angegraben hatte. Und dann hatten wir eben alle richtig Spaß. Ehrlich. Die Frau hat gejuchzt und gestöhnt. Die war geil vom Feinsten. Ich erzähle Ihnen da echt keinen Mist. Sie sind schließlich mein Anwalt!«

Das war ich. Aber es war nicht verboten, seinen Anwalt anzulügen. Und es sollte tatsächlich auch vorkommen. Manchmal mochte es Selbstschutz sein. Wer outet sich schon gerne für Fehler, die er gemacht hat? Mancher Mandant mag mit der Zeit sogar seinen eigenen Unsinn glauben, den er verzapft. Die Wahrheit ist für viele zu unangenehm und kaum auszuhalten. Und will ein Mandant einen Freispruch haben, wird er womöglich auch mir als Anwalt gegenüber wahrheitswidrig behaupten, die Tat nicht begangen zu haben. Denn kaum einer würde mir zutrauen, dass ich selbst dann voller Überzeugung um einen Freispruch kämpfen würde, wenn ich wüsste, dass der Mandant die Tat begangen hat. Doch genau das würde ich tun.

Für eine gute Verteidigung ist es nicht wichtig für mich, was ich glaube und was nicht. Es geht einzig und allein um die Frage, ob dem Angeklagten die Tat nachgewiesen werden kann oder nicht. Was hingegen in Wirklichkeit genau passiert ist, lässt sich in einem Strafprozess nicht immer befriedigend klären. Es gibt Fälle, da frage ich mich bis heute, wie es wirklich gewesen ist. Ich selbst war schließlich nicht dabei. Auch nicht die Polizei, nicht die Staatsanwaltschaft, nicht das Gericht. Wir haben nur die Beweislage. Nur die darf maßgeblich sein. Und das kann eben manchmal unbefriedigend sein. Doch darf es nicht dazu verleiten, lieber auf seine Intuition zu hören.

Allerdings wird leider niemand allein dadurch, dass er sich eine Robe überzieht, immun dagegen, sich von einem Bauchgefühl leiten zu lassen oder sich in eine fixe Idee zu verrennen. Deshalb ist es meine Pflicht und mein unbedingter Auftrag, Polizisten, Staatsanwälten und Richtern ganz genau auf die Finger zu schauen. Ist die Beweislage günstig für meinen Mandanten, kämpfe ich für ihn daher um seinen Freispruch, immer vorausgesetzt, er will es so. Ob er mir zuvor sagt, dass er die Tat begangen hat oder nicht, mag dann an der Verteidigungslinie nichts ändern.

Im Fall von Philip und seinen Kumpels stand fest, dass die vier Jungs in der Tatnacht mit der mutmaßlich Geschädigten zusammen gewesen waren. Aber war der Abend dann tatsächlich derart aus dem Ruder gelaufen? Hatte Beate Gerstner, die das Date initiiert und bereits in der Stadt so wild mit meinem Mandanten geflirtet hatte, wirklich auf einmal keine Lust mehr gehabt?

Mein Mandant jedenfalls behauptete steif und fest, dass diese Frau bis zuletzt gar nicht genug von ihnen hatte bekommen können. »Wir haben da noch eine ganze Weile gerödelt. Dass wir sie getragen hatten, geschah ja nur auf ihre Aufforderung. Sie wollte benutzt werden. Wir hatten später noch einen Fünfer. So ein bisschen gangbangmäßig. Sie hat richtig mitgemacht und herrlich laut gestöhnt.«

Dann erzählte mir Philip, dass auch er irgendwann müde geworden war. Er glaubte, dass sein Kumpel Florian im Gästezimmer noch eine ganze Weile allein mit Beate weitergemacht hatte. Er jedenfalls war dann im Wohnzimmer eingeschlafen, auf der anderen Couch hatte Ben gelegen. Und der Vierte, Andi, musste sich wohl im Schlafzimmer aufgehalten haben. Flo hatte schließlich alle geweckt.

»Wir sind dann los. Keine Ahnung, bitte fragen Sie mich nicht, warum, aber wir haben dann einfach die ganzen Taschen geschnappt, so quasi als Belohnung für die gute Tat.«

Philip senkte den Kopf: »Das war total scheiße von uns.«

Das fand ich auch. Aber das war nicht der Punkt. Mich störte ein wenig, dass Philip seine Erlebnisse so salopp zum Besten gab. Er redete, als sei er in erster Linie immer noch stolz auf das, was in jener Nacht abgelaufen war. Einzig das Mitnehmen der Taschen räumte er ein. Das war ein nicht unbeachtlicher gemeinschaftlicher Diebstahl. Aber deshalb waren er und seine Freunde nicht festgenommen worden. Der Ermittlungsrichter würde am nächsten Tag in erster Linie Haftbefehl erlassen wegen des dringenden Tatverdachts der mehrfachen gemeinschaftlichen Vergewaltigung. Wie das Ganze später einmal in einer Hauptverhandlung entschieden würde, war völlig offen.

Es war zu erwarten, dass die Staatsanwaltschaft für die vier Beschuldigten sehr hohe Jugendstrafen von mindestens vier Jahren anstreben und sie deshalb nicht mehr beim Amtsgericht, sondern beim Landgericht anklagen würde. Denn das Gesetz sieht zwar im Falle einer Verurteilung wegen Vergewaltigung eine Jugendstrafe von bis zu zehn Jahren vor. Die Strafgewalt des Amtsgerichts endet jedoch – anders als beim Landgericht – bereits bei vier Jahren. Das Amtsgericht könnte die vier mutmaßlichen Vergewaltiger also trotz des hohen gesetzlichen Strafrahmens maximal zu einer vierjährigen Jugendstrafe verurteilen.

Noch am Nachmittag erließ der zuständige Richter auf den Antrag der Staatsanwaltschaft Haftbefehl gegen alle vier Beschuldigten. Für Philip ging es nun in die JVA Stammheim. Dort würde er womöglich viele Monate auf seinen Prozess warten müssen. Jedenfalls wenn es mir nicht gelänge, ihn vorher über den Weg einer mündlichen Haftprüfung aus dem Gefängnis zu holen. Zwar gilt bis zu einem rechtskräftigen Urteil für jeden mutmaßlichen Täter die sogenannte Unschuldsvermutung.

Dennoch müssen viele Beschuldigte die Zeit bis zum Prozess in Haft verbringen, nämlich in Untersuchungshaft, obwohl ihre Schuld noch gar nicht festgestellt wurde. Die Polizei hat zwar einen Verdacht, muss jedoch in der Strafsache erst noch weiter ermitteln, Zeugen hören, Spuren auswerten. Erst am Ende der Ermittlungsarbeit entscheidet die Staatsanwaltschaft, ob die Beweise für eine Anklage gegen den oder die Verdächtigen ausreichen oder nicht. Und selbst wenn Anklage erhoben wird, ist das auch nur ein Zwischenschritt, denn richtig geklärt wird alles erst in der Gerichtsverhandlung. Und die kann nach Anklageerhebung ein Dreivierteljahr und länger auf sich warten lassen. Bis dahin würden Philip und seine Kumpels vermutlich in Haft bleiben, obwohl ihre Schuld noch gar nicht festgestellt wurde und sie noch gar nicht verurteilt waren. Die Inhaftierung erfolgt schließlich nur, um, wie es heißt, das Verfahren zu sichern: Die Beschuldigten könnten sich ja andernfalls auf Flucht begeben, Zeugen beinflussen, Beweismittel verschwinden lassen oder erneut eine vergleichbare Straftat begehen.

Es war ein schwieriges Unterfangen, Philip noch vor seinem Prozess aus der Haft zu holen. Der Haftrichter würde in einer mündlichen Haftprüfung entweder alle vier gehen lassen oder keinen. Daher musste ich dringend mit den Kollegen Kontakt aufnehmen, die die Mitbeschuldigten verteidigten.

Die Jungs waren gerade einmal 19 Jahre alt. Zwei von ihnen wollten in wenigen Monaten ein Studium beginnen. Was, wenn es gar keine Vergewaltigungen gegeben hatte? In der späteren Hauptverhandlung würde es vermutlich einer aufwendigen Beweisaufnahme bedürfen. Ob sich allerdings bereits der Ermittlungsrichter, der über die mögliche Entlassung aus der Untersuchungshaft zu entscheiden hatte, auf eine Klärung des schwierigen Sachverhalts einlassen würde, stand sehr infrage. Vermutlich würde er auf den späteren Prozess verweisen, nach dem Motto: »Ich kann doch jetzt nicht die ganze Beweisaufnahme vorziehen, und im Großen und Ganzen scheint an den Vorwürfen ja auch etwas dran zu sein.«

Da den vier jungen Männern eine hohe Jugendstrafe drohte, würde er einer Entlassung aus der U-Haft erfahrungsgemäß wohl widersprechen.

Den Verteidiger des Beschuldigten Florian kannte ich gut. Ihn rief ich als Ersten an. Er war gerade auf dem Weg zu einer Gerichtsverhandlung und kurz angebunden: »Stephan, mein Mandant hat sich neben mir noch einen zweiten Verteidiger genommen. Der Kollege sagte mir vorhin, er habe womöglich ein Eisen im Feuer, müsste das aber noch klären. Soll ich dich einfach später noch einmal anrufen?«

Gerne. Und gerne mit gutem Input. Ein zweiter Verteidiger machte vor allem in komplizierten Großverfahren Sinn. In unserem Fall erschien er mir nicht erforderlich. Vermutlich erhoffte sich Florian durch die Aufrüstung auf zwei Anwälte schnellere Erfolge. Manchmal verdarben zu viele Köche aber auch den Brei. Die nebulösen Andeutungen des zweiten Anwalts konnten daher rein aktionistisch sein, um seinen Platz neben dem ersten Verteidiger zu rechtfertigen. Doch natürlich gab ich dem Ganzen gerne eine Chance und wartete den Rückruf meines Kollegen ab.

»Du, Stephan, gar nicht doof, was der Kollege da abklären konnte.« Schon nachmittags rief Florians Anwalt mich zurück und überraschte mich mit Neuigkeiten: »Es soll ein Audiofile geben, auf dem man ein bisschen was vom Sex hört.«

Mit der Aussage »soll geben« konnte ich noch nicht viel anfangen. Nach dem ganz großen Coup klang das jedenfalls nicht. Und selbst wenn der weitere Verteidiger eine solche Aufnahme auftreiben würde, konnte sie gefährlich für uns sein. Falls man auf dem File tatsächlich Sexgeräusche hören sollte, mussten diese nicht zwingend entlastend sein. Im schlechtesten Fall konnte die Aufnahme als wesentliches Puzzlestück im Gegenteil die fehlende Freiwilligkeit dokumentieren und somit den Schuss brutal nach hinten losgehen lassen. Doch dafür wusste ich im Augenblick noch viel zu wenig.

»Ein Freund unseres Mandanten hatte sich wohl bei dem Kollegen gemeldet. Das Audiofile besaß er deshalb, weil ihm Florian noch in der Tatnacht aus Jux und Tollerei eine kurze Aufnahme mit dem Zusatz ›Da will's eine echt wissen‹ per WhatsApp geschickt hatte.«

»Von wann stammt denn diese Aufnahme? Und ab welcher Uhrzeit soll der freiwillige Sex in unfreiwilligen übergegangen sein?«

Mein Einwand kam nicht von ungefähr. Was nutzte uns eine Aufnahme, die womöglich eine Freiwilligkeit dokumentierte, die um diese Uhrzeit jedoch von niemandem bestritten wurde? Die Polizei hatte die Uhrzeiten nicht abgefragt. Ihr hatte bislang die Behauptung von Beate Gerstner gereicht, dass es irgendwann zwischen der Ankunft der Jungs und ihrem morgendlichen Abgang zum unfreiwilligen Sex gekommen war. Die Zeugin wäre also dringend nachzuvernehmen.

»Kein Bedarf.« Mehr Worte hatte der ermittelnde Staatsanwalt für uns nicht übrig. Es war schwierig, ihm im jetzigen Zeitpunkt eine Nachvernehmung schmackhaft zu machen. Unseren eigentlichen Grund dafür konnten wir ihm ja schlecht nennen. Sollten wir alles auf eine Karte setzen, die Aufnahme einfach vorlegen und hoffen, dass es von der Uhrzeit her schon passen würde?

Mein Bekannter, der Co-Verteidiger und ich waren uns schnell einig, dass wir das überschlafen mussten. Auch mussten wir zunächst einmal die Mandanten mit unseren Überlegungen konfrontieren. Es waren taktische Fragen. Die Antworten darauf lernt man nicht im Studium. Es gab hier kein »Richtig« oder »Falsch«. Gefragt waren Erfahrung, das richtige Fingerspitzengefühl und die Fähigkeit, eine Sache in Ruhe zu Ende zu denken. Da schadete es nicht, dass wir insgesamt sogar gleich fünf Anwälte waren, die hier zu einer gemeinsamen Entscheidung kommen mussten. Bis jeder seinen Mandanten in den verschiedenen Justizvollzugsanstalten besuchen konnte, würden jedoch einige Tage vergehen.

Währenddessen wurde leider nichts besser. Am nächsten Morgen stand es groß in allen Zeitungen: »Vier 19-Jährige vergewaltigen 32-Jährige.«

Es war typisch. Für die Zeitungen waren die vier Jungs bereits verurteilt. Die Presse hegte keinen Zweifel an deren Schuld. Oder war der Konjunktiv »sollen vergewaltigt haben« aus Platzgründen nicht möglich? Die Formulierung »Vier 19-Jährige sollen eine 32-Jährige vergewaltigt haben« wäre vielleicht auch gar nicht reißerisch genug. Sie könnte sich für den Leser vielleicht eher nach einem reinen Gerücht anhören, doch wäre nur diese Formulierung juristisch korrekt.

Die Ermittlungen waren längst nicht abgeschlossen. Niemand konnte zum jetzigen Zeitpunkt sagen, was in jener Nacht wirklich passiert war. Doch die vier Abiturienten waren in der Öffentlichkeit längst vorverurteilt. Meine Sorge war, dass diese bösen Schlagzeilen den Druck auf die Justiz erhöhen könnten. Eine Entlassung der vier Beschuldigten würde nach den drastischen Überschriften in den Gazetten gleich die nächste reißerische Headline provozieren. »Alle vier Vergewaltiger frei!« Die Empörung wäre dem Haftrichter sicher. Zwar sind Richter unabhängig. Sie sind Teil der Judikative, der dritten Gewalt. Doch ist seit Jahren zu beobachten, wie sich immer öfter die Politik zu richterlichen Entscheidungen kritisch, bisweilen sogar tadelnd zu Wort meldet. Dies gilt umso mehr, wenn es um gesellschaftlich heiße Eisen geht wie etwa beim Thema »Sexualstrafrecht« – spätestens seit den Vorfällen auf der Kölner Domplatte.

Die Medien empören sich oft nicht minder. Dass Stimmenvielfalt wichtig ist, steht außer Frage. Doch darf diese nicht auf Kosten der Unabhängigkeit der Gewalten gehen. Umso mehr durften wir Verteidiger uns nun nicht von unserem Kurs abbringen lassen. Ziel im späteren Prozess war ein Freispruch. Und mit Blick darauf kämpften wir vorgelagert um die Aufhebung der Haftbefehle.

Weder Philip noch die drei übrigen Jungs konnten uns Anwälten sagen, um welche ungefähre Uhrzeit die Stimmung in der Tatnacht gekippt war. Im Gegenteil: Sie blieben dabei, dass es diesen Wendepunkt nie gegeben hatte und bis zuletzt alles freiwillig geschehen war. Aber immerhin. Alle vier waren sich sicher, dass die Aufnahme ziemlich am Ende des Abends entstanden war. Damit konnte sie womöglich den Beweis liefern, dass Beate Gerstner auch noch viel später, also zu einem Zeitpunkt, in welchem sie behauptete, vergewaltigt worden zu sein, immer noch freiwillig bei der Sache gewesen war. Natürlich vorausgesetzt, das Gericht käme zu dem Schluss, dass das, was auf der Aufnahme von der mutmaßlich Geschädigten zu hören war, als Ausdruck ihrer Lust interpretiert werden musste.

Der Co-Verteidiger meines Bekannten legte das Audiofile der Staatsanwaltschaft vor. Alle Verteidiger beantragten unter Bezugnahme auf dieses Beweisstück beim zuständigen Ermittlungsrichter die Aufhebung des Haftbefehls. Es sollte dauern, bis eine Entscheidung erging.

Zunächst kam es noch zu der zuvor von der Verteidigung begehrten zweiten polizeilichen Vernehmung der Zeugin Gerstner. Die Uhrzeit der Datei spielte der Verteidigung in die Hände. Tatsächlich war die Audioaufnahme zu einem Zeitpunkt entstanden, in welchem die Zeugin längst schon nicht mehr handlungsfähig gewesen sein wollte. Das hatte die Nachvernehmung zweifelsfrei ergeben. Der ermittelnde Staatsanwalt tat sich dennoch schwer: »Herr Lucas, das reicht mir nicht. Das Ganze mag nach Lustschreien klingen. Aber Lust und Schmerz liegen oft nah beieinander. Und wir wissen ja auch noch gar nicht, wie der Alkohol- und Drogenkonsum im Laufe der Nacht auf die Frau gewirkt haben könnte.«

»Und nun?«, fragte ich herausfordernd.

»Nun, ich denke an ein Sachverständigengutachten. Soll uns doch ein Gutachter sagen, ob diese ganzen Sexgeräusche ein Beweis dafür sind, dass die Zeugin freiwillig bei der Sache war.«

Frustriert legte ich auf. So ein Gutachten würde viele Wochen, womöglich Monate in Anspruch nehmen. So lange konnten wir nicht warten. Also drehten wir den Spieß um. Wir ließen unsere Kontakte zur Presse spielen. Wozu gab es sie, die vierte Gewalt? Ein durchaus empfänglicher Journalist einer großen Zeitung fand Interesse an unserer Geschichte und titelte am nächsten Tag: »Sextape überführt angeblich Vergewaltigte«. Das war vielleicht dick aufgetragen. Aber wir schlugen nur mit denselben Waffen zurück. Die Staatsanwaltschaft geriet nun sehr in Zugzwang.

Am nächsten Tag waren die jungen Männer auf Antrag der Staatsanwaltschaft frei. Was für ein großer Erfolg. Die vier konnten in dieser so besonderen Lebensphase frisch nach ihrem Abitur endlich wieder ihr Leben selbst in die Hand nehmen. Der Aufnahme der anstehenden Studiengänge und Ausbildungen stand erst einmal nichts im Wege. Und mit dem Prozess hatten wir es nun, da alle wieder in Freiheit waren, nicht mehr eilig. Sollte die Staatsanwaltschaft in Ruhe weiter ermitteln, das Gutachten erstellen lassen und irgendwann Anklage erheben. Wir würden geeint in Rücksprache mit unseren Mandanten den Prozess vorbereiten. Die Chancen auf Freisprüche für die vier 19-Jährigen waren realistisch in deutliche Nähe gerückt. Für die teuren Taschen würden sie sich verantworten müssen. Doch eine erneute Haft mochte sich vermeiden lassen. Dass sie die Taschen einfach mitgenommen hatten, war schäbig. Und aus Verteidigersicht wollte man die vier am liebsten ohrfeigen.

Vielleicht wäre die Zeugin ohne den Diebstahl gar nicht zur Polizei gegangen. Immer unterstellt, der Sex wäre die ganze Nacht hindurch freiwillig gewesen, hatten sie der Zeugin mit der unverschämten Aktion ein Motiv gegeben, sie anzuzeigen. Doch ein »Wenn« und »Hätte« vermochte an dem Strafverfahren nichts zu ändern. Dennoch bedrückte das Damoklesschwert des bevorstehenden Prozesses die vier jungen Leute sehr. Nach den vielen unschönen, nicht zuletzt unkritischen Zeitungsartikeln hatte sich schnell herumgesprochen, dass sie es waren, denen die Vorwürfe der Staatsanwaltschaft galten. Die vier mussten lernen, damit umzugehen, dass sie nun von vielen Seiten immer wieder auf die Vorwürfe angesprochen würden.

Wir Anwälte hatten unsere Mandanten bereits darauf vorbereitet, dass selbst nach einem Freispruch von den Vergewaltigungsvorwürfen gesellschaftlich etwas hängen bleiben würde, frei nach dem Motto: »Irgendetwas wird schon an den

Vorwürfen dran gewesen sein.« Würden die privaten Anschuldigungen um sie herum zu arg werden, gäbe es zwar immer auch die Möglichkeit, rechtliche Schritte gegen solche Verleumdungen einzuleiten. Doch wäre auch das allemal sehr belastend für sie und meistens nicht zielführend. Die erlittene Untersuchungshaft und die reißerischen Überschriften in den Zeitungen ließen ihr junges Leben nicht mehr werden, wie es einmal war.

Es waren noch drei Wochen bis zum Prozess, als ich unerwartet Post vom Stuttgarter Landgericht bekam, bei dem die Staatsanwaltschaft Anklage gegen die vier jungen Männer erhoben hatte. In dem Kuvert lag zu meiner Überraschung eine DVD. Auf ihr befanden sich rund drei Stunden Filmmaterial. Die Filme dokumentierten alles, was laut Anklage im Schlaf- und im Gästezimmer stattgefunden haben sollte. Gericht, Staatsanwaltschaft und Verteidigung lag ein realer Hardcore-Porno vor, der womöglich über Schuld und Unschuld der vier 19-Jährigen entscheiden konnte. Der Mitangeklagte Ben hatte die Aufnahmen mit seinem Handy gemacht. Bei seiner Festnahme hatte Ben bei einem Kumpel übernachtet. Das Handy war dort zurückgeblieben.

Wir Verteidiger hatten von den Aufnahmen nichts gewusst. Die vier Kumpels hatten der Staatsanwaltschaft das Material im Alleingang vorgelegt. Ich ärgerte mich. Konnte sein, dass die Aufnahmen den anvisierten Freispruch sogar befeuern würden. Vielleicht aber eben auch nicht. Genau das hätte ich gerne im Vorfeld mit den Kollegen in alle Richtungen abgewogen. Auch der Zeitpunkt, in welchem wir das Videomaterial womöglich hätten vorlegen wollen, wäre gut zu überlegen gewesen. Es hätte sich vermutlich angeboten, die Aufnahmen zunächst noch in der berühmten Hinterhand zu haben. Doch alle diese Überlegungen waren hinfällig, nachdem die Jungs auf eigene Faust Fakten geschaffen hatten.

»Ich war zunächst dagegen, Herr Lucas. Ehrlich!« Philip versuchte mir die Situation zu erklären. »Ben hatte halt echt gedrängt. Und dann haben wir uns alle vier irgendwie reingesteigert. Den ganzen Scheiß verdanken wir dieser blöden Schlampe. Am Ende hatten wir Nägel mit Köpfen gemacht. Das mit dem Audiofile fanden die Anwälte doch auch schon gut. Warum sollten wir also nicht auch die Videos vorlegen, dachten wir. Jetzt, wo Sie mir Ihre Bedenken erklärt haben, sehe ich das leider anders. Scheiße.«

Es half alles nichts, ich musste mir das Video von Anfang bis Ende anschauen, ganze drei Stunden und elf Minuten lang. Denn jede Sekunde des Tapes konnte wichtig sein. Es würde schon reichen, wenn die Zeugin auch nur an einer einzigen Stelle plötzlich »Nein« gerufen oder auf andere Weise ihrem Unmut Luft gemacht hätte. Eine solche Äußerung würde den Angeklagten in ihrem Prozess sofort das Genick brechen. Der Abend würde lang werden. Aufmerksam verfolgte ich auf dem Bildschirm meines Laptops das Treiben der fünf Protagonisten. Ein »Nein« erfolgte zu keinem Zeitpunkt.

Mit meinen Kollegen kam ich zu der Einschätzung, dass in der Tatnacht alle Beteiligten mit Leib und Seele bei der Sache gewesen waren. Womöglich machte diese Aufnahme den Freispruch noch greifbarer. Und doch blieb ich unsicher. Vielleicht muteten wir dem Gericht ein bisschen zu viel zu. Das kurze Audiofile hätte für einen Freispruch »in dubio pro reo« womöglich gereicht. Meine Sorge war es, dass ein Richter, der im Privaten sexuell zurückhaltender sein mochte, für derartige Eskapaden nur wenig übrighaben und allein schon deshalb an der einen oder anderen Stelle von strafbaren Handlungen ausgehen könnte. Vielleicht hörte ich aber auch nur die Flöhe husten. Ich hoffte es.

Der Prozess wurde kurz nach Erhalt der DVD abgesetzt und großzügig verschoben. Ein Glück, dass sich die Angeklagten auf freiem Fuß befanden. So konnten sie das lange Warten aushalten. Das Gericht wollte die Aufnahmen zur Frage der Freiwilligkeit von einem Sachverständigen begutachten lassen. Mir sollte es recht sein. So hatte sich meine Sorge um einen sexuell womöglich nicht ausreichend offenen Richter erst einmal erledigt. Sollte uns lieber ein Experte erklären, wie es sich mit dem sexuellen Aufeinandertreffen auf dem Video verhielt.

Zwei Tage vor dem neu angesetzten Prozessbeginn flatterte das schriftliche Gutachten endlich ins Haus. Minutiös hatte der Sachverständige darin jede Sequenz und jeden Ton, den kleinsten Laut und jedes noch so scheinbar unnötige Wort geprüft, zerpflückt und einer gutachterlichen Bewertung zugeführt. War das Video mit seinen mehr als drei Stunden schon lang, so stand das Gutachten mit seinen 224 Seiten dem in nichts nach.

Die Zeugin Gerstner hatte 42,96 Gramm reinen Alkohol im Blut gehabt. Unter Zugrundelegung der drei maßgeblichen Größen, nämlich Trinkmenge, Trinkzeit und Verteilungsvolumen, war bei ihr bereits zu Beginn der Ermittlungen ein Gutachten zu einer Alkoholisierung von mindestens 1,1 Promille gekommen. Hinzu kam der Cannabiskonsum. Die Zeugin Gerstner hatte in ihrer ersten polizeilichen Vernehmung außerdem davon gesprochen, dass sie zuvor in ihrem Leben erst vier oder fünf Mal einen Joint geraucht habe. Sie sei in der Tatnacht nach dem Cannabiskonsum plötzlich fahrig und abwesend gewesen. Ab diesem Zeitpunkt erinnere sie sich zunächst nur bruchstückhaft, später gar nicht mehr an die Geschehnisse. Diese Fakten, die zuvor ermittelt worden waren, boten dem Sachverständigen nun den entscheidenden Aufhänger für seine gutachterliche Beurteilung zur Frage der »Freiwilligkeit«.

Bedingt durch das Zusammenwirken von Alkohol und THC, so führte er in seinem schriftlichen Gutachten aus, sei binnen Minuten nach den ersten, noch freiwilligen sexuellen Handlungen eine Wirkung des Ermüdens und der Sedierung eingetreten.

»Hätte eine Gewöhnung vorgelegen, wäre es zu der Sedierung, also dämpfenden Wirkung, nicht gekommen, nicht einmal großzügig zeitversetzt nach 30 Minuten oder später. Bei einer Nichtgewöhnung hingegen, so wie es die Zeugin angegeben hatte, könne diese Wirkung völliger Müdigkeit bisweilen auf einmal und in nur kurzer Zeit festzustellen sein.«

Der Sachverständige kam bei seinen schriftlichen Ausführungen zu dem Ergebnis, dass nach den ersten vier oder fünf Geschlechtsakten mit den Angeklagten, die auch von der Zeugin als einvernehmlich beschrieben wurden, eine tiefgreifende Bewusstseinsstörung vorgelegen hatte. Diese war Folge der – auch für eine Alkohol gewohnte Person nicht unerheblichen – Alkoholisierung in Kombination mit der THC-Wirkung im Sinne eines additiven, also verstärkenden Effektes.

Auf den Punkt gebracht hielt das Gutachten für die Verteidigung eine einzige, klare Aussage bereit, dass es nämlich für die Mandanten plötzlich äußerst düster aussah. Doch wie passte die Einschätzung des Sachverständigen mit dem Bildmaterial zusammen, auf welchem nach Überzeugung der Verteidiger bis zuletzt eine durchaus engagierte Beate Gerstner zu beobachten war?

Im Prozess machten die vier Angeklagten keine Angaben. Es lag an der Staatsanwaltschaft, gegenüber dem Gericht zu beweisen, dass die vier jungen Männer sich im Sinne der Anklage strafbar gemacht hatten. Mit dem Gutachten im Rücken konnte sich die Staatsanwaltschaft recht entspannt zurücklehnen.

Stück für Stück nahm sich der Sachverständige in der Hauptverhandlung Szene für Szene des Videos vor. Alle paar Minuten hielt er es an. Er übersetzte gutachterlich, was wir da sahen: »Stopp. Zu den letzten 47 Sekunden Folgendes: Wir haben die Stöhngeräusche gehört, bei Sequenz 1:47 auch mit leichter Steigerung. Dieses Stöhnen erfolgt hier ausschließlich bei massiven sexuellen Handlungen der Angeklagten. Es sind Schmerzlaute als Folge des Dehnungsreizes aufgrund der Ausübung des Vaginal- und Analverkehrs und des Eindringens von bis zu vier Fingern gleichzeitig in die Vagina der Zeugin. Diese Tatsache lässt sich zwanglos mit der festgestellten Bewusstseinsstörung vereinbaren. Ebenso zwanglos vereinbar ist mit diesem Zustand, dass sich die Zeugin ihrerseits an die Abläufe selbst nicht mehr erinnern kann.«

Die Verteidigung hatte keine Fragen.

»Kommen wir zu Sequenz 17:03. Während der Angeklagte Philip in der Missionarsstellung den Geschlechtsverkehr ausübt, ist das eine Bein der Zeugin an die Sofalehne angelehnt, das andere hält der Zeuge Ben hoch.«

Ich hatte verstanden. Der Gutachter fasste es dennoch mit unnachahmlicher Präzision für uns alle zusammen: »Die zu sehende Beinhebung ist kein Ausdruck aktiver Bewegung. Sie ist vielmehr Folge davon, dass der aufliegende und drückende Körper des Angeklagten Philip eine Wippbewegung des Beckens, verbunden mit einem Ausklappen des Hüftgelenks, bewirkt hatte, was ganz im Sinne einer Hebelwirkung ein »Hochheben« der Beine bedingte. Das wiederum führte dazu, dass die Beine der mutmaßlich Geschädigten anschließend im Rhythmus der massiven, schnellen Aufwärts- und Abwärtsbewegungen des den Vaginalverkehr ausübenden Angeklagten Philip unkontrolliert pendelten, ehe sie im Anschluss wieder herunterfielen. Auch insoweit ist das Nichterinnern der Zeugin Folge der bei ihr zu diesem Zeitpunkt bestehenden tiefgreifenden Bewusstseinsstörung. Diese führte dazu, dass die Wahrnehmung und auch die Abspeicherung von Geschehnissen gestört war und folglich ein Erinnern unmöglich ist.«

Es sollte noch ganze sieben Stunden so weitergehen: »In der Bildfolge 4. Mp. 4 ist zu sehen, wie eine Hand der 32-Jährigen auf das Glied des Angeklagten Philip aufgelegt wird. Die masturbierenden Bewegungen geschehen lediglich dadurch, dass der passive Arm der Zeugin vom Angeklagten Ben mit beiden Händen am Handgelenk und am Unterarm gehalten und auf und ab bewegt wird. Dies geschieht, während der Angeklagte Florian vaginal den Geschlechtsverkehr ausübt.«

Man hatte schon sehr genau hinschauen müssen, um dem Sachverständigen folgen zu können. Das Video zeigte den besagten Fünfer, von dem Philip mir bereits in einer unserer Besprechungen berichtet hatte. Im Bett war es im wahrsten Sinne des Wortes zu einem großen Treiben gekommen. Dass Ben die Hand der längst willenlosen Beate Gerstner führte, hatten wir Verteidiger im Vorfeld so nicht gedeutet. Wir waren überzeugt davon gewesen, es habe sich eher um unterstützende Bewegungen gehandelt, so als hätte Ben die mutmaßlich Geschädigte ein wenig anleiten wollen. Nachdem wir die fortwährenden Stöhngeräusche als Lust- und nicht als Unmuts- oder gar Schmerzschreie ausgelegt hatten, war uns diese Einschätzung auch im Gesamtzusammenhang durchaus schlüssig erschienen.

Am Ende des zweiten Prozesstages musste die Verteidigung sich geschlagen geben. Freisprüche waren in weite Ferne gerückt. Die Verteidigung konnte sich einzig in Schadensbegrenzung üben. Hatten die Angeklagten womöglich nicht recht erkannt, dass die Zeugin, die anfangs das Sex-Date noch mit allen Mitteln forciert hatte, plötzlich lustlos und außerstande gewesen war, selbst über ihren Körper zu bestimmen? Es war ein schwacher Ansatz. Doch er gehörte angesprochen. Das Gericht berücksichtigte diese Überlegungen später in seinem Urteil bei der Frage der Strafhöhe zugunsten der vier Angeklagten. Auch ging es bei allen vieren aufgrund ihres ebenfalls hohen Alkoholpegels von deren eingeschränkten Schuldfähigkeit aus. Ein Punkt, der ihnen ebenfalls später beim Strafmaß zugutekommen sollte.

Am Ende wurden die fünf Heranwachsenden zu einer Jugendstrafe von vier Jahren und sechs Monaten verurteilt. Und weil der Vorsitzende Richter nun Fluchtgefahr annahm, wurden alle noch an Ort und Stelle verhaftet. Die Aufhebung der Haftbefehle konnten wir Verteidiger zwar nach wenigen Tagen erreichen. Doch wurde der Strafantritt hierdurch nur verzögert. Studium, Ausbildung und überhaupt das Leben, welches die Jungs mit nunmehr zwanzig Jahren hatten führen wollen, gab es für sie nicht.

Der Alleingang der vier Angeklagten, ohne zuvor Rücksprache mit ihren Verteidigern genommen zu haben, hatte sich bitterböse gerächt. Ohne Vorlage des Videos hätten die Angeklagten womöglich »in dubio pro reo« freigesprochen werden müssen. Denn am Ende hätte die Beweislage entschieden, nicht die Wahrheit.

Ein Freispruch hätte jedoch nichts an der schrecklichen Tatsache geändert, dass die 32-jährige Beate Gerstner tatsächlich Opfer einer Massenvergewaltigung geworden war. Für sie war das nun gefällte Urteil deshalb wichtig. Sie hatte mit ihrer Stimme als Opfer bei Gericht durchdringen können. Des Gefühls, dass es gut gewesen war, das Video einzusehen, konnte ich mich daher auch als Verteidiger nicht erwehren.

Die seinerzeitige Festnahme und die Vorverurteilung durch die Presse machten mich nichtsdestotrotz noch immer betroffen. Die vier Heranwachsenden waren Opfer einer vorschnellen gesellschaftlichen Vorverurteilung geworden. Die Staatsanwaltschaft hatte sich hiervon offenkundig leiten lassen. Die seinerzeitige Beweislage hatte für die Untersuchungshaft nicht ausgereicht. Es war auch im Nachhinein richtig, dass die vier Jungs später aus der Haft entlassen worden waren. Bei ihrem Sex-Date hingegen hatten sie genau gewusst, was sie taten. Da waren sie Täter, keine Opfer.

Grausame 6c

Alex, Malik und Felix waren bereits mit elf mitten in der Pubertät. Das konnte Zufall sein. Vielleicht steckte auch eine genetische Laune dahinter. Die übrigen Jungs der Klasse 6c des Helmholtz-Gymnasiums waren in ihrer körperlichen Entwicklung jedenfalls weniger weit. Es spielte für sie keine Rolle. Für ihren Mitschüler David allerdings schon.

»You're a woman, I'm a man«, sang die Klasse im Chor, als David an seinem 11. Geburtstag das Klassenzimmer betrat. Wie so viele andere Oldiesongs erlebte der Schmusesong aus den Achtzigern gerade sein Revival auf einem Social-Media-Kanal, auf dem die Schüler der 6c gerne unterwegs waren. Alex, Malik und Felix hatten entschieden, dass sich der Song perfekt als Geburtstagsständchen für ihren Mitschüler eignen würde. Lauthals sang die gesamte Klasse an diesem Dienstagmorgen also ihr Lied.

Der Auftritt krönte die Entwicklung der letzten Wochen, die für David zum Höllentrip geworden waren. »Mädchen!« hatten ihn die drei pubertierenden Jungs zur diebischen Freude aller Klassenkameraden in einer Tour genannt. Sie schraubten dabei immer ganz bewusst ihre vom Stimmbruch schon tiefer gelegten Stimmen weit nach oben.

Die anderen Jungs machten fleißig mit. Auch wenn ihre Stimmen noch immer genauso lieblich klangen wie die von David. Wenn David etwas sagte, äfften die Klassenkameraden seine Stimme krächzend und mindestens eine Oktave höher nach. Und jeden Tag überreichte ihm eine andere Mitschülerin eine in Schleife gepackte Barbiepuppe. Davids Mitschüler waren froh, dass es nicht sie erwischt hatte. Seine Rolle als trauriger Außenseiter hätte jedem zugedacht werden können. Die konsequente Distanz zu David und die tatkräftige Unterstützung der drei Jungs mit flaumigem Bartansatz sicherten den Klassenkameraden einen Platz an deren Seite.

Gut zwei Wochen später stand eine Übernachtungsparty an. Arthur war der Älteste in der Klasse und wurde schon zwölf. Alle Jungs der 6c waren eingeladen, außer David. Die Party startete gut gelaunt mit Burger & Co in einem Fast-Food-Restaurant. Sie würde später im Bungalow der Eltern weitergehen. Dort gab es im Keller einen Swimmingpool. Ein spaßiges Wasserball-Turnier stand auf dem Programm, später ein Film und eine vermutlich schlaflose Nacht zu zehnt auf einem Matratzenlager.

»Ehrlich gesagt fehlt mir David ein bisschen«, sagte Felix trocken und mit ironischem Unterton.

»Mir auch«, grinste Malik.

Und Alex setzte eins drauf: »Ich glaube, uns allen. Ist doch Mist, so eine Party ganz ohne Mädchen.«

Die zehn Jungs lachten laut. »Der war gut«, befanden sie in unerträglicher Einigkeit.

Und Felix stichelte weiter: »Ganz im Ernst. Irgendwie wäre es bestimmt lustiger, wenn David mitfeiern würde. Ich meine natürlich für uns, für ihn vielleicht nicht.«

Wieder schienen sich alle einig zu sein. Jedenfalls dem gemeinsamen lauten Gelächter zufolge.

»Schick ihm doch einfach eine Nachricht, Arthur«, rief Malik fordernd in die Runde: »Schreib ihm, wie sehr du ihn vermisst. Und dass er nur nicht eingeladen war, weil du Angst hattest, wir könnten auch dich sonst hart als Opfer sehen.«

Arthur war unschlüssig. Ihn störte, dass alle in seine Party reinquatschten. Die Geburtstagsfeier würde auch ohne die bösen Spielchen mit David lustig sein. Dafür brauchte es nicht die Anwesenheit eines Klassenopfers.

»Wir wollen David, wir wollen David«, sangen die übrigen Kinder im Chor.

Also gab Arthur sich einen Ruck und verkündete feierlich: »Ihr wollt ihn, ihr bekommt ihn!«

David freute sich über die spontane Einladung sehr. Er hatte natürlich mitbekommen, dass seine Klassenkameraden feiern würden. Mit der Einladung hatte er im Traum nicht mehr gerechnet. Auf einer Übernachtungsparty war er zuvor nie gewesen. Er war schwer verwundert, dass seine Anwesenheit nun doch gewünscht war. Vor allem aber war er dankbar.

Es stand 6:6. Musik dröhnte aus der Bluetooth-Box. Die Party war in vollem Gange, und die Jungs hatten im Wasser einen riesigen Spaß.

»Jungs, Pause!«, Arthur zeigte mit dem Finger auf David, den seine Mutter in diesem Moment zu ihnen hereinbrachte. Kaum dass sie wieder gegangen war, übertönte lautes Gegröle die Musik. Die Rufe formten sich allmählich in ein nicht enden wollendes »David, David!«. Dabei schlugen die Jungs mit ihren Händen im Takt auf die Wasseroberfläche.

David war von dem Auftritt peinlich berührt. Alle schienen sich über sein verspätetes Erscheinen zu freuen. Immer lauter schrien die Jungs nach David. Anstatt aber weiter im Takt auf das Wasser zu schlagen, spritzten sie nun in gemeinsamer Vorwärtsbewegung der Hände ihren Mitschüler ordentlich nass.

David hatte noch seine Straßenkleidung an. Er empfand die nassen Kleidungsstücke als äußerst unangenehm. Was eben noch wie ausgelassene Freude über sein Erscheinen ausgesehen hatte, war gekippt in gelebte Feindschaft. Plötzlich hievte sich Malik aus dem Becken und rannte wie von der Tarantel gestochen auf David zu. Er begrüßte ihn überschwänglich mit weit ausgebreiteten Armen und drückte ihn schließlich fest an sich. Falls Davids Kleidung an irgendeiner Stelle noch nicht nass gewesen sein sollte, war sie es spätestens jetzt. Spontan hob Malik seinen Mitschüler hoch und nahm ihn auf den Arm.

»Platz da!«, brüllte er den anderen zu. Die Jungs im Wasser verlagerten ihre Positionen in Richtung der beiden Tore.

Und als hätten sie es vorher geprobt, schrien sie nun im Chor: »Alle Mädchen fliegen hoch!« Schon kam David im hohen Bogen und samt Klamotten in den Pool geflogen. Es gab einen riesigen Platsch. Dann stürzten sich die Jungs mit lautem Gebrüll auf ihn und schrien wild durcheinander. Der Lärmpegel war unerträglich.

»Mach mal die scheiß Musik aus!«, brüllte Alex plötzlich zu Malik rüber.

Einen Moment lang war es ruhig. Dann stimmten die Partygäste für David erneut die Hymne aus den Achtzigerjahren an: »You're a woman, I'm a man!«

Malik suchte währenddessen den Song in seinem Handy, stellte die Verbindung zur Box her und ließ den Klassiker in Dauerschleife im Original die Halle beschallen.

David war zum Heulen zumute. Er riss sich jedoch zusammen und versuchte es mit einem lockeren Spruch: »Mann, was seid ihr alle lost!«

Felix lachte laut los: »Was für eine geile Stimme!« Dann äffte er David nach. Wieder schraubte er hierbei seine Stimme locker eine Oktave nach oben: »Mann, was sind wir alle lost!«

Alex hängte sich dran: »Wenn hier einer lost ist, bist du es, Baby!«

Die Jungs lachten sich schlapp. David versuchte, sich weiterhin nichts anmerken zu lassen, und gab sich ebenfalls lustig: »Guter Spruch, Digga. Würde sagen, 1:1.« Dann kündigte er an, sich eben mal umziehen zu wollen. Danach wäre er beim Wasserball gerne dabei.

Die Jungs ließen ihn aus dem Becken gehen. Triefend und tropfend in Jeans, Hoodie und Sneakers watschelte David in Richtung Badezimmer. Seine Klassenkameraden lachten erneut laut drauflos. Und zum gefühlt hundertsten Mal sangen sie gemeinsam den Refrain von Bad Boys Blue mit: »You're a woman, I'm a man!«

David verließ rasch die kleine Schwimmhalle und verdrückte sich auf die Toilette. Dort wechselte er die nasse Kleidung gegen seine Badehose. Er musste weinen. Zuvor hatte er sich mit aller Gewalt zusammengerissen. Nun aber ging gar nichts mehr.

»Lasst uns zu David ein bisschen netter sein«, sagte Alex in dessen Abwesenheit streng. Die anderen schauten ihn ungläubig an. Was war nur in ihn gefahren?

Alex schüttelte den Kopf: »Nein, mal ehrlich, so geht's nicht.«

Felix packte seinen Kumpel am Unterarm: »Hör mal, das ist jetzt nicht dein Ernst, Digga?«

Alex versuchte, die Jungs zu beschwichtigen: »Wenn wir weiter so Gas geben, verlässt das Mädchen am Ende noch die Party und rennt zu seiner Mama. Wollen wir das?«

Nein, das wollte niemand. Die Kinder hatten verstanden und gaben Alex recht. David hatte sich hinter verschlossener Tür mittlerweile wieder sammeln können. Er fasste sich ein Herz und ging zurück zum Pool. Nass, wie er war, fiel es den anderen gar nicht auf, dass er gerade geweint hatte.

»Komm halt wieder ins Wasser, David! War doch nur Spaß!«

David entschied sich, Maliks Worten gerne zu glauben. Er legte eine gepflegte Arschbombe hin. Die Jungs applaudierten. Es fühlte sich zur Abwechslung nicht fies an. Am Ende gewann David mit seiner Mannschaft das Wasserball-Match.

»Alles gut, Jungs?«, fragte Arthurs Mama, die kurz nach dem Rechten schauen wollte.

»Bis auf die nassen Klamotten von David, ja«, sagte Arthur auffallend besorgt.

Seine Mutter klaubte Davids Kleidung daraufhin zusammen und versprach, sie im Trockner etwas anzutrocknen. David freute sich über so viel Fürsorge. Auf die Idee, dass die Jungs ihn womöglich nur nicht zu früh als Mobbingopfer verlieren wollten, kam er nicht.

Mobbing unterscheidet sich in einem wesentlichen Punkt von dem, was früher landläufig als »Hänseln« bezeichnet wurde. Mobbing ist keine einmalige Sache. Mobbing passiert immer wieder. Erst durch das wiederholte und regelmäßige Quälen eines Menschen entsteht aus der gemeinen Attacke auf das Selbstwertgefühl das grausame Phänomen. Mobbing meint nicht eine einzelne spitze Bemerkung oder ein böses oder verächtliches Wort im Streit. Hinter den Attacken, die jede für sich genommen anfangs vielleicht noch harmlos und willkürlich erscheinen mögen, steckt meist ein perfider Plan. Dessen Ausführung soll das Opfer langsam, aber sicher zermürben. Die Täter sind erst zufrieden, wenn sie sehen, dass der Betroffene unter ihren Taten leidet und womöglich seelisch daran kaputtgeht.

Mobbing begegnet uns überall, in allen Gesellschaftsschichten und in allen Altersgruppen. Mobbing passiert – so wie im Fall von David – in der Schule, aber auch am Arbeitsplatz und mittlerweile in ganz großem Umfang über die sozialen Netzwerke. Sprich: überall.

Der Begriff »Mobbing« leitet sich vom englischen Verb »to mob« ab. Das bedeutet so viel wie anpöbeln oder belästigen. Längst hat sich der Begriff verselbstständigt. Seine ursprüngliche Bedeutung kommt da viel zu harmlos daher. Denn Mobbing zeigt sein Gesicht als Verleumdung, Demütigung, ständige verbale Angriffe, Gewaltandrohung und soziale Isolation. Es macht die Lebenssituation der betroffenen Personen schrittweise immer unerträglicher. Oft ist dann auch von »Bullying« die Rede. Der Begriff stammt von dem englischen Verb »to bully« und lässt sich übersetzen mit drangsalieren, tyrannisieren oder quälen. Diese deutlich schärfere Bezeichnung verwendet man im englischen Sprachraum anstelle des bei uns geläufigen Begriffs des »Mobbing«. Doch auch im Deutschen findet dieses Wort teilweise Verwendung, insbesondere wenn es um Mobbing unter Kindern oder Mitschülern geht. Der Täter wird dann häufig auch als »Bully« bezeichnet.

Wurde nach früherer Definition erst dann von Mobbing gesprochen, wenn die Angriffe mindestens sechs Monate oder länger andauerten, besteht heute Einigkeit darüber, dass sich dieses Phänomen sukzessiver Demütigung nicht an einem bestimmten Zeitraum festmachen lässt. Jeder Täter quält auf andere Art und Weise, jedes Opfer erlebt sein Martyrium in einer anderen Intensität. Während manche Personen Mobbingattacken über Jahre hinweg ertragen können, gelangen andere Gemobbte schon nach kürzester Zeit an ihre Schmerzgrenze.

David musste seit vielen Wochen sehr viel aushalten. Wenn er nach der Schule zu Hause ankam, verdrängte er die schrecklichen Erlebnisse aus den Schulpausen. Zu seiner zwei Jahre jüngeren Schwester Agnes hatte er ein sehr gutes Verhältnis, ebenso zu seinen Eltern. Er genoss es, zu Hause viel Liebe zu erfahren. Auch war er froh, bei seiner Familie oft noch immer einfach Kind sein zu dürfen. Auf dem Dachboden ließ er mit Agnes nach und nach eine riesige Lego-Landschaft entstehen. An den Geburtstagen gab es von der Familie jede Menge Nachschub an kunterbunten Plastiksteinchen. Oft saß David auch stundenlang an seinem Schreibtisch. Er liebte es, Comics zu zeichnen. Und neuerdings schrieb er an seinem ersten Buch, einer Detektivgeschichte um eine verlassene Villa.

Davids Eltern waren nicht reich. Es ging ihnen finanziell aber gut. Die beiden 34-Jährigen arbeiteten in ihrer eigenen Firma als Web-Designer. So langsam kam Schwung in ihr Gewerbe. Sie waren das, was man als coole Eltern bezeichnen mochte. Sie gingen gerne aus, nicht nur in Restaurants, bisweilen auch bis in die Frühe auf Partys oder in einen Club.

David fühlte sich in solchen Momenten oft schlecht. Er wünschte sich dann, genauso zu sein wie seine Eltern, vor allem ebenso beliebt. Über die grausamen Spielchen, die seine Mitschüler mit ihm trieben, sprach er mit ihnen nicht. Er hatte Angst, sich bei ihnen, die ihrerseits so lässig durch das Leben gingen, als Außenseiter der 6c outen zu müssen. Er wollte sich keinen Themen stellen, die er nach Schulschluss so erfolgreich verdrängte, zumindest oberflächlich.

»David, hier hast du deine Sachen zurück.«

Arthurs Mutter lächelte den Jungen an. Sie legte die getrockneten Kleidungsstücke über einen Barhocker. Alle steckten noch in Badesachen. Beim Wasserball war es zu einer Revanche gekommen. Wieder gewann das Team von David.

»Kinozeit!«, rief Arthur schließlich feierlich: »Es gibt Nachos bis zum Abwinken und für jeden einen riesigen Eimer Popcorn.« David freute sich auf den Abend. Er glaubte, sich in Gegenwart der Kameraden nun wohlfühlen zu können. Beim Wasserball hatte er keine schlechte Figur abgegeben. Er war nicht bejubelt, doch wenigstens in Ruhe gelassen worden. Nur dass aus der Box noch immer dasselbe Lied in Endlosschleife lief: »You're a woman, I'm a man.«

Allmählich hatten die Kinder den Song tatsächlich satt.

»Los, mach mal was anderes an, Bro!«, rief Felix zu Malik, dem an diesem Tag selbst ernannten DJ. »Jetzt kommt ein Lied, nur für dich!«, rief er David zu.

Schon tönte Capital Bra's Version des Modern-Talking-Klassikers »Cherry Cherry Lady« aus der Box. Die Jungs sangen lauthals mit. Singend kamen sie nach und nach alle aus dem Becken. Währenddessen lief Alex zielgerichtet zum Barhocker, auf dem Davids Anziehsachen hingen.

»Was machst du da?«, fragte David irritiert.

Alex gab ihm keine Antwort. Stattdessen ging er mit den gerade erst getrockneten Kleidungsstücken zum Beckenrand und brüllte Felix zu: »Nimm!« Dann warf er die Hose in hohem Bogen über den Pool zu seinem Kumpel. Der bekam die Hose gerade noch zu fassen und warf sie sogleich Philip zu, der sich ebenfalls als guter Fänger erwies.

»Ich mach mit«, rief Arthur.

Ihm warf Alex den Hoodie zu. Auch das klappte. Und ehe es sich David versah, standen alle Jungs verteilt um den Pool herum und warfen sich seine Hose, das Oberteil und die weißen Sneakers zu.

»Wem zuerst was ins Wasser fällt, der hat verloren!«, verkündete Felix schließlich.

Und bald schon outeten sich Alex und zwei weitere Klassenkameraden im Spiel als Verlierer. So schwammen Hose, Hoodie und Sneakers im Pool herum. David hatte dem Treiben die ganze Zeit stumm zugeschaut. Es schnürte ihm das Herz zu. Warum machten sie das bloß? Er hatte ihnen doch nichts getan. Vorhin war es sogar direkt lustig mit ihnen gewesen. Und dass die Pubertät bei ihm noch nicht so recht begonnen hatte, teilte er schließlich mit dem Großteil der übrigen Jungs in seiner Klasse.

»Du hast gar nicht mitgespielt, Davidchen«, stichelte Malik und grinste fies: »Dann eben jetzt. Na los, fisch die Sachen aus dem Wasser!«

David ging zum Beckenrand. Im selben Moment schubste ihn Alex ins Wasser. Wieder war David nass, die Klamotten waren es ebenfalls. Nur dass David sie diesmal nicht anhatte.

Er sammelte seine Sachen zusammen, verließ das Becken, schaute zu den Jungs und weinte. Seine Klassenkameraden lachten ihn aus, äfften ihn nach und nannten ihn Heulsuse.

Nur in Badehose bekleidet, mit den Klamotten auf dem Arm rannte David in den Flur und rief nach Arthurs Mutter. Sie gab ihm leihweise Kleidungsstücke ihres Sohnes. Zwanzig Minuten später holte Davids Vater ihn von der Party ab.

»Weißt du, Papa, ich habe es vorhin ein wenig übertrieben und bin in Klamotten ins Wasser gehüpft. Es war ein riesiger Spaß. Doch leider habe ich davon tierische Kopfschmerzen bekommen.«

Davids Vater hatte keinen Grund, an den Worten seines Sohnes zu zweifeln, und schmunzelte nur. Davids Selbstwertgefühl war nach diesem Tag jedoch endgültig im Keller. Die Kopfschmerzen hatte er nicht einmal erfunden. Sie waren womöglich Folge des üblen Spiels, das seine Mitschüler mit ihm spielten.

Beschwerden, die Mobbingopfer zeigen, lassen sich meist nicht auseinanderdividieren. Man muss sie immer ganzheitlich sehen. Denn die massive Belastung, der Mobbingopfer ausgesetzt sind, löst bei den meisten oft viele Symptome aus. Kopfschmerzen, Herzrasen, Schlaflosigkeit, Übelkeit oder Bluthochdruck sind keine Seltenheit. Oft liegen mehrere dieser Beschwerden gleichzeitig vor. Auch können schwere Depressionen ihren Ursprung in Mobbing-Erlebnissen haben. Mobbing ist eine Qual für Körper und Geist.

Das spürte David nur allzu sehr, während er stumm auf der Rückbank des Autos saß. Dass David alle seine Leiden für sich behielt und seinen Eltern von dem bösen Spiel seiner Mitschüler nichts berichtete, ist leider nur allzu typisch für Menschen, die solchen perfiden systematischen Angriffen in ihrem persönlichen Umfeld ausgesetzt sind. Dabei wäre es gerade wichtig, sich an seine Eltern, an enge Freunde oder eine

Beratungsstelle für Jugendliche zu wenden und sich ihnen anzuvertrauen.

Viele Mobbing-Opfer bräuchten dringend psychologische Betreuung. Ein Therapeut könnte ganz individuell auf die Erfahrungen und Bedürfnisse eines Mobbing-Opfers eingehen. Das Erschreckende ist, dass sich die Opfer selbst des Ausmaßes der erlebten Attacken meist gar nicht bewusst sind. Ihre Sicht auf die Anfänge der grausamen Angriffe ist regelmäßig stark verklärt. Manche Attacken werden von den Gemobbten verdrängt oder auch als solche gar nicht erst erkannt, von ihnen jedenfalls nicht im Zusammenhang gesehen. Das mag daran liegen, dass Mobbingtäter subtil vorgehen, frei nach dem Prinzip von »Zuckerbrot und Peitsche«. Ihre Opfer wiegen sich zwischendurch immer wieder in falscher Sicherheit. Es wäre daher ein wesentlicher Schritt, das Leid nicht still zu ertragen, sondern mit einer Vertrauensperson darüber zu sprechen und sich auf diese Weise ehrlich mit dem, was ihnen widerfahren ist, auseinanderzusetzen.

Doch davon war David meilenweit entfernt. Er hatte für sich entschieden, einfach weiterzumachen wie bisher. Dass er während des Wasserballspiels mit seinen Klassenkameraden viel Spaß gehabt hatte, traf zwar zu. Doch vermochte dies nichts an den respektlosen Demütigungen zu ändern, die im Anschluss daran gleich wieder erfolgt waren. In Davids Ohnmacht, dies zu erkennen, lag genau der Erfolg seiner ihn mobbenden Mitschüler.

Über die »Französisch-Gruppe« war David mit vielen Klassenkameraden der 6c vernetzt. Bereits einige Monate, bevor für den Großteil seiner Klasse der Französischunterricht beginnen würde, hatte Marc die WhatsApp-Gruppe ins Leben gerufen. Drehte sich anfangs fast alles um Frankreich, vor allem Paris, driftete die Gruppe bald mehr und mehr ab. Es ging jetzt auch um Autos, Musik oder Mädchen. Ein Bezug zu

Frankreich oder die französische Sprache wurde in den meisten Fällen gar nicht erst hergestellt. Es wurden Videos aller Art hochgeladen und in der Gruppe fröhlich von allen kommentiert.

Eines Tages stieß David auf ein ganz spezielles Video und traute seinen Augen nicht. Ein 20-Sekunden-Film, den Alex eingestellt hatte, zeigte David, wie er auf Arthurs Party weinend im Pool seine Kleidungsstücke zusammentrug.

Ausnahmslos jedes Gruppenmitglied setzte seinen Kommentar unter das Video, das an jenem Abend heimlich – und somit unerlaubt – aufgenommen und jetzt in die Gruppe gestellt worden war.

»Regenmantel und Gummistiefel wären wohl besser gewesen«
»Opfer!«
»Weint dieser Loser etwa?«
»Leute, das Mädchen weint! Issa noch nicht nass genug?«
»Geringverdiener«
»Geilomat, voll verarscht. Nächstes Video, bitte!«
»Wild«
»Soll bitte auch auf meine Party kommen!«

David fühlte sich allein. Er war es tatsächlich auch. Die, die ihn liebten, wussten nichts von dem Video. Die, die Bescheid wussten, machten ihn systematisch seelisch kaputt.

Cybermobbing folgt denselben Strukturen wie klassisches Mobbing. Zwischen den Tätern und dem Opfer besteht dasselbe Machtungleichgewicht. Es macht es den Tätern ganz leicht, ihr Opfer sozial zu isolieren. Der wesentliche Unterschied zum analogen Mobbing besteht darin, dass die Angriffe nicht direkt erfolgen, sondern eben über digitale Kanäle. Die Bloßstellungen durch Veröffentlichung peinlicher oder intimer Fotos und Videos, die Verbreitung falscher Behauptungen und Gerüchte, das alles ist an der Tagesordnung. Die Mobbingattacken erfolgen mit wenigen Klicks durch die Bildung von Hassgruppen in sozialen Netzwerken oder den gezielten Ausschluss des Opfers aus Gruppen in Messenger-Apps oder Social Media.

Während Cybermobbing vor einigen Jahren noch zu einem großen Teil über öffentliche Plattformen wie facebook ablief, hat sich der Ort der Angriffe immer mehr in Richtung von Messengerdiensten wie WhatsApp verschoben.

Wie bei David sind Cybermobbing und Schulhofmobbing in den meisten Fällen keine getrennt voneinander auftretenden Erscheinungen. Das On- und Offline-Verhalten der Schüler ist eng miteinander verbunden und wirkt sich aufeinander aus. Mobbingattacken in der Schule werden einfach im Anschluss daran online weitergeführt. Im Zeitalter sozialer Netzwerke und Messenger-Apps erreichen die Täter ihre Opfer auch in geschützten Räumen. Sogar in deren eigenem Zuhause bleiben sie über Smartphone, Tablet oder Computer präsent. So können sich Betroffene den Angriffen kaum entziehen. Hinzu kommt, dass die digitalen Kanäle den Tätern ihre Handlungen enorm erleichtern. Ein Video ist schnell geteilt, ein verletzender Kommentar leicht geschrieben. Die Hemmschwelle, Mitschüler mittels Handy und Internet zu mobben, ist durch die Anonymität, die viele Kanäle mit sich bringen, um einiges geringer.

Auch sehen die Täter auf diese Weise nicht direkt, wie sehr die Angriffe die Empfänger verletzen. Das Ausmaß ihres Handelns mag ihnen daher nicht immer in Gänze bewusst sein. Gleichzeitig sind die Auswirkungen für die Opfer umso größer. Das Internet vergisst nicht. Es ist heutzutage beinahe allgegenwärtig. So können Nachrichten und entwürdigende Videos oder Fotos innerhalb kürzester Zeit eine große Anzahl von Menschen erreichen, und zwar weit über den ohnehin schon großen Kreis der Schüler einer Schule hinaus. Noch Jahre später, wenn sich ehemalige Opfer von dem Terror, den sie durchgemacht haben, befreien konnten, müssen sie befürchten, dass womöglich der Arbeitgeber auf die Anfeindungen und Bloßstellungen von einst stoßen könnte. Erfolgen die Anfeindungen anonym, kann sich der Betroffene nicht einmal sicher sein, wer genau aus seinem näheren Umfeld daran beteiligt war. So ist es oft schwer abzuschätzen, wem ein Opfer von Cybermobbing überhaupt noch vertrauen kann und wem nicht.

Davids Eltern hatten von den ganzen Entwicklungen keine Ahnung. Als ihr Sohn ins Gymnasium kam, hatten sie ihm ein Smartphone geschenkt. Er sollte die Chance bekommen, sich von unterwegs zu melden. Denn David war in ein Alter gekommen, in welchem er nach der Schule auch spontan Freunde besuchen würde. So könnte er seine Eltern hiervon unterrichten und auch Bescheid geben, wenn eine Verabredung mitunter länger gehen würde und David womöglich von seinen Eltern abgeholt werden müsste.
　David hatte sich unbändig über das Geschenk seiner Eltern gefreut. Anfangs hatte er das Gerät nur sporadisch genutzt. Oft vergaß er es zu Hause, und es blieb dort liegen. So richtig viel konnte er zunächst auch gar nicht damit anfangen. Ab und zu hatte er damit telefoniert oder einzelne Nachrichten verschickt. Die Sorge der Eltern, dass sie ihrem Sohn zu früh ein Smartphone anvertraut hätten, war entsprechend schnell zerstreut. Jedenfalls zunächst. Denn schrittweise hing ihr Sohn immer länger an seinem Mobiltelefon. Nicht jedoch, weil er telefonierte oder einem Freund ein paar Zeilen schrieb. Das Medium der Stunde hieß TikTok. Lustige Clips und Songs, die längst viral gegangen waren, sollten auch Hauptthema auf dem Schulhof sein. Die Freunde quatschten nicht etwa über das tägliche Fernsehprogramm. Selbst Bezahlsen-

der interessierten nicht mehr. Stattdessen wurden Influencer und TikToker schnell zu gemeinsamen Helden.

Davids Eltern verloren mehr und mehr den Überblick. Spätestens wenn sie um 20 Uhr die Tagesschau einschalteten und danach bei Netflix eine Lieblingsserie schauten, bekamen sie gar nicht mehr mit, wie ihr Sohn immer seltener zum Buch und stattdessen zu Smartphone und Tablet griff. Nach dem Abendbrot zog es David immer direkt ins Bett. Mit allerlei Elektronik und Ladekabeln unter dem Arm.

»Hey Mann, alles klar bei dir?«

David war völlig überrascht, als ausgerechnet Malik ihn via WhatsApp anschrieb. Er zögerte kurz, dann antwortete er. »Ja, alles gut hier.«

»Wir haben viel Scheiße mit dir gebaut.«

»Das kannst du wohl laut sagen, Bro.«

»Ich sag's aber leise – und zwar zu dir.«

»Was zu mir?«

»Na ja, dass es mir leidtut.«

»Ist schon okay.«

»Gar nichts ist okay. Es war zu viel, hörst du?«

»Ich hab's überlebt.«

»Musst jetzt nicht den Harten geben, Digga.«

»Ja, ich geb's zu, waren wirklich scheiß Wochen für mich.«

»Sorry dafür, Bro. Lass mal treffen, wenn du magst.«

David war misstrauisch. Er war schon auf die späte Einladung zu Arthurs Party bitter hereingefallen. Er wollte nicht noch mehr gedemütigt werden. Wenn er in der Vergangenheit versucht hatte, auf seine Mitschüler zuzugehen, war er jäh enttäuscht und jedes Mal ein bisschen mehr fertiggemacht worden Andererseits wollte er gerne glauben, dass Malik es ernst mit ihm meinte. Warum sonst sollte er ihm so nett schreiben? Und verscherzen wollte er es sich jetzt auch nicht mit ihm.

Stundenlang spielten die beiden bei Malik Minecraft. Es war herrlich. Maliks Eltern waren nicht da. Und so tobten die beiden Jungs sich am Bildschirm aus. Als David nach dem Treffen gegen 19 Uhr zu Hause ankam, strahlte er. Die Verabredung hatte sehr viel Spaß gemacht. Nur zwei Tage später war er schon wieder bei Malik zu Besuch. Die beiden bastelten am Bildschirm die tollsten Konstruktionen und Gebäude und verteidigten sie gegen wilde Monster. Über die Mobbingattacken sprachen sie kein Wort. In der Schule hing Malik allerdings weiterhin die meiste Zeit mit Alex und Felix ab. Doch auch sie ließen David in Ruhe. Und die anderen Jungs nun sowieso.

»Komm, wir treffen uns beim Frozen-Joghurt-Laden. Danach können wir mit unseren Rädern ein wenig rumfahren!« Die zwei Jungs bestellten in der Eisdiele die Joghurt-Large-Version mit extra vielen Toppings. Danach radelten sie ein bisschen durch die Stadt. Unterwegs trafen sie zufällig Alex und Felix. Malik quatschte ausgiebig mit den beiden. David wurde ignoriert und nicht in das Gespräch eingebunden. Es schien sich aber auch niemand an seiner Anwesenheit zu stören. Nachdem Alex und Felix weitergegangen waren, radelten Malik und er zum alten Freibad. Es war vor Jahren stillgelegt worden und sollte demnächst abgerissen werden.

David kannte die zwei jungen Männer nicht, die sich Malik und ihm in den Weg stellten. Sie mochten ein paar Jahre älter sein. Jedenfalls waren sie sehr viel größer und stärker. Es war unklar, wo sie auf einmal hergekommen waren. Breitbeinig standen sie auf dem Waldweg und hinderten so die beiden Jungs an der Weiterfahrt.
»Los, absteigen!«
Kaum gesagt, ging einer der fremden Typen auf Malik zu und schubste ihn vom Rad. Er kam auf dem Waldboden zum

Liegen, das Rad noch immer zwischen seine Beine geklemmt. David konnte nicht fassen, was gerade passierte, und bekam es mit der Angst zu tun. Er konnte gar nicht so schnell gucken, wie der andere Typ ihm einen heftigen, dumpfen Schlag ins Gesicht verpasste. Und einen zweiten. Und einen dritten. Mit voller Wucht hatte die Faust ihn an der linken Schläfe erwischt. David schrie vor Schmerzen und fiel ebenfalls mit dem Rad zur Seite. Dann stiefelte der junge Mann auf David ein, trat ihm mehrfach in den Bauch und gegen die Brust. Schließlich holte er zu einem festen Tritt gegen den Kopf aus. Für einen Moment verlor David das Bewusstsein.

Als er wieder zu sich kam, lag Malik wimmernd neben ihm.

»Scheiße, Scheiße«, hörte er ihn sagen: »Diese Arschlöcher!«

»Alles okay?«, fragte David, während er sich vor Schmerzen krümmte.

»Nichts ist okay. Mit tut alles scheiße weh. Und diese Wichser haben unsere Räder geklaut.«

David weinte. Sein Mountainbike hatte fast 4000 Euro gekostet. Es war sein Ein und Alles. An zwei Geburtstagen und einmal zu Weihnachten hatte er ansonsten auf alle Geschenke verzichtet. Was würden seine Eltern nur dazu sagen? So schnell würde er bestimmt kein neues Rad mehr bekommen.

David wollte aufstehen. Doch es ging nicht. Irgendetwas war im Brustbereich nicht in Ordnung. Bei dem Versuch, sich aufzurichten, schrie er vor Schmerzen laut auf. Er legte sich wieder zurück, atmete viel zu schwer und fiel für einen Moment erneut in Ohnmacht. Malik, der ebenfalls noch am Boden lag, wählte rasch den Notruf. Es dauerte nicht lang, bis ein Krankenwagen kam. Sie befanden sich schon recht nah am alten Schwimmbad.

Malik konnte an Ort und Stelle verarztet werden. David jedoch musste notgedrungen mit ins Krankenhaus fahren. Er hatte eine Kopfplatzwunde erlitten, die genäht werden musste.

Außerdem war eine Rippe gebrochen. Das erklärte den starken ziehenden Schmerz, der ihn am Aufstehen gehindert hatte. Und er hatte am gesamten Oberkörper und im Gesichtsbereich Prellungen und Hämatome. Er blieb eine Nacht im Krankenhaus. Sechs weitere Tage dauerte es, bis er wieder in die Schule gehen konnte. Wegen der andauernden Rippenschmerzen ging er leicht gekrümmt und verspürte im Brustbereich noch lange in unregelmäßigen Abständen einen stechenden Schmerz.

Malik hatte sich nach dem Überfall nicht mehr gemeldet. Die vielen WhatsApp-Anfragen, die David ihm in der Zwischenzeit geschickt hatte, waren alle unbeantwortet geblieben. Als er dann zum ersten Mal wieder in der Schule war, ging ihm Malik offenkundig aus dem Weg. Die ganze Zeit über stand er bei Alex und Felix.

In der Schule ärgerte ihn zwar keiner mehr. Doch kam David auch mit niemandem ins Gespräch. Während seine Mitschüler viel miteinander lachten, gemeinsam tobten oder in Grüppchen auf dem Schulhof bunt verteilt quatschten, blieb er allein. Er spürte mehr denn je, wie sehr er ein Außenseiter war. Die Lästereien, Verbalattacken und Pöbeleien, denen er die vielen Wochen zuvor ausgesetzt gewesen war, hatte er auf Dauer zwar kaum aushalten können. Diese fortwährende Missachtung seiner Person erschien ihm jedoch fast noch unerträglicher.

Schließlich fasste sich David ein Herz. Entschlossen ging er auf die Gruppe um Malik zu. Er sollte ihm sagen, was auf einmal los war. Hatten sie nicht viel Spaß miteinander gehabt? Und waren sie durch den brutalen Überfall nicht auch ein Stück weit eine Schicksalsgemeinschaft geworden?

»Was willst du? Hau ab!«, quittierte Malik.

David sprach ohne Pause weiter: »Ich habe keinen Bock auf Geringverdiener wie dich, hörst du? In was für eine Scheiße hast du mich da letzte Woche reingeritten? Alle haben mich ausgelacht. Lass mich einfach von irgendwelchen Vollidioten verprügeln ... Das passiert Opfern wie dir, aber nicht mir. Du bist echt so lost, Digga.«

David sagte nichts. Er war fassungslos. Er sah Malik noch einen Moment an. Dann kehrte er der Gruppe schweigend den Rücken zu.

»Ja, hau ab, du Mädchen. Und sprich nicht mehr mit mir, hörst du?!«

Das befolgte David. Er redete mit niemandem mehr. Es sprach ihn auch keiner seiner Mitschüler mehr an.

»Liebe Mama, lieber Papa, Ihr seid nicht schuld. Ich halte mein Leben nicht mehr aus. Hab Euch sehr lieb. Euer David.«

Eigentlich hatte Davids Mutter Nadine nur eine Schulbescheinigung ausdrucken wollen, welche auf dem Computer ihres Sohns gespeichert war. Während sie noch nach der passenden Datei suchte, hielt sie einen Moment lang inne. Sollte sie kurz auf »Verlauf« klicken? Es wäre nicht in Ordnung, in den Angelegenheiten ihres Sohns zu schnüffeln. Das war ihr bewusst. An sich war Nadine auch gar nicht neugierig. Doch als sie am Laptop ihres Sohnes saß, wurde ihr auf einmal empfindlich klar, wie wenig sie über Davids Internetaktivitäten wusste. Einzig hatte sie mitbekommen, dass ihr Sohn oft surfte. Sehr, sehr oft. Aber auf welchen Seiten war er unterwegs? Mit wem schrieb er sich? Man hörte so viel von Cybercrime und Pornografie, die sich die jungen Menschen munter durchs Netz schickten.

Seit Monaten schon hing David viel zu oft an seinem Laptop. Ständig drückte er sich davor, mit seiner jüngeren Schwester Lego zu spielen. Und er las nur wenig. Das Problem war, dass sie nie mit ihrem Sohn über dessen Aktivitäten im Netz gesprochen hatten. Als David noch kleiner war, durfte er nach dem Abendessen meistens noch ein bisschen fernsehen. Da hatten sie ihn immer im Blick gehabt. Seither war der Sohn schleichend dazu übergegangen, sich nach dem Essen gleich ins Bett zu legen, um dort lieber noch ein wenig im Internet zu surfen. Er machte es den Eltern dadurch bei deren Abendgestaltung herrlich einfach. Sie nahmen es viel zu lang schon gerne an.

Noch während diese vielen Gedanken sie immer weiter einnahmen, klickte Nadine am Ende doch auf »Verlauf« und fand den Abschiedsbrief ihres Sohnes. David hatte ihn am Tag zuvor unter »Entwürfe« gespeichert. Nadine weinte bitterlich, als sie die Zeilen las. Bedrückt ging sie zu David ins Zimmer. Er zeichnete gerade einen Comic. Sie nahm ihn liebevoll in den Arm. Sie hatte seine Welt nicht mehr gekannt. Dass er in den vergangenen Wochen so sehr gemobbt worden war und dass er so sehr gelitten hatte, erfuhr sie erst jetzt. Es war ihr und ihrem Mann Michael bis dahin verborgen geblieben. Dass die spontane Einladung auf Arthurs Party fadenscheinig auf den letzten Drücker erfolgt war, hatte sie nicht mitbekommen. Und dann wurde David auch noch via Netz gemobbt. Alles lief online. Was mit Anfeindungen begonnen hatte, wurde nach den schrecklichen Erlebnissen auf Arthurs Party zu einer einzigen Mobbing-Serie rund um die Uhr. Für seine Eltern unbemerkt, wurde der Sohn systematisch in die Verzweiflung getrieben. Und niemand, der hier helfend hätte einschreiten können, hatte es mitbekommen. Als Letzte die Eltern. Mobbing erfolgt perfide. Mobbing erfolgt leise.

Nun war alles offengelegt. David konnte sich nicht mehr flüchten. Er wollte es auch nicht. Er führte mit seinen Eltern viele Gespräche. Sie taten ihm gut. Zwar blieb er in der Klasse zunächst der Außenseiter, der er die ganze Zeit schon gewesen war. Doch schaute er dieser Tatsache endlich offen ins Auge.

David meldete sich bei der Theater-AG an. Klassenübergreifend kamen dort jede Menge Schüler des Helmholtz-Gymnasiums zusammen. Gemeinsam wollte die AG eine schöne Inszenierung auf die Beine stellen. Ein Theaterstück konnte nur in echter, verlässlicher Teamarbeit gelingen. Und David war talentiert. Auch Maxim und Leo aus der 6c waren dabei. Mit ihnen verstand er sich prima. Immer öfter sprachen die beiden auch außerhalb der Theaterproben mit ihm. Das bekam nach und nach auch der Rest der Klasse mit. Beide Klassenkameraden hatten in der 6c keinen schlechten Stand. Sie gehörten zwar nicht zu den Anführern, waren bei vielen Mitschülern aber durchaus beliebt. Vielleicht ließen Alex, Malik und Felix ihr Mobbingopfer ja deshalb in Ruhe. Die übrigen Kinder taten es ihnen gleich und ärgerten David nicht mehr.

Den größten Befreiungsschlag erlebte David schließlich wenige Monate später beim Jugendschöffengericht. Er war Zeuge und Nebenkläger im Strafverfahren gegen Patrick und Murat. Die beiden waren angeklagt wegen gemeinschaftlicher gefährlicher Körperverletzung. Ich vertrat David in dieser Sache als sein Nebenklägervertreter. Er hätte das Verfahren vermutlich auch allein gut stemmen können. Denn er war es, der es überhaupt in Gang gebracht hatte. Maxim und Leo hatten ihn nach einer Theaterprobe in eine WhatsApp-Gruppe der 6c geholt.

Wenige Tage später war ihm ein Bild von Malik ins Auge gesprungen, welches dieser in die Gruppe gestellt hatte. Der Mitschüler hatte wohl nicht mitbekommen, dass David zwischenzeitlich beigetreten war. Andernfalls hätte er es wohl bleiben lassen. Auf dem Foto waren Malik, Alex und Felix auf Fahrrädern unterwegs.

David traute zunächst seinen Augen nicht. Das Bike von Malik kam ihm ziemlich bekannt vor. Ganz offenkundig handelte es sich in Wahrheit um das Rad, welches ihm bei dem

Überfall gestohlen worden war. Doch wie konnte das sein? Davids Gedanken gingen wild durcheinander und waren nicht zu bremsen.

Malik hatte zu ihm binnen weniger Tage eine Freundschaft aufgebaut. Wohl aus einem einzigen Grund. Das begriff er erst jetzt. Er sollte von Malik auf diese Weise noch sehr viel mehr fertiggemacht werden können als bisher. Seinen zwei Kumpels Patrick und Murat aus der 8b hatte Malik gesteckt, dass er mit David unterwegs zum alten Schwimmbad wäre. Alles sollte aussehen wie ein Überfall, dem die beiden zum Opfer fallen würden. Wie hätte David darauf kommen sollen, dass die brutale Straftat inszeniert war und Malik dahintersteckte? Den Schubser vom Rad nahm Malik den beiden Freunden noch immer übel. Nur auf diese Weise war die Inszenierung allerdings nach außen perfekt gewesen. Mehr hatte er dann auch gar nicht abbekommen. Nur dass das der schwer verletzte David nicht erkannt hatte, als er sich vor Schmerzen am Boden gekrümmt hatte. Ihn hatten die beiden Typen krankenhausreif geschlagen. Das geraubte Fahrrad hätte schon bald verkauft werden sollen. Knapp 4000 Euro wären ein schönes Sümmchen gewesen, um es unter den drei Freunden aufzuteilen. Nun sollte David sein Fahrrad wieder zurückbekommen.

Murat und Patrick waren einschlägig vorbestraft. Sie wurden zu Jugendstrafen von acht und zehn Monaten ohne Bewährung verurteilt.

Malik hingegen blieb von einer Strafe verschont. Er konnte gar nicht erst angeklagt werden. Denn schließlich war er zur Tatzeit erst elf Jahre alt und somit noch gar nicht strafmündig gewesen. Zu einer Strafe verurteilt werden kann jemand in Deutschland grundsätzlich erst, wenn er zur Tatzeit mindestens vierzehn Jahre alt ist.

Unbequem wurde es für Malik trotzdem. Denn unabhängig

von der Frage nach einer möglichen Strafbarkeit kann das Familiengericht in solchen Fällen vereinzelte Maßnahmen anordnen. Der dort zuständige Sachbearbeiter meldete sich im Zuge des Strafverfahrens, das nun gegen Patrick und Murat geführt wurde, bei den Eltern von Malik. Er lud die beiden zu einem Beratungsgespräch ein. Hierbei erfuhren sie haarklein alles über die strafbaren Vorwürfe, die im Raum standen. Malik war offenkundig der Drahtzieher gewesen. Die gefährliche Straftat stand im Kontext mit den Mobbingattacken, mit denen ihr Sohn und die ganze 6c David über viele Wochen seelisch kaputtgemacht hatten. Nach dem Gespräch hatten seine Eltern viele unangenehme Fragen an ihn. Er bekam zudem einen vierwöchigen Hausarrest. Und er musste an David unter den Augen seiner Eltern einen Entschuldigungsbrief schreiben.

Am Ende des Schuljahres feierte Davids Theatergruppe Premiere mit dem thematisch durchaus treffenden Schauspiel »Michael Kohlhaas« von Heinrich von Kleist. Die Titelrolle spielte ein Neuntklässler. David brillierte in der Rolle des Gouverneurs.

Ein Kohlhaas war er auch im echten Leben nicht. Er hatte sich gewaltfrei und über den Rechtsweg selbst ins Leben zurückgeholt und sich so seiner Rolle als Opfer erfolgreich entledigt. Dafür hatte er sie zunächst überhaupt erkennen und sich ihr stellen müssen, sogar in einem Strafverfahren. Beinahe hätte ihm für das alles jedoch die Kraft gefehlt. Die vielen Demütigungen hatten ihn mehr und mehr in suizidale Gedanken getrieben. Es war Zufall und letztlich großes Glück gewesen, dass seine Mutter Nadine beim Durchstöbern seines Computers auf den Entwurf des Abschiedsbriefs gestoßen war. Dem guten Verhältnis zu seinen Eltern, ihrem enormen Verständnis für seine Situation und den entsprechend tiefgreifenden Gesprächen mit ihnen war es am Ende zu verdanken, dass David nicht weiter in seiner für ihn so belastenden Passivität verhaftet blieb.

Es zeigte sich einmal mehr, wie wichtig es war, sich in schier ausweglos erscheinenden Lebenssituationen an Vertrauenspersonen zu wenden und von ihnen stützen zu lassen. Die Theatergruppe war für David schließlich ein wertvolles Vehikel gewesen, um sich nach und nach aus seiner tragischen Position als Klassenopfer befreien zu können. Doch längst war die Gruppe für David sehr viel mehr als nur das. Als Freunde genossen die Mitwirkenden am Schluss der Premiere den tosenden Applaus für ihr Gemeinschaftswerk.

Heiße Nacht, kalter Tod

Chris hat sich vorletzte Nacht vor einen Zug geworfen. Er ist tot!«

Katharinas WhatsApp-Nachricht erreichte mich auf Mallorca. Dort gönnte ich mir gerade eine Auszeit. Von der Hitze wohlig aufgeladen, lag ich in meinem Liegestuhl, halb im Schatten, halb in der Sonne. Meine Gedanken kreisten schon seit Stunden in eher mäßigem Tempo angenehm orientierungslos um herrlich unwichtige Fragen des Lebens. Ich hatte keine Musik auf den Ohren, kein Buch vor der Nase, nichts dabei außer einem Handtuch – und eben meinem Handy. Auch wenn ich es privat kaum nutzte, mein Smartphone hatte sich über die Jahre klammheimlich immer mehr in mein Leben geschlichen. Und so war ich bei aller Abgeschiedenheit, die mir die versteckte Bucht unweit der Cala Guya garantierte, schlagartig mittendrin – und doch immer noch allein. Und das fühlte sich auf einmal nicht mehr gut an.

Von vielen unwillkürlichen Bildern in meinem Kopf völlig überfordert, starrte ich aufs Meer. Katharinas Nachricht vom Tod ihres Mannes hatte mich schlagartig aus allen vorherigen Gedanken herausgerissen. Jetzt waren sie nur noch bei Chris.

Chris war mein Freund. Und mein Mandant. Gut dreieinhalb Jahre zuvor hatte ich ihn gemeinsam mit meiner Frau auf Fuerteventura kennengelernt. In einem kleinen Lokal hatte er sich gerade mit Katharina zugeprostet. Zufällig hatten sich unsere Blicke getroffen. Dann hatten wir uns unvermittelt angegrinst. Chris hatte ein kurzes »Servus« hinterhergeschickt.

Was für eine tiefe, raue und zugleich sympathische Stimme er hatte.

»Setzt euch doch einen Moment zu uns«, hatte seine Frau lächelnd gesagt.

Und als wir uns an jenem Abend später getrennt hatten, waren aus dem einen Moment mehrere Stunden geworden. Wir hatten uns in jenem Urlaub noch öfter getroffen. Wie praktisch, dass die beiden ebenfalls aus München kamen. Auch dort erlebten wir so manchen lustigen Abend zusammen. Und es entwickelte sich über die Jahre eine schöne Freundschaft.

Chris war fünf Jahre jünger als ich. Und er war Pensionär. Frühpensionär. In seinem alten Leben war er Polizist gewesen. Polizisten kannte ich zur Genüge aus unzähligen Strafprozessen. Privat hatte ich vor Chris allerdings noch nie einen näher kennengelernt. Das konnte mit meinem Beruf zu tun haben. In Gerichtsverhandlungen bekomme ich mit Polizeibeamten des Öfteren Streit. Die Selbstverständlichkeit, mit welcher manche in ihrer Zeugenvernehmung von der Täterschaft meiner Mandanten überzeugt sind, ärgert mich. Schließlich waren sie bei der mutmaßlichen Tat ebenso wenig dabei wie das Gericht, die Staatsanwaltschaft und die Verteidigung. Vielleicht sind Polizisten für mein Verständnis in vielen Situationen einfach ein bisschen zu schnell von einer möglicherweise nur vermeintlichen Eindeutigkeit überzeugt. Das könnte sich auch privat beißen und der Grund sein, weshalb es zwischen Polizeibeamten und mir nie so recht gefunkt hat.

Mit Chris war das anders. Er war ja auch genau genommen gar kein Polizist. Nicht mehr jedenfalls. Doch wer weiß, vielleicht hätte er mir auch schon in seiner aktiven Zeit gefallen. Chris war ein ausgesprochen herzlicher Mensch. Auch als Polizeibeamter hatte er gerne ein Auge zugedrückt, sich geweigert, Dienst streng nach Vorschrift zu machen. Vielleicht wollte er nicht allzu sehr mit Steinen aus dem Glashaus werfen. Chris war ein Lebemann. Von seinem Leben erzählten nicht zuletzt die unzähligen Tattoos auf seiner Haut. Gerne ließ er Alkohol in rauen Mengen fließen. Und er liebte Frauen. Viele Frauen. So war es schließlich eine Frau gewesen, die ihn nur wenige Monate vor seinem Freitod binnen einer Woche gleich zwei Mal ins Gefängnis befördert hatte.

Es war ein Bild des Grauens gewesen, das sich den beiden Polizeibeamten nur wenige Monate zuvor im Schlafzimmer von Susanne Klein geboten hatte.

Nackt lag die 42-Jährige rücklings und mit gespreizten Beinen auf dem Bett. Am linken Fuß hing ihr heruntergeschobener Slip. Susanne Klein musste tot sein. Eine andere Einschätzung ließ das Verletzungsbild kaum zu. Das rechte Bein war mit Kabelbinder an den Lattenrost gebunden, ihr linker Arm mit einem Gürtel am Kopfende des Bettes festgeknotet. Ein weißes zusammengeknülltes Tuch lag auf ihrem Dekolleté. Es hatte vermutlich zunächst als Knebel gedient. Außerdem war ihr ein grauer Seidenschal eng um den Hals gezogen und ebenfalls fest mit dem Bett verbunden worden. So hatte der Täter frei wüten und sich Susanne Klein zum Spielball seiner Perversionen machen können. Aus dem Hinterteil schaute der kaputte Kopf einer braunen Bierflasche hervor. Sie war mit dem Boden zuerst eingeführt worden. So tief, dass sie nahezu vollständig in der Afterregion verschwunden war. Aus der Vagina ragte der Hals einer Champagnerflasche. Auch diese Flasche war offensichtlich kaputt. Später stellte sich heraus, dass auch die Flaschenböden an mehreren Stellen zerschlagen und gewaltsam mit allen ihren scharfen Kanten in die Körperöffnungen reingeschoben worden waren. Um das Bett herum lagen Scherbenreste. Sie würden später sicherlich den beiden Flaschen zugeordnet werden.

Es hätte die Szene eines Horrorfilms aus Hollywood sein können. Doch was die Beamten da sahen, war real. Die Kopfkinos der beiden Polizisten ratterten unaufhörlich. Was war hier bloß passiert? Vor ihrem geistigen Auge erlebten die beiden Beamten ein nur allzu abscheuliches, kaum zu ertragendes Tatgeschehen. Vergewaltigung und Mord, so lautete die erste strafrechtliche Diagnose.

Einer der Polizisten fühlte nach dem Puls von Susanne Klein. Er konnte kein Lebenszeichen ausmachen. Die beiden Beamten waren zu spät gekommen. Schnell war der Notarzt gerufen. Auch er konnte nur noch den Tod feststellen.

Zuvor war an diesem Tag um 13:07 Uhr bei der Einsatzzentrale des Polizeipräsidiums Oberbayern Nord ein Notruf abgesetzt worden. Zunächst konnte der Beamte an der anderen Leitung keine Stimme und kein Geräusch vernehmen. Auf sein mehrmaliges »Hallo? Bitte sprechen Sie mit mir!« hörte er nach einer längeren Pause das leise Stöhnen einer Frau. Nach einer Weile wurde es lauter. Wieder rief der Polizist in den Hörer. Doch das Stöhnen wollte nicht aufhören. Die Frau war möglicherweise außerstande zu sprechen. Oder sie wollte es nicht.

»Hallo? Was ist mit Ihnen? Bitte reden Sie!«

Da hörte das Stöhnen für einen kurzen Moment auf. Plötzlich war es still.

In ruhigem Ton setzte der Polizeibeamte ein weiteres Mal an: »Bitte sagen Sie mir, wer Sie sind! Ich möchte Ihnen helfen.«

Doch eine Antwort blieb aus.

»Hallo? Hallo, Sie?« Der Beamte ließ nicht locker: »Wer sind Sie? Was ist passiert?«

Es setzte eine lange, beklemmende Pause ein.

»Hallo?«, sagte nun endlich die weibliche Stimme.

Der Polizist erwiderte ihr »Hallo«. Und unverändert ruhig sagte er zu der Unbekannten in den Hörer, dass er sie laut und deutlich verstehen könne.

»Ich bin überfallen worden. Bitte helfen Sie mir!« Und mit schwacher, zitternder Stimme fuhr die unbekannte Frau fort: »Ich will nicht sterben. Bitte kommen Sie. Sie müssen mir helfen!«

Danach brach die Verbindung ab. Weder hatte die Anruferin dem Beamten ihren Namen genannt noch eine Adresse. Wieder eine Person, die dringend Hilfe benötigte, die Polizei aber nicht mit den notwendigen Angaben bediente. Wie hieß die Frau, wie lautete die Adresse des Tatorts, und was hatte sich bloß zugetragen? Genau genommen hatte der Polizeibeamte lediglich erfahren, dass etwas Schlimmes passiert sein musste. Immerhin, die Frau hatte ihre Rufnummer nicht unterdrückt. Es war eine Festnetznummer, die sich schnell einem Krankenhaus in Taufkirchen zuordnen ließ. Doch war das Klinikum groß. Hunderte Leute hielten sich dort auf. Ärzte, Krankenschwestern und Pfleger, zudem jede Menge Patienten. Auch wenn die Aussichten deshalb düster waren, erneut direkt mit dem mutmaßlichen Opfer der Straftat verbunden zu werden, rief der Polizeibeamte die Nummer aus dem Display zurück. Wenigstens handelte es sich um eine Durchwahlnummer. Vielleicht würde er die Frau gleich noch einmal dran haben.

»Hier spricht die Polizei. Haben Sie uns eben angerufen? Bitte nennen Sie mir noch Ihren Namen!«

Und der Beamte erhielt eine Antwort: »Susanne Klein«.

Sogleich legte die Frau, die so dringend Hilfe zu benötigen schien, wieder auf. Doch ein paar Klicks am Computer reichten aus, und die Polizei konnte mit diesem Namen etwas anfangen. Viel sogar – denn es gab eine Vorgeschichte.

Susanne Klein arbeitete in dem Krankenhaus als Psychiaterin und war der Polizei allzu gut bekannt, da sie nur drei Tage zuvor schon einmal einem Gewaltverbrechen zum Opfer gefallen war. Die Polizei ermittelte wegen des Vorwurfs der mutmaßlichen Vergewaltigung. Tatverdächtiger in diesem Vergewaltigungsverfahren war mein Freund Chris. Er hatte mich am Tag danach angerufen: »Stephan, ich bin's, können wir bitte dringend reden?«

»Klar, mein Lieber.« Irgendetwas hatte nicht gestimmt: »Du klingst so gedrückt, was ist?«

»Ich bin in der Polizeiinspektion Erding. Die haben mich vorläufig festgenommen. Ich soll eine Frau vergewaltigt haben.«

Nach einer kurzen Pause hatte Chris lauter und energischer weitergesprochen: »Ich habe nichts gemacht, Stephan. Ey, du kennst mich. Ich vergewaltige doch keine Frau.«

»Ist mir klar«, hatte ich unwillkürlich geantwortet.

Es war bereits 14 Uhr gewesen. Chris würde erst am nächsten Tag dem Haftrichter vorgeführt werden. Die Polizei hatte nicht die Absicht, meinen Freund vorher auf freien Fuß zu setzen. Das musste sie auch nicht. In der Bevölkerung hält sich hartnäckig der Irrglaube, die Polizei dürfe einen Beschuldigten ohne Haftbefehl nur bis zu 24 Stunden festhalten. In Wahrheit ist es sehr viel härter. Eine vorläufige Festnahme ist bis zum nächsten Tag um Mitternacht möglich. Und nachdem der Haftrichter an diesem Tag nicht mehr erreichbar war, konnte eine Vorführung erst am nächsten Tag erfolgen. Chris musste daher notgedrungen die Nacht bei der Erdinger Polizeiinspektion allein in einer kleinen Haftzelle verbringen.

»Was ist denn passiert?«, fragte ich Chris besorgt.

»Nichts«, antwortete er mit seiner unverwechselbar tiefen, rauen Stimme. »Das ist es ja. Keine Ahnung, was die Alte den Bullen erzählt hat. Ich war gestern bei ihr. Und, klar, wir hatten Sex.«

»Gut, gut, gut«, entfuhr es mir, »und warum bist du jetzt bei der Polizei?«

»Weil diese Frau wohl behauptet hat, da wäre irgendetwas gegen ihren Willen gelaufen. So genau kenne ich den Vorwurf ja auch noch nicht. Woher auch? Die Frau lügt das Blaue vom Himmel runter. Es war wirklich alles völlig normal. Ehrlich. Wir hatten Sex, sind dann raus auf ihre Veranda, haben ein bisschen Wein getrunken. Und dann ging es noch einmal von vorne los – und von hinten.«

Humor hatte er, lustig war in diesem Moment aber leider nichts.

»Die Alte ist dann frühmorgens ins Krankenhaus zur Arbeit gegangen. Und ich habe mich weiter ausgeschlafen.«

Dann erzählte mir Chris aufgeregt, dass gegen Mittag die Polizei aufgelaufen sei. Razzia. Vier Beamte hatten die Wohnung gestürmt, Chris schlafend auf dem Bett vorgefunden, ihn in Handschellen gelegt und abgeführt.

»Ich versteh die Welt nicht mehr«, erklärte Chris verzweifelt.

Ich auch nicht. Was war in seiner Welt bloß los? Wenigstens wollte ich an diesem Tag die zuständige Staatsanwältin noch erreichen.

»Herr Lucas, ich weiß leider auch noch nichts Genaues. Der Vorgang ist gerade erst frisch auf meinen Tisch gekommen. Die Geschädigte wird morgen früh vernommen, danach entscheide ich, ob ich beim Ermittlungsrichter Haftbefehl beantrage.«

Chris musste sich darauf einstellen, dass der Haftbefehl erlassen und er unverzüglich in ein nahe gelegenes Gefängnis gebracht würde.

Ich bläute ihm ein, auf gar keinen Fall einen einzigen Ton zur Polizei zu sagen. Auch und gerade wenn er behauptete, nichts Strafbares getan zu haben. Denn während die Polizei aufgrund ihrer Ermittlungstätigkeit die Beweislage ganz genau kannte, wussten zu diesem Zeitpunkt weder Chris noch ich, wer überhaupt welche Aussage gemacht hat.

Zeugenaussagen decken sich leider nicht zwangsläufig mit der Wahrheit. Aber nur diese kennt ein Beschuldigter zunächst. Gegen was genau soll er sich also verteidigen? Deshalb: Erst einmal Einsicht nehmen in die Verfahrensakte. Augenhöhe mit unserem Gegenüber herstellen. Dann konnte man immer noch reden – oder es erst recht lassen. Doch liegt es wohl in der Natur des Menschen, sich gegen alles und jeden wortreich verteidigen zu wollen. Chris versprach mir, den Mund und außerdem durchzuhalten.

Bevor Chris am Tatabend zu der Psychiaterin aufgebrochen war, hatte er eine 34-jährige Frau getroffen und mit ihr auf der Rückbank seines Sportwagens Sex gehabt. So hatte er es mir am Telefon geschildert.

»Eigentlich hatte ich danach absagen wollen. Ich war an dem Abend schon gut bedient. Da ist diese Psychiaterin doch tatsächlich völlig ausgerastet und hat hysterisch herumgebrüllt, ich solle mich gefälligst auf den Weg machen. Und sie faselte etwas von wegen, dass ich ihr so etwas bitte nicht antun möge, und dass ich gar keinen Respekt hätte. Warum habe ich bloß nicht auf mich und mein Gefühl gehört? Scheiße, mir wäre vieles erspart geblieben.«

Nach einem weiteren Telefonat verabschiedeten wir uns für diesen Tag. Ab jetzt war Chris für viele Stunden allein. Niemand war da, der ihm gut zureden und einfach die Hand halten konnte. Immer unterstellt, Chris hatte wirklich nichts Strafbares getan, wie schrecklich musste es sein, die ganze Nacht allein in der Zelle zu verbringen. Das Handy hatten die Polizisten ihm weggenommen. Es gab kein Buch, keinen Fernseher, nichts, womit er sich hätte ablenken können. Wie viel Wut musste er aushalten, wie viel Angst? Chris wusste, dass die Strafen für Vergewaltigung bei zwei Jahren Freiheitsstrafe überhaupt erst losgingen. Und niemand konnte ihm an diesem Abend die Gewissheit geben, dass er spätestens bei Gericht für unschuldig gehalten würde.

Am nächsten Morgen rief ich die Staatsanwältin erneut an, um mich nach dem Stand der Dinge zu erkundigen. »Die Vernehmung der Zeugin ist noch nicht vorbei, Herr Verteidiger! Ich melde mich schon noch bei Ihnen. Aber stellen Sie sich schon einmal darauf ein, dass ich Haftbefehl beantragen werde.« Merkwürdig. Obwohl die Vernehmung noch am Laufen war, war die Staatsanwältin bereits jetzt davon überzeugt, dass der Beschuldigte in Haft bleiben müsste. Die Entscheidung galt es zunächst abzuwarten.

Nur eine Stunde später rief Chris mich an. »Danke, mein Lieber. Ich bin draußen!«

Viel hatte ich noch gar nicht getan. »Mann, bin ich erleichtert, mein Freund!«

Chris konnte erst einmal nach Hause zu seiner Frau und der gemeinsamen, achtjährigen Tochter. Die Ehe war schon lange nicht mehr intakt. In Sachen Partnerwahl machten beide ihr Ding. Sie führten eine äußerst offene Beziehung. Aber trotzdem schien zwischen die beiden kein Stück Papier zu passen. Die lange Zeit, nachdem sie sich damals im »Barfly« im Münchner Stadtteil Lehel kennengelernt hatten, die vielen Ehejahre und nicht zuletzt das süße Töchterchen hatten die beiden zusammengeschweißt. Und so lebten sie noch immer unter einem Dach, hatten als beste Freunde weiterhin dieselbe Adresse und konnten gemeinsam für ihr Kind sorgen. Und dieses Modell schien zu funktionieren. Das hatte sich seit der Festnahme einmal mehr bestätigt. Trotz des Sexabenteuers, um das sich hier alles drehte, hatte sich Katharina für ihren Mann starkgemacht, ihm noch abends bei der Polizei Medikamente vorbeigebracht, die Chris einnehmen musste, und mit ihm und der Polizei engen telefonischen Kontakt gehalten.

Kaum dass Chris aufgelegt hatte, rief ich die Staatsanwältin ein weiteres Mal an. Sie klang jetzt freundlicher: »Sie haben es vermutlich schon gehört, Herr Verteidiger, ich habe Ihren Mandanten rausgelassen.«

»Wie kommt's?«, forderte ich sie heraus. »Vorhin schienen Sie noch sicher zu sein, dass er hinter Gittern bleiben würde.«

»Lassen Sie uns ganz offen reden«, sprach die Staatsanwältin in unverändert freundlichem Ton. »Wir haben uns die Chats der letzten 24 Stunden angesehen. Ständig hat die Zeugin heimlich mit einem Kumpel hin und her geschrieben, auch noch, als Ihr Mandant längst bei ihr war. Diese eingeweihte Person wusste, dass die Anzeigenerstatterin sich an diesem Abend mit Ihrem Mandanten trifft, und auch, dass es nicht bei Gesprächen bleiben würde. Sinngemäß hatte sie ihm geschrieben, dass sie sich auf die Nacht freue, jedoch in Sorge sei, dass Ihr Mandant womöglich zu brutal sein könnte. Gegen vier Uhr morgens, als dann alles gelaufen war, da wurde sie schließlich deutlicher und schrieb ihrem Bekannten, dass es tatsächlich ziemlich hart zur Sache gegangen sei. Wörtlich äußerte sie: ›Aber, ja, es war alles freiwillig‹. Mit diesen Worten hatte die Polizei sie dann in ihrer Vernehmung konfrontiert. Und sie bestätigte uns tatsächlich, dass sie das aus freien Stücken so geschrieben habe.«

Ich war entsetzt. Wieder einmal ein Sexualfall, bei dem es sich vor allem um Missverständnisse drehte, die der Mandant bitter zu spüren bekommen hatte.

Doch welches Motiv mochte die Zeugin hier gehabt haben, Chris bei der Polizei als Verbrecher anzuzeigen? Womöglich mochte sie mit dem Verlauf der Nacht oder irgendeiner seiner Äußerungen nicht einverstanden gewesen sein oder sich vielleicht schlecht behandelt gefühlt haben. Das Verfahren würde ziemlich sicher bald schon von der Staatsanwaltschaft eingestellt werden. Bis dahin galt es, noch die Spurenauswertungen im Einzelnen abzuwarten, insbesondere den Bericht des rechtsmedizinischen Instituts. Dieses würde Stellung beziehen zu der Frage, ob es womöglich zu einzelnen von der Einwilligung der Zeugin nicht mehr gedeckten Gewalteinwirkungen gekommen sein könnte. Das alles würde Chris noch eine ganze Weile psychisch stark belasten. Doch jetzt war er vor allem erst einmal frei.

Und nun hatte die Polizei also nur drei Tage, nachdem Chris wieder auf freien Fuß gesetzt worden war, erneut mit ebendieser Susanne Klein zu tun. Die Beamten konnten zum Zeitpunkt des Notrufs aus dem Krankenhaus nicht ahnen, dass kurz danach auch in diesem Fall schon wieder mein Freund Chris in den Fokus der Ermittlungen geraten würde.

Die Polizisten kannten den Namen des Opfers. Und sie hatten die Telefonnummer. Eine telefonische Nachfrage im Krankenhaus verschaffte der Polizei Gewissheit, dass Frau Klein sich dort aufhielt. Sofort schickte sie eine Streife vorbei. Erst vor Ort erfuhren die Beamten, dass ein böses Missverständnis vorgelegen hatte. Es hielt sich zwar tatsächlich eine gewisse Frau Klein im Krankenhaus auf, jedoch handelte es sich bei ihr um eine Patientin, die sich zwar keiner guten Gesundheit erfreute, allerdings aufgrund eines gebrochenen Fußes und nicht etwa als Opfer eines Gewaltverbrechens. Die tatsächlich gesuchte Psychiaterin mit Namen Susanne Klein hingegen hatte an diesem Tag frei und konnte sich wohl nur zu Hause aufhalten. Die Rufnummer hatte sie umgeleitet. Das stellte sich bald heraus. Allerdings blieben weitere Versuche, sie unter der bekannten Nummer zu erreichen, erfolglos. Wertvolle Zeit war verloren worden. Erst um 13:59 Uhr und damit sage und schreibe 52 Minuten nach dem Eingang des Notrufs tauchte die Polizei endlich bei der Erdgeschosswohnung von Susanne Klein auf. Hinter einer nicht vollständig geschlossenen Jalousie erkannten die Polizisten, dass die Terrassentür offen stand. Über diese verschafften sich die Beamten schließlich Zutritt.

Einer der anwesenden Sanitäter nahm Susanne Klein das Strangulationsmittel vom Hals. Die Frau fing plötzlich an zu röcheln. Sie holte tief Luft und schien nun gleichmäßig zu atmen. Die hollywoodreife Szene war noch voll im Gange. Susanne Klein lebte, Polizei und Notarzt hatten sich vor Ort zunächst in diesem nur allzu wesentlichen Punkt geirrt. In diesem Fall lief wirklich gar nichts rund. Nun würde wegen Vergewaltigung und wegen versuchten, allerdings nicht mehr wegen vollendeten Mordes ermittelt werden.

Susanne Klein schlug bald die Augen auf, schaute zunächst mit leerem Blick in den Raum und versuchte, einen der beiden Polizisten zu fokussieren. Mit kaum zu vernehmender Stimme sagte sie: »Der Polizist war's.«

Es entstand eine lange Pause. Und es herrschte Stille. Man hätte die berühmte Stecknadel fallen hören können.

»Und weiter?«, fragte einer der Polizisten freundlich fordernd.

»Er war diesmal nicht allein. Sie waren zu zweit. Der andere hatte einen ausländischen Akzent.«

Danach verlor Frau Klein erneut das Bewusstsein. Ein Sanitäter schloss die Frau an ein Beatmungsgerät an. Währenddessen kamen die Polizeibeamten ins Grübeln. Sie hatten von der mutmaßlichen Vergewaltigung, welche Susanne Klein nur wenige Tage zuvor meinem Mandanten hatte unterjubeln wollen, erfahren. Als sie von ihr den Hinweis auf einen Polizisten bekamen, rechneten sie eins und eins zusammen. Auch wenn die Zeugin keinen Namen genannt hatte, die Rede konnte auch in diesem Fall nur von meinem Freund Chris gewesen sein. Bereits bei ihrer Anfahrt war den beiden Beamten ein Fahrzeug aufgefallen, das unweit des Tatorts als einziges dort geparkt war und nun meinem Mandanten zugeordnet werden konnte. Nun orderten sie umgehend Verstärkung. Als zwei weitere Ermittlungsbeamte am Tatort eintrafen, war der Pkw jedoch nicht mehr da.

Die Einsatzkräfte leiteten sofort eine Fahndung ein. Das nunmehr gesuchte Fahrzeug konnte bereits einen Ort weiter aufgespürt und eingeholt werden. Im Fahrzeug saß Ali, ein guter Kumpel meines Mandanten. Auf Frage der Polizei sagte er, dass Chris am Ortseingang in einem anderen Pkw auf ihn warten würde. Nun ging alles ganz schnell. Chris wurde an Ort und Stelle erneut festgenommen. Kurz darauf hatte ich ihn wieder am Telefon. »Stephan, ich brauche dich. Ich sitze bei der Polizeiinspektion in Erding. Die haben mich festgenommen.«

Hatten wir das nicht gerade erst? Ich war entsetzt. Was war gerade einmal drei Tage nach dem letzten mutmaßlichen Vorfall bloß passiert? Chris sprach wieder erstaunlich ruhig zu mir. Er hatte offenkundig keine Ahnung, was ihm genau vorgeworfen wurde. Er wusste nur, dass wohl wieder von Vergewaltigung die Rede war und außerdem von Mord.

»Stephan, du weißt doch, mein Fahrzeug stand noch von der besagten Nacht vor drei Tagen vor dem Haus dieser Ärztin. Und ich darf mich doch aufgrund des verhängten Kontaktverbots ihrem Anwesen bis auf zwei Kilometer nicht nähern. Also habe ich mir vorhin meinen Kumpel Ali geschnappt und wir sind gemeinsam zum Ortseingang von Taufkirchen gefahren. Dort hat Ali sich ein Taxi genommen, sich vor dem Haus der Ärztin absetzen lassen und dann meinen Wagen abgeholt. Und so lange habe ich auf ihn im anderen Fahrzeug in sicherer Entfernung gewartet.«

Das klang sehr plausibel. Ich hatte keinen Zweifel daran,

dass Chris auch dieses Mal keine Straftat begangen hatte. Hoffentlich reichten die Fakten, die er so schlüssig vorbringen konnte, aus, um ihn aus der Schusslinie und vor allem schnell wieder aus der Haft zu holen.

Susanne Klein wurde mit dem Rettungshubschrauber sofort ins Klinikum rechts der Isar geflogen. Aufgrund der zerbrochenen Flaschen, die sich in ihren Körperöffnungen befanden, waren versteckte Verletzungen zu befürchten, die zum Verbluten führen konnten. Für Chris hätte das geheißen, dass in diesem Fall doch wieder wegen vollendeten Mordes gegen ihn ermittelt würde. Er konnte auf das weitere Schicksal dieser Frau und damit auch auf sein eigenes Schicksal keinen Einfluss nehmen.

Im Krankenhaus angekommen, wurde Susanne Klein umgehend operiert, um die Flaschen und vor allem die Glasscherben aus ihrem Körper zu entfernen. Als sie aus der Narkose aufgewacht war, wollten zwei Polizistinnen sogleich mit ihrer Vernehmung beginnen. Aber die Zeugin war an diesem Tag außerstande, überhaupt irgendwelche zusammenhängenden Sätze zu formulieren. Ganz gleich, was diese Frau zu dem Vorfall sagen konnte, es musste bis zum nächsten Tag warten. Und so würde Chris die bevorstehende Nacht wieder in der schmerzlich bekannten Zelle in der Erdinger Polizeiinspektion verbringen müssen.

Erst am nächsten Vormittag hatten die Beamtinnen Glück. Der zuständige Arzt führte die beiden zu Susanne Klein ans Krankenbett. Sie war nun vernehmungsfähig.

»Ich war an dem Vormittag allein zu Hause, meine beiden Kinder waren bei meinem geschiedenen Mann. Ich saß auf der Couch und hatte mir Horrorfilme angeschaut.«

Die Narkose hatte bei Susanne Klein offensichtlich keine Spuren hinterlassen. Es gelang ihr, im Zusammenhang zu berichten. Da aber ausgerechnet in der Nacht davor die Uhren auf Winterzeit zurückgestellt worden waren, konnte sie die Geschehnisse zeitlich nicht mehr recht einordnen.

»Plötzlich war mir, als klopfte jemand gegen meine Terrassentür. Ich wollte niemanden sehen. Also ignorierte ich das Klopfgeräusch und ging runter in den Keller. Den Keller kann man direkt von der Wohnung aus betreten.«

Kaum dass Susanne Klein unten angekommen sei, habe es schon wieder geklopft. Sie habe es mit der Angst zu tun bekommen. Diese Geräusche hätten sich immer mehr gehäuft und seien auch lauter geworden.

»Hektisch legte ich im Keller Wäsche zusammen. Vielleicht ja eine Übersprungshandlung. Und dann fiel mir plötzlich ein, dass ich die Terrassentür im Zimmer meiner Tochter offen gelassen hatte, damit später die Katze wieder reinkommen konnte. Ich war starr vor Angst. Dann hörte ich hinter mir jemanden atmen. Noch ein, zwei Sekunden – und aus heiterem Himmel schlug mir jemand von hinten mit der flachen Hand ins Gesicht.«

Sie habe sich unwillkürlich umgedreht und dabei kurz zwei Personen erkannt. Der Kleinere von den beiden habe ihr daraufhin eine Leine um den Hals gelegt.

»Wie ein Lasso. Und da zog er dann dran.«

Der, der ihr das Lasso umgelegt habe, sei bis zum Hals tätowiert gewesen. Bei dem Größeren sei ihr lediglich der ausländische Akzent aufgefallen. Der Kleine mit den vielen Tattoos habe schließlich als Erster zu ihr gesprochen: »Muschi, hör zu, du machst ab jetzt, was wir dir sagen! Dann wirst du das Ganze hier gut überleben.«

Danach habe er fest an dem Seil gezogen, das sich schließlich immer enger um ihren Hals geschnürt habe. So habe er sie dann nach oben ins Schlafzimmer gezwungen. Der Größere, also der mit dem ausländischen Akzent, sei hinter ihnen hergegangen und habe nun ebenfalls zu ihr gesprochen: »Muschi, hör mal, wir haben schöne Sachen mitgebracht. Die wollen wir jetzt gerne mal ausprobieren!«

Im Schlafzimmer habe der Kleinere sie dann aufs Bett geworfen. Beide Männer hätten sie daraufhin gefesselt und geknebelt. Sie habe in der ihr aufgezwungenen Position verharren müssen. So habe die Polizei sie dann ja auch vorgefunden. Der Mann mit dem Akzent habe noch gesagt: »Hör zu, wenn du dich wehrst, hängen wir dich auf!«

Der Kleinere mit den Tattoos habe noch ergänzt: »Und jetzt zeigen wir dir mal, wie eine richtige Vergewaltigung geht.«

Dann hätten beide eine Flasche Bier und eine Flasche Schaumwein geöffnet, das Bier gemeinsam ausgetrunken und ihr die Champagnerflasche am Mund angesetzt und sie aufgefordert, diese zu exen. Sie habe getan, wie ihr befohlen. Das sei einen Moment lang gut gegangen, bis sie sich aufgrund ihrer Liegeposition heillos verschluckt und alles ausgespuckt habe.

»Lassen wir das«, habe der mit den Tattoos gesagt und daraufhin den Champagner über ihrem ganzen Körper ausgeschüttet. »Danach haben die beiden die Flaschen gegen das Bett geschlagen und kaputt gemacht. Der Kleinere mit den Tattoos hat mir dann eine an den Hals gehalten und gesagt, ich würde es nicht überleben, falls ich auch nur ein Sterbenswort sagen sollte. Und dann schaute er mich mit vernichtendem Blick an und sagte: ›Wir schieben dir jetzt mal ein bisschen was rein. Könnte vielleicht wehtun, enjoy!‹ Und dann haben sie mir die Bierflasche und die Flasche Champagner vorne und hinten reingedrückt. Dabei haben sie laut gelacht und sind dann abgehauen. Und mein Handy haben sie neben mich gelegt. Vielleicht wollten sie ja zumindest nicht, dass ich draufgehe. Keine Ahnung.«

»Herr Lucas, diesmal sind die Vorwürfe zu massiv. Ihr Mandant wird drinnen bleiben müssen.«

Diese Staatsanwältin regte mich auf. »Was heißt denn ›zu

massiv‹? Egal wie massiv die Vorwürfe auch sein mögen, haben wir denn überhaupt einen dringenden Tatverdacht?«

Den braucht die Staatsanwaltschaft nämlich, um erfolgreich einen Haftbefehl zu beantragen. Dass die Beweislage alles andere als rosig war, wollte ich gar nicht in Abrede stellen. Trotzdem war ich überzeugt davon, dass Chris unschuldig war. Oder wollte ich einfach nur überzeugt sein? Am Ende würde es auf die Beweislage ankommen. Und ich musste aufpassen, dass ich nicht anfing, Wahrheiten zu ignorieren, nur weil sie womöglich mein Vorstellungsvermögen überstiegen. Bei aller Empathie für meinen Freund Chris durfte ich nicht der unterbewussten Versuchung unterliegen, passend zu machen, was nicht passte, nur weil ich es mir wünschte.

Chris war entsetzt, als ich ihm vom Inhalt der Aussage der mutmaßlich Geschädigten berichtete.

»Ich weiß von alldem nichts, Stephan. Du glaubst mir doch? Ich war gestern zu keinem Zeitpunkt in ihrer Wohnung.«

Ich glaubte ihm. Aber mein Verstand mischte sich energisch ein. »Chris, dein Kumpel und du, ihr wart zur Tatzeit in unmittelbarer Nähe des Tatorts! Woher konnte die Zeugin das wissen? Soll das etwa Zufall gewesen sein? Gib mir recht: Die einfachste Erklärung wäre, dass ihr euch nur deshalb in der Nähe aufgehalten habt, weil ihr zuvor bei Susanne Klein in der Wohnung gewesen seid.«

»Nein. Stephan. Hör auf damit!«

Auch wenn Chris verständlicherweise auf meine Nachfragen etwas ungehalten wurde, ließ ich nicht locker: »Chris, wie konnte sie das sonst so gut timen? Ich meine, sie sagt, der Polizist war's. Beschreibt dich auch noch. Und jetzt kommt's. Sie beschreibt auch deinen Begleiter. Den sie gar nicht kannte. Auch von seinem Akzent war die Rede. Und Ali hält sich dann tatsächlich in unmittelbarer Nähe auf, und du genau genommen auch.«

»Stephan, da steckt echt Manpower dahinter. Merkst du das nicht? Vielleicht hat diese Frau eine ganze Hintermannschaft aufgestellt. Vielleicht arbeitet sie für den Staat. Vielleicht ist Ali eine Vertrauensperson der Polizei, die hier gezielt von den Ermittlungsbehörden auf mich angesetzt wurde.«

Ich unterbrach Chris. Auf Verschwörungstheorien hatte ich keine Lust. Warum sollte jemand eine so dramatische, noch dazu höchst gefährliche Inszenierung vornehmen? Welches Interesse sollte gar der Staat haben? Für mich war klar, wenn er und Ali die bestialische Tat nicht begangen hatten, dann konnte es einzig reiner Zufall gewesen sein, dass die beiden zur selben Zeit drauf und dran gewesen waren, das noch immer bei der Ärztin geparkte Auto abzuholen.

»Frau Staatsanwältin, warum hatte die Zeugin die ganze Zeit Zugriff zu ihrem Handy gehabt? Es lag griffbereit neben ihr. Wollten die Täter etwa, dass sie die Polizei ruft? Und warum war sie nur rechtsseitig gefesselt? Damit sie das Telefon auch ja gut bedienen und sich zuvor von dem Knebel befreien könnte?«

Freundlich, aber bestimmt ging die Staatsanwältin auf mich ein: »Und deshalb war alles inszeniert? Oder was wollen Sie andeuten?«

Nichts wollte ich andeuten. Oder jedenfalls fast nichts. Ich fand das alles nur durchaus merkwürdig.

»Handy ist aber ein gutes Stichwort«, fuhr die Staatsanwältin fort: »Wir werten es gerade aus. Allerdings erwarte ich mir hiervon ehrlich gesagt nicht viel. Die Tat hat nun mal stattgefunden, Herr Lucas. Und die Zeugin hat Ihren Mandanten obendrein erkannt.«

»Moment«, erwiderte ich, »was heißt denn erkannt? Das behauptet sie. Aber sie kannte ihn doch nur allzu gut von dem Treffen drei Tage zuvor. Vielleicht hat sie ja ganz bewusst eine Täterbeschreibung abgegeben, die gut und gerne auf meinen

Mandanten passen sollte, mit dem wahren Täter aber keineswegs übereinstimmt? Ich meine, wir sind uns doch wohl einig, dass der Vergewaltigungsvorwurf nur drei Tage zuvor völlig an den Haaren herbeigezogen war. Irgendetwas könnte die Zeugin geritten haben, meinen Mandanten ein weiteres Mal in den Knast zu bringen. Vielleicht war sie auch einfach nicht bereit, sich mit der raschen Entlassung meines Mandanten vor drei Tagen abzufinden.«

»War's das?«, fragte die Staatsanwältin und signalisierte mir damit, dass sie das Gespräch gerne beenden wollte: »Ich melde mich, sobald das Handy ausgewertet ist. Auch das Gutachten zu den Verletzungen wird jeden Moment vorliegen.«

»Dann bitte schnell«, flehte ich die Staatsanwältin geradezu an. »Mein Mandant sitzt wegen ein und derselben Frau nun schon das zweite Mal ein. Der packt das nicht.«

Das Gespräch war nun doch noch nicht zu Ende.

»Wenn ich Sie mal bremsen dürfte, Herr Lucas. Das Spannendste wird doch die Funkzellenauswertung sein. Wir wissen genau, wann die Frau bei der Polizei angerufen hat. Die Auswertung des Handys Ihres Mandanten wird ergeben, dass er und der Mitbeschuldigte Ali, den die Polizei ja im Auto Ihres Mandanten aufgegriffen hatte, im Zeitpunkt der Tat bereits am Tatort oder jedenfalls in der Nähe waren. Und dann haben wir ihn.«

Bei einer Funkzellenauswertung fragt die Staatsanwaltschaft die Telekommunikationsverbindungsdaten ab, die in einer bestimmten, räumlich bezeichneten Funkzelle in einem gewissen Zeitraum angefallen sind. So lässt sich auch im Nachhinein aufklären, wo sich der mutmaßliche Täter zur fraglichen Zeit aufgehalten bzw. sein Handy befunden hatte. Nur wenn Chris sich erst nach dem Anruf bei der Polizei in Tatortnähe bewegt hätte, wäre bewiesen, dass er die Tat nicht begangen haben konnte. Doch damit war ehrlicherweise nicht zu rechnen. Und bis zur Auswertung würde es noch einige Tage dauern. Der zuständige Richter erließ noch am Nachmittag Haftbefehl. Zu diesem Zeitpunkt sprach einfach zu viel gegen die beiden Männer. Wir mussten abwarten.

Das Ergebnis lag drei Tage später tatsächlich vor. Es war ernüchternd. Chris und sein Kumpel waren 25 Minuten vor dem Notruf bereits im Umkreis des Tatorts gewesen. Auch wenn das noch kein abschließender Beweis war, langsam wurde es für die beiden eng. Wie sollte ich weiter vorgehen? Erst einmal runterfahren. Kopf in den Kühlschrank. Die Wahrheit war das eine, die Beweisbarkeit das andere. Die Staatsanwaltschaft durfte am Ende mit ihren Beweisen nicht durchkommen. Zum Schluss entschied nicht, wie es wirklich war und wie die Tat im Einzelnen genau abgelaufen sein konnte. Es kam einzig und allein darauf an, was beweisbar sein würde. Und es standen noch genug Beweise aus.

Zurück in der Kanzlei, erfuhr ich von meiner Sekretärin, dass gerade die Staatsanwältin angerufen hatte mit der Bitte um dringenden Rückruf. Welche Hiobsbotschaft würde sie jetzt noch parat haben?
»Herr Lucas, wir stellen alles auf Reset.«
Ich verstand nicht gleich.
»Die Tat hat sich viel früher zugetragen.«
Ich verstand noch immer nicht.
»Herr Lucas, das Ganze hat sich zu einem Zeitpunkt ereignet, weit bevor Ihr Mandant und der Mitbeschuldigte in Tatortnähe waren.«
Mir entfuhr ein sehr saloppes »Hä?«.
Ich verstand überhaupt nichts mehr. Der Notruf stand zeitlich fest. Und dass Chris sich gemeinsam mit seinem Kumpel bereits 25 Minuten vorher in dem Funkzellenbereich aufgehalten hatte, ebenfalls. Das musste nicht zwangsläufig bedeu-

ten, dass er die Tat auch begangen hatte. Aber so jedenfalls begriff ich bislang die Fakten. Und die waren erdrückend.

»Wir haben das Handy der Zeugin ausgewertet, Herr Verteidiger. Und jetzt halten Sie sich bitte fest!«

Das tat ich. Die Staatsanwältin machte es wirklich spannend. Noch konnte ich mir auf die Andeutungen keinen Reim machen.

Dann setzte die Staatsanwältin fort: »Schon 53 Minuten bevor Susanne Klein die 110 gewählt hatte, fand ein Chat zwischen ihr und einem Bekannten statt. Ich zitiere wörtlich aus dem Verlauf: ›Ich höre Schritte. Es sind Leute bei mir in der Wohnung. Ich bilde mir das nicht ein.‹ Und zwei Minuten später: ›Ich bin im Keller. Und die Schritte kommen näher.‹ Wenn da wirklich Schritte gewesen sein sollten, dann konnten es 53 Minuten vor Absetzen des Notrufs nach allen Gesetzen der Logik nicht Chris und sein Kumpel Ali gewesen sein, die da am Tatort unterwegs waren. Die beiden sind nachweislich erst sehr viel später, nämlich 25 Minuten bevor Susanne Klein die 110 gewählt hatte, in der besagten Funkzelle aufgetaucht. Ich schicke Ihnen die neuesten Ergebnisse kurz per Fax zu, und auch die Auswertungen zum Bewegungsprofil der Zeugin. Schauen Sie sich das mal in Ruhe an! Sie können mich dann jederzeit wieder anrufen.«

Als ich mir die Auswertungen zum Bewegungsprofil des Handys anschaute, verschlug es mir die Sprache. Es war schon wirklich unheimlich, was diesem Profil zu entnehmen war. In der Zeit zwischen dem Absetzen des Notrufs und dem Auffinden der nackten, ans Bett gefesselten Susanne Klein waren auf dem Mobiltelefon eine menschliche Bewegung von 22 Schritten und im Abstand von fünf Minuten von weiteren acht Schritten festgehalten worden. Wie sollte ihr das gelungen sein? Sie musste zum Zeitpunkt des Anrufes doch bereits gefesselt und die Täter von dannen gewesen sein. Trotzdem musste sie sich zwischenzeitlich aus dem Bett entfernt haben, trotz Fesselung und zweier eingeführter Flaschen.

Bemerkenswert war auch der Browsersuchlauf. Nach der ersten vermeintlichen Tat, die drei Tage zuvor stattgefunden haben sollte, und nach der rechtsmedizinischen Untersuchung hatte jemand mit ihrem Handy Suchanfragen gestellt mit den Schlagworten »rechtsmedizinische Bewertung von Hämatomen«, außerdem »Wie lässt sich nachvollziehen, wie alt ein Bluterguss ist?« und »Wie reagieren Frauen nach Vergewaltigung?«. Musste Susanne Klein das nicht alles am eigenen Leib und nicht erst über Google erfahren haben?

Ich spürte Erleichterung. Und doch wieder nicht. Ich glaubte Chris schon die ganze Zeit, dass er sich nicht strafbar gemacht hatte. Doch die Beweissituation setzte dem ganzen Vorfall noch kräftig eines obendrauf. Es sah ja nun nicht nur danach aus, dass Chris und sein Kumpel Ali nicht die Täter sein konnten. Die ganze Tat schien gar nicht erst stattgefunden zu haben. Es wäre nicht das erste Mal, dass eine Frau nur vorgibt, vergewaltigt worden zu sein. Aber diese Frau war beinahe erstickt. Und sie hatte zwei kaputte Glasflaschen in ihren Körperöffnungen gehabt. Konnte das wirklich fingiert sein? Alles sprach dafür. Denn die Spurenauswertung gab weitere Antworten: Auf der Champagner- und der Bierflasche wurden Fingerabdrücke festgestellt und ausgewertet. Nicht eine einzige Spur konnte den beiden mutmaßlichen Tätern zugeschrieben werden, drei Fingerspuren jedoch der Zeugin Klein.

Sie musste sich selbst gefesselt, geknebelt und penetriert haben. Hiervon hatte sie einem Freund schon berichtet, noch weit bevor sie den Notruf gewählt hatte. Zu diesem Zeitpunkt waren Ali und Chris jedoch längst nicht im Funkzellenbereich des Tatorts angelangt. Dass Susanne Klein zunächst diesen Freund kontaktiert und erst um einiges später die Polizei gerufen hatte, musste für sich genommen kein Widerspruch sein. Doch waren die unterschiedlichen Uhrzeiten, zu denen sie den jeweiligen Kontakt aufgenommen hatte, wichtig bei der Frage, ob Chris und sein Kumpel Ali zur Tatzeit überhaupt am Tatort gewesen sein konnten. Diese Bedeutsamkeit hatte die Psychiaterin bei ihrer Inszenierung ganz offensichtlich nicht umrissen und so den beiden Kumpels durch den vorausgegangenen Chat ganz versehentlich ein handfestes Alibi verschafft.

Chris wurde noch am selben Tag entlassen. Als ich ihn bei der Polizei abholte, nahm er mich fest in den Arm. Mit seiner tiefen und rauen Stimme sagte er: »Danke, mein Lieber, danke, dass du mir geglaubt hast.«

Glücklich klang er nicht. Seine Entlassung fühlte sich für ihn nicht an wie der Hauptgewinn im Lotto. Wer unschuldig hinter Gittern saß, bekommt mit der Entlassung nur das zurück, was ihm die ganze Zeit schon zugestanden hätte: seine Freiheit.

Chris war seitdem nicht mehr derselbe. Er begab sich zunächst für mehrere Monate in stationäre Therapie. Die Odyssee, die er aufgrund der Aussagen einer einzigen Person durchlaufen hatte, konnte er allein nicht verarbeiten. Er hatte mit Susanne Klein ein Date gehabt. Zu keinem Zeitpunkt hatte er Straftaten begangen. Dennoch war er zwei Mal aufgrund ihrer Aussagen festgenommen worden. Zweimal war er der Vergewaltigung verdächtigt und zu guter Letzt wegen versuchten Mordes verfolgt worden. Stunden- und im zweiten Fall sogar tagelang hatten ihm weder Polizei noch Staatsanwaltschaft seine Unschuld abgenommen. Chris hatte die ganze Zeit über im Fokus der Ermittlungen gestanden – und schließlich gemeinsam mit ihm sein Freund Ali. Dieser hatte Susanne Klein in seinem ganzen Leben noch nie gesehen und Chris an jenem Tag aus freundschaftlicher Verbundenheit einfach nur behilflich sein wollen.

Ohne das geringste strafrechtlich Vorwerfbare getan zu haben, hatte für Chris von einer Sekunde zur anderen eine lebenslange Freiheitsstrafe im Raum gestanden. Er hatte große Angst gehabt, für fünfzehn Jahre und länger seines selbstbestimmten Lebens beraubt zu sein. Dass er nach beiden Festnahmen später wieder entlassen worden war und sich am Ende womöglich seine Unschuld erweisen würde, half Chris nicht im Geringsten dabei, mit den schrecklichen Erlebnissen abschließen zu können. Diese Frau mochte ihrerseits persönliche Gründe gehabt haben. Doch ganz gleich, wie sehr sich ihr Verhalten auch erklären ließe, sie hatte sich in ganz unerträglicher Weise in das Schicksal meines Mandanten und Freundes eingemischt und es gelenkt.

Am Ende war es in erster Linie Glück gewesen, dass sein vermeintliches Opfer die Legende nicht ausreichend durchdacht und sich hierdurch selbst zerlegt hatte. Chris war zu keinem Zeitpunkt Täter gewesen. Er war durch Susanne Klein unumkehrbar zum Opfer geworden. Die Wahrheit allein hatte nicht ausgereicht, um als unschuldig zu gelten. Denn diese kannten nur Chris, Ali und Susanne Klein. Entscheidend war, dass meinem Freund Chris und ebenso seinem Kumpel Ali die Taten nicht nachgewiesen werden konnten.

Das Verfahren würde nach Einreichen eines ausführlichen Verteidigerschriftsatzes eingestellt werden. Das hätte mich beruhigen sollen. Und doch merkte ich, wie sehr mir der Fall persönlich naheging. Zu nah. Was musste diese Frau bloß angetrieben haben, sich freiwillig dermaßen in Gefahr zu bringen und gegenüber den Erstzugriffsbeamten auszuliefern? Wie perfide diese Frau dabei vorgegangen sein musste, ließ erst das vollständige rechtsmedizinische Gutachten erahnen.

»Weder sind der weitgehend verletzungsarme Anus und Genitalbereich trotz angegebener Fremdeinführung zumindest eines zackigrandigen, breiten Flaschenhalses noch eine nicht im Tode mündende Bewusstlosigkeit durch das angegebene Geschehen bzw. die beschriebene Strangulation in Verbindung mit den zeitlichen Verhältnissen plausibel nachvollziehbar. Das Befundmuster ist somit am ehesten durch eine Selbstbeibringung schlüssig erklärbar.«

Diese Frau musste ihren »Beinahe-Tod« und die ganzen widerwärtigen Missbrauchshandlungen also tatsächlich inszeniert haben. Dass Susanne Klein am Ende überlebt hatte, mochte ihren medizinischen Kenntnissen zu verdanken sein.

Mittlerweile hatte die Polizei sich außerdem auf die Suche nach einem Motiv gemacht. Kurz und knapp war in der Verfahrensakte zu lesen:

»Da der Beschuldigte der Zeugin bereits vor der ersten mutmaßlichen Tat mitgeteilt hatte, dass er sich parallel mit weiteren Sexualpartnerinnen trifft, was Frau Klein zunächst aufstieß, sie im weiteren Verlauf jedoch tolerierte, ergibt sich aus dieser Liebeslage zwischen den beiden Protagonisten das Motiv.«

Susanne Klein musste sich sehr in Chris verliebt haben. Wer konnte es ihr verdenken? Dass sie ihn allerdings nicht exklusiv hatte haben können und Chris ihr nicht dieselbe Wertschätzung entgegenbringen würde, hatte die Ärztin nicht ertragen. Zwar hatte er mit offenen Karten gespielt. Doch wollte Susanne Klein die Realitäten nicht wahrhaben. Chris war ein herzensguter, humorvoller Kerl, der sein Herz auf der Zunge trug. Er machte keinen Hehl daraus, dass er ein Draufgänger war und bleiben wollte. Was einerseits Chris dieser Frau von seinem Leben als Gigolo erzählt, und wie sie andererseits diesen lieben Mann in der gemeinsamen Nacht erlebt hatte, passte für sie in keiner Weise zusammen. Sie hörte ihn sprechen, doch sie verstand ihn nicht. Hinter dieser Unfähigkeit steckte sehr viel mehr als nur das Unvermögen einer frisch verliebten Frau.

In einer weiteren polizeilichen Vernehmung stellte sich heraus, dass Susanne Klein in ihrer Kindheit regelmäßig von ihrem Vater und von ihrem Bruder vergewaltigt worden war. Später war ihr nach der Hochzeit dasselbe durch ihren Ehemann widerfahren. Immer und immer wieder hatte er sich an ihr vergangen. Schließlich hatte sie sich Hilfe suchend in die Ehe mit einer Frau geflüchtet. Susanne Klein war psychisch kaputt. War sie überhaupt noch in der Lage, zwischen Sex, den sie selbst wollte, und solchem, der ihr mit Gewalt aufgezwungen wurde, zu unterscheiden? Womöglich hatte sie sich von meinem Freund Chris in jener Nacht vergewaltigt gefühlt. Vielleicht hatte sie sich sehnlichst gewünscht, Sex zu haben mit einem Mann, der zu ihr stehen und ihr treu ergeben sein würde? Dass sie bei meinem Freund an der falschen Adresse war, wusste sie. Aber fühlte sie es auch? Oder fühlte es sich an dem Tag danach umso schmerzhafter an und sie sich deshalb benutzt und ausgenutzt? War es womöglich das verletzende Gefühl aus früheren Zeiten, welches sie durch ihre vielen Peiniger immer wieder so schmerzlich hatte erleben müssen?

In ihrer Vernehmung zur ersten angeblichen Vergewaltigung war sie schnell entlarvt worden. Wenn auch zähneknirschend, hatte sie gegenüber der Polizei schon bald unumwunden zugegeben, dass der Sex mit Chris freiwillig erfolgt war. Den Schaden, den sie meinem Freund da bereits aufgrund seiner vorläufigen Festnahme zugefügt hatte, würde er ihr nicht verzeihen können. Das war nur allzu nachvollziehbar. Es fiel mir daher schwer, Mitgefühl für Susanne Klein und ihre durchaus tragische Vorgeschichte aufzubringen. Ich wollte es auch gar nicht. Viel zu stark war meine Wut auf das, was sie meinem lieben Freund angetan hatte. Und für die große Inszenierung des versuchten Mordes fehlten mir jegliche Worte. Wie musste es Chris erst gehen?

Susanne Klein hat vermutlich nie für den Staat gearbeitet. Es wäre vermessen anzunehmen, hier hätte ein tätowierter, nicht glatt gehobelter frühpensionierter Polizist staatlicherseits eliminiert werden sollen. Auch war Ali ganz sicher keine Vertrauensperson der Polizei gewesen. Chris hatte ganz einfach das große Pech gehabt, an eine Frau geraten zu sein, die tiefgreifende persönliche Probleme hatte. Er hatte sich auf eine Psychiaterin eingelassen, die nie damit begonnen hatte, sich mit sich selbst und dem eigenen Lebensweg auseinanderzusetzen. Sie war Täterin. Und sie war Opfer. Hierzu wurde sie in ihrer tragischen Kindheit, bittersten Familienverhältnissen und einer grausamen Ehe gemacht. Auf der Suche nach Vertrauen hatte sie sich Chris hingegeben. Bei ihm hatte sie sehenden Auges eine Rolle eingenommen, die Chris ihr nie zugedacht hatte. Dass Susanne Klein ausgerastet war, als Chris ihr am ersten Abend hatte absagen wollen, war im Nachhinein nicht etwa ihrer Lust, sondern ihrer tiefen, durch die früheren Erlebnisse potenzierten Enttäuschung geschuldet.

Chris war aufgrund ihrer offenkundigen Überreaktion hellhörig geworden. Am Ende war er jedoch nicht seinem Verstand, sondern seiner Laune gefolgt. Er hatte nicht ahnen können, dass er schon bald Teil einer hollywoodreifen Horrorgeschichte werden würde. Denn trotz des vorangegangenen Wutausbruchs von Susanne Klein war das Treffen schließlich in offener Kommunikation als reines Sextreffen deklariert worden. Die Zeugin hatte es jedoch nie als ein solches verinnerlicht. Chris kannte diese Frau und deren Vorgeschichte nicht. Es zeigt, wie wichtig es ist, einen neuen Partner immer ganz genau zu prüfen, vor allem, wenn es um Treffen zu zweit geht. Das hatte Chris an sich ja auch getan. Er war skeptisch geworden, hatte jedoch am Ende leider nicht auf sein Gefühl gehört. Chris, der angebliche Täter, ist nachhaltig und in vielerlei Hinsicht Opfer einer bitterbösen Inszenierung geworden. Hiervon hat er sich nie mehr erholen können.

Als Chris nach seinem Aufenthalt in der Therapieeinrichtung wieder zu Hause war, ging es ihm immer noch nicht gut. Der Entwurf meines Schriftsatzes, mit welchem ich die Einstellung des Verfahrens beantragen wollte, gefiel ihm nicht.
»Da steht gar nicht alles drin, Stephan. Die Staatsanwaltschaft soll aber gefälligst alles wissen. Hörst du? Alles!«
Ich verstand ihn. Aber als sein Verteidiger konnte ich seine Vorstellung von einem guten Schriftsatz nicht teilen. Damit drang ich bei ihm allerdings nicht durch. Die Verfahrenseinstellung lag fast schon auf der Hand. Auf keinen Fall sollten wir das Verteidigungsschreiben inhaltlich überfrachten und mit unnötigen Nebenkriegsschauplätzen bespielen, die Chris offensichtlich für wichtig hielt. Doch er ließ sich nicht von seinen Forderungen abbringen.
Chris nahm die Sache selbst in die Hand. Nachdem wir uns mit Blick auf die weitere Marschroute heftig in die Haare bekommen hatten, rief er mich wenige Tage später an. Nun erfuhr ich, dass er zwischenzeitlich im Alleingang bei der Polizei gewesen war. Ganze fünf Stunden hatte er sich vernehmen lassen. Ohne Verteidiger. Kurz danach hatte er außerdem die Staatsanwältin angerufen und eine gute Stunde mit ihr über seinen Fall gesprochen. Beides waren Kardinalfehler. Die Polizei und die Staatsanwaltschaft mussten ihm die Tat nachweisen. Nicht er musste sich erklären oder rechtfertigen. Schlimmstenfalls würde er mit emotionalen Äußerungen für Verwirrung gesorgt, sich um Kopf und Kragen geredet haben. Die Taten, die ihm vorgeworfen wurden, würden sich am

Ende nicht beweisen lassen. Beim besten Willen nicht. Warum also hatte er sich dann auf diese gefährliche Flucht nach vorne begeben?

Nun war Chris tot. Erst jetzt verstand ich, was diese Alleingänge sollten. Er hatte da bereits nicht mehr leben wollen. Er hatte sich verfolgt, nicht verstanden gefühlt, war zutiefst enttäuscht und betroffen darüber, dass seine ehrliche Art und sein ganzes offenes Wesen in dieser Gesellschaft keinen Platz zu finden schienen. Der Ausgang des Verfahrens hatte ihn nicht mehr interessiert. Bis dahin würde er nicht mehr am Leben sein. Er hatte einen sauberen Abgang haben wollen. Ungesagtes sollte gesagt sein. Hierzu hatte auch gehört, dass er ein einziges Mal die Gelegenheit bekommen würde, seine ganz eigene Sicht der Dinge denen schildern zu dürfen, die es anging. Chris hatte nach den Gesprächen mit der Polizei und der Staatsanwaltschaft die Sache für sich in Frieden abschließen können.

Das Verfahren gegen Chris wurde nun einzig aufgrund seines Ablebens eingestellt. Doch die Geschichte war noch nicht zu Ende. Die Staatsanwaltschaft leitete Ermittlungen gegen Susanne Klein ein. Vorwurf: falsche Verdächtigung und Freiheitsberaubung. Es ist eine Genugtuung für alle, die Chris liebten. Als sein ehemaliger Verteidiger bleibe ich weiter an der Sache dran. Doch das alles sind irdische Probleme, die Chris nicht mehr interessieren. Mein lieber Freund, ich vermisse dich!

Nachwort

Ich erinnere mich an eine legendäre Party bei einem Kumpel. Tief in der Nacht verabschiedete ich mich bei den verbliebenen »Party People«. Im finsteren Frankfurter Gallusviertel suchte ich verzweifelt mein Auto. In welcher dieser vielen Seitenstraßen hatte ich es Stunden zuvor bloß abgestellt? Während ich hilflos durch die Nacht irrte, kamen mir plötzlich zwei fremde Männer entgegen. Sie stierten mich an und verlangsamten offenkundig ganz bewusst ihre Schritte. Irgendwie gelang es mir, nicht zu auffallend wegzugucken und trotzdem den Blicken auszuweichen. So liefen wir einfach aneinander vorbei, wenn auch meinerseits etwas unentspannt. Gut gegangen. Aber wo stand nur das Auto?

Als ich wohl zum vierten Mal rechts abgebogen, also ein Quadrat gelaufen war, kamen mir die beiden Männer schon wieder entgegen. Mir war klar, dass diese erneute Begegnung genau das eine Mal zu viel sein könnte. Wieder versuchte ich, das Kunststück hinzukriegen, nicht richtig weg-, aber eben auch nicht richtig hinzugucken, um anschließend unbeschadet an den beiden Unbekannten vorbeizukommen. Aber wie bloß, wenn die sich plötzlich breitbeinig in den Weg stellten? Der eine sagte zum anderen gespielt gleichgültig: »Gut, dass mein Papa einen Richter kennt. Der legt ein gutes Wort für mich ein.« Den Worten nach sah es nicht gut für mich aus.

»Hey Mann«, sagte der andere plötzlich und grinste mich an: »Ist ja cool, du bist doch dieser Fernsehanwalt!«

Das bemerkte nun auch sein Begleiter, also der, dessen Vater den Richter kannte, und ging sehr bedrohlich mit ausgebreiteten Armen auf mich zu.

Dann umarmte er mich mit festem Druck: »Mensch, wirklich cool! Der absolute Wahnsinn! Können wir bei deiner Gerichtsshow vielleicht mal mitspielen? Wir wären doch bestimmt zwei fabelhafte Mörder?«

Zweifellos. Schnell entsprach ich der Bitte nach einem gemeinsamen Selfie. Nach einer weiteren herzlichen Umarmung trennten wir uns. Ich ging diesmal zur Abwechslung nach links, und siehe da: Dort stand mein Auto.

Es wäre gelogen, wenn ich sagen würde, dass mir meine Fernseh- und Bühnenpräsenz in der Vergangenheit nur Nachteile gebracht hätte. Hin und wieder schenken mir manche Zuschauer etwas. Diese beiden Fans schenkten mir mein Leben, das ich akut gefährdet gesehen hatte.

Tatsächlich passiert es mir öfter, dass mich auf offener Straße durchaus finstere Gestalten ansprechen. Doch während ich mit dem Schlimmsten rechne, wollen die einfach nur ein Autogramm haben oder eben ein Selfie – manchmal auch eine Visitenkarte oder gleich eine Strafprozessvollmacht, die sie an Ort und Stelle unterschreiben. Nur für alle Fälle. Doch natürlich sind es nicht immer finstere Typen. Die beiden Männer im Frankfurter Gallusviertel waren es allerdings durchaus. Bei meiner nächtlichen Autosuchaktion wäre ich ohne Weiteres Opfer einer Straftat gegen Leib oder Leben geworden, wenn man unterstellt, dass diese Männer ursprünglich nichts Gutes im Sinn gehabt hatten.

Machen Sie, liebe Leser, doch einfach die Probe aufs Exempel! Fragen Sie sich, wenn Sie das nächste Mal von einer schweren Straftat lesen: Hätte mir persönlich das auch passieren können?

Bei vielen, nein, bei fast allen Straftaten können Sie im Vorfeld, objektiv gesehen, jedem Risiko aus dem Weg gehen. Nehme ich als Frau nach einem Clubbesuch einen fremden Mann mit in meine Wohnung, womöglich nach reichlich Alkohol- oder Drogenkonsum? Gucke ich in der Fußgängerzone einer Gruppe finster schauender Typen direkt in die Augen? Drängele ich auf der Rolltreppe einen rücksichtslosen Linkssteher einfach ebenso rücksichtslos beiseite? Weise ich auf öffentlichen Plätzen jeden x-beliebigen Fremden zurecht, nach dem Motto: »Hier ist Rauchverbot, machen Sie gefälligst die Zigarette aus!«? Bleibe ich mit einem Lebenspartner weiterhin zusammen, der mich in einem Streit geschlagen und mit einem Messer bedroht hat? Trenne ich mich zwar, stolpere aber immer und immer wieder in solche gewaltgeprägten Lebenspartnerschaften? Alles leichter gefragt als beantwortet.

Fragen Sie sich, ob auch Sie – wie ich – in diese Situation im nächtlichen Frankfurt hineingeraten wären. Vielleicht hätten auch Sie die Konfrontation einfach unbeschadet überlebt. Womöglich hätten die beiden Männer auch Sie aus irgendeiner Fernsehsendung gekannt. Vielleicht haben Sie auch einfach nur kein Auto. Oder Sie haben zwar ein Auto, würden des Nachts aber nie vergessen, wo Sie es geparkt haben, schon gar nicht in einer so finsteren Ecke?

Mit etwas Besonnenheit ließen sich fast alle Straftaten vermeiden. Warum nur »fast alle« und nicht alle? Weil es Täter gibt, die psychisch krank sind und deshalb zu völlig irrationalen Handlungsweisen fähig sind, mit denen ein gesunder Mensch nicht rechnet.

Vor vielen Jahren kam ein Ehepaar in Frankfurt am späten Abend aus der Oper. Die beiden Eheleute unterhielten sich über die wundervolle Vorstellung. Dabei schlenderten sie gemütlich in Richtung Parkhaus, um ihr Auto zu holen. Im Parkhaus stiegen sie in den Fahrstuhl, die Tür ging schon zu.

Da hielt im letzten Moment ein fremder Mann seine Hand vor die Lichtschranke. Die Tür ging wieder auf, der fremde Mann stieg ein. Die Tür ging wieder zu, der Fahrstuhl setzte sich in Gang. Plötzlich zückte der fremde Mann eine Pistole und erschoss das Ehepaar. Dieser Parkhausmörder war psychisch krank. Das stellte sich nach seiner Festnahme ziemlich schnell heraus. Vor einer Konfrontation mit ihm wäre niemand gefeit gewesen.

Einerseits können solche unvorhersehbaren Fälle, in denen Sie einem psychisch Kranken ausgesetzt sind, jeden treffen, andererseits sind sie aber auch die große Ausnahme. Sie fallen unter das allgemeine Lebensrisiko. So wie einem jederzeit aus heiterem Himmel ein Dachziegel auf den Kopf fallen kann. In allen anderen Fällen, in denen also keine psychische Erkrankung zugrunde liegt, kommt es in der Regel erst dann zur Straftat, wenn das potenzielle Opfer eine imaginäre rote Linie übertritt. Es stellt zunächst eine Beziehung zwischen sich und dem späteren Täter her. Nur so wird – wie durch den ersten Stein beim »Domino Day« – ein unaufhaltsamer Ablauf in Gang gesetzt. Am Ende ist es das Opfer, das fällt.

Bei meiner nächtlichen Autosuchaktion war es diese zweite Begegnung mit den beiden finsteren Gestalten gewesen, mit welcher ich jene rote Linie übertreten hatte. Warum hatte ich nicht im Vorfeld sichergestellt, dass ich beim Verlassen der Party direkt auf mein Auto zusteuern würde? Mit der zweiten, wenn auch unfreiwilligen, aber doch dringend zu vermeidenden Konfrontation hatte ich – völlig wertungsfrei – objektiv eine Situation geschaffen, in der die drohende Straftat, vermutlich eine äußerst unschöne Körperverletzung, überhaupt erst möglich geworden wäre.

Damit beschäftigt sich die Viktimologie, die Opferforschung, als Teilgebiet der Kriminologie. Der Begriff »Viktimologie« wurde vom lateinischen Wort »victima«, zu Deutsch Opfer, abgeleitet. Als Opfer werden solche Personen bezeichnet, die durch strafbare Handlungen eines oder mehrerer Täter einen – juristisch unterkühlt ausgedrückt – Schaden erleiden. Gemeint ist also jeder, der durch einen Straftäter zum Beispiel verprügelt, vergewaltigt oder getötet wird. Niemand sollte sich dafür schämen, in einer bestimmten Situation zum Opfer zu werden. Es kann jedem passieren. Doch jeder kann es in einer Vielzahl der Fälle auch vermeiden. Genau damit beschäftigt sich die Viktimologie. Wer wird zum Opfer und warum, was für Beziehungen bestehen zwischen Tätern und Opfern, welche Prozesse laufen da ab? Haben Sie die erwähnte imaginäre rote Linie einmal übertreten, können Sie schnell Opfer Ihres zur Straftat bereiten Gegenübers werden – in welcher Intensität auch immer.

In den vergangenen bald 25 Jahren habe ich in weit mehr als 4000 Fällen verteidigt. In allen Fällen, in denen es nicht um die Unterbringung des Mandanten in der Psychiatrie ging, ließ das Ergebnis der Hauptverhandlung auf Opferseite das Überschreiten einer oder mehrerer roter Linien erkennen. Mit meinem Erfahrungsschatz kann ich heute sagen: Diese Linien sind für jeden gezogen, ausnahmslos und ganz egal, ob arm oder reich, jung oder alt, hell- oder dunkelhäutig, Mann, Frau oder Divers. Jeder kann zum Opfer werden – jeder! Und wenn nicht wir selbst, dann womöglich uns nahestehende, von uns geliebte Menschen, enge Freunde, Geschwister, die Eltern, die eigenen Kinder.

Straftaten passieren immer und überall. Lediglich die Ausgangssituationen, die Menschen zu Opfern werden lassen, können grundverschieden sein. Zum Beispiel kann ich nur dann Opfer eines Autounfalls werden, wenn ich überhaupt in ein Auto einsteige. Tue ich es, werde ich zumeist nur dann Opfer beispielsweise einer für mich lebensgefährlichen Ausbremsaktion auf der Autobahn, wenn ich zuvor dem vorausfahrenden Fahrzeug viel zu nah aufgefahren bin und den vorausfahrenden Fahrzeugführer durch mein Fahrverhalten provoziert habe. Darüber, ob und mit welchem Verletzungsgrad ich den Unfall dann überlebe, entscheidet ganz wesentlich der Fahrzeugtyp, mit dem ich unterwegs bin. Dieser Umstand wiederum mag davon abhängen, wie ich finanziell, gesellschaftlich und sozial aufgestellt bin. Ein stabiler, entsprechend teurer SUV wird mich schließlich eher vor schlimmen Unfallfolgen schützen als ein betagter, klappriger Kleinwagen.

Die Beispiele ließen sich beliebig fortsetzen. Es gibt keinen Lebensbereich, bei dem sich nicht ebenso wie bei meinem kleinen Beispiel aus dem Straßenverkehr unterschiedlichste Bedingungen konstruieren ließen, die auf den einen mehr, auf den anderen weniger oder im Einzelfall auf den einen oder anderen auch gar nicht zutreffen mögen. Die jeweiligen Ausgangslagen lassen sich oft schwer beeinflussen. So werde ich mit offenkundigem Migrationshintergrund vermutlich eher einem gewaltbereiten Ausländerhasser zum Opfer fallen. Lebe ich in einem sozialen Brennpunkt, birgt dies statistisch vielleicht nicht größere, jedoch allemal andere Gefahren in sich als ein Leben im Nobelviertel der Großstadt. Bin ich mir meiner Ausgangssituation bewusst, lassen sich durch eine vorweggenommene Risikoeinschätzung viele, vielleicht die meisten Straftaten vermeiden.

Durch die Vielzahl an Fällen, die ich als Strafverteidiger und Nebenklägervertreter bearbeiten durfte, habe ich über die Jahre eine große Ahnung davon bekommen, wie es zu Straftaten kommen kann. Manche Täter waren selbst Opfer. Manchmal sind sie es noch immer. So war Heidelinde Schäfer mit ihren neun Kindern sicherlich Opfer einer unfassbaren sozialen Schieflage. Diese hatte offenkundig erst die Basis geschaffen, die sie zur – dennoch selbstbestimmten – Täterin werden ließ. Marc und Julia hingegen waren anfänglich Täter. Erst durch ihr bewusstes Fehlverhalten haben sie sich in eine tragische, in diesem Ausmaß sicher nicht vorhersehbare, unumkehrbare Opferrolle gebracht.

Meine Fälle, die ich für dieses Buch zusammengestellt habe, sollen Sie dabei unterstützen, verschiedene Lebenssachverhalte und die ihnen zugrunde liegenden, aufeinander aufbauenden Zusammenhänge zu verstehen und sie künftig auch in konkreten Situationen rechtzeitig zu erkennen. Mögen Ihre Erkenntnisse Ihnen dabei helfen, in vergleichbaren Momenten selbst zu bestimmen, ob Sie die für Sie gezogenen imaginären roten Linien übertreten und hierdurch die Gesetze der Viktimologie in Gang bringen. Bleibt Ihnen zu wünschen, dass Sie es in den jeweiligen Lebenslagen selbst steuern können, ob Sie Opfer einer Straftat werden oder nicht. Dechiffrieren Sie immer rechtzeitig den Code für Täter und Opfer.

Dank

Das Glücksgefühl, mein fertiges Buch in den Händen zu halten, ist auch dieses Mal, zehn Jahre nach meinem ersten True-Crime-Buch, unbeschreiblich. Von der Idee bis zur Fertigstellung hat es mehr als zweieinhalb Jahre gedauert. Gerade die Monate vor Abgabe der fertigen Texte waren besonders intensiv. Ich habe die Kapitel immer wieder ergänzt, gekürzt, Passagen verworfen und neu geschrieben. Und das ist längst nicht alles. Denn so ein Buch entsteht selbstverständlich nicht im Alleingang.

Meine Kollegin *Barbara Kaniuka* hat jedes von mir geschriebene Wort genau unter die Lupe genommen. Sosehr mich mancher Rotstrich deprimiert hat, so fasziniert bin ich von Barbaras brillantem juristischen Können, ihrem enormen Gespür für inhaltliche Feinheiten und ihrem schier unendlichen Wissen um Rechtschreibung und Grammatikregeln. Heute weiß ich: Klaffende Wunden lassen sich nicht stillen, sondern nur Blutungen. Und wenn ein Verhalten »strafbewehrt« ist, dann ist es das eben ohne »a mit Pünktchen«, sondern mit einem einfachen »e«.

Jürgen Bolz ist mein Lektor. Und er ist der Mann, der dieses Buch mit auf den Weg gebracht hat. Zweieinhalb Jahre haben wir gemeinsam an dem Projekt gefeilt. 24/7 war Jürgen Bolz für das Buch und für mich da – mit Können, Verstand, Herz und Seele.

Dagmar Weindl hat den Text redigiert. Mit wachem Blick hat sie inhaltliche Unstimmigkeiten aufgespürt und darauf geachtet, dass Lesegenuss und juristischer Wissenserwerb miteinander harmonieren.

Seit zehn Jahren wacht *Margit Ketterle* vom Droemer-Verlag über meine Buchprojekte. Danke für das große »Ja« – und danke für so viel Professionalität und Menschlichkeit in einer Person.

»Ich werde Dein Buch nicht lesen, denn ich kenne es bereits in- und auswendig!« Für die Worte meiner Frau *Olga Lucas* habe ich nur allzu großes Verständnis. Denn es waren unzählige Stunden des Zuhörens und Beratens, die sie mir geschenkt hat. Letztlich konnte das ganze Projekt überhaupt nur gelingen, weil wir uns hierfür gemeinsam und mit allen Konsequenzen entschieden hatten. Immer, wenn ich an dem Buch saß, fehlte ich in der Familie. Ich liebe Dich!

Olya und *Maxim* gaben mir einen Lehrgang in »Jugendsprache!«. Nur so wurden die Dialoge der »grausamen 6c« am Ende nicht peinlich. »Null Bock« und »Affengeil« sind völlig out. Und natürlich heißt es »Digga« und nicht »Dicker« … Ihr beiden seid der Hammer! Mit euch kann man echt »flexen«.

Ich weiß, mit welcher Freude meine Mutter *Renate Rummel-Lucas* dieses Buch lesen würde. Sie hat ihr ganzes Leben lang für Buch und Bühne gebrannt. Diese Tatsache löste in mir in jedem Moment des Schreibens ein unfassbar schönes Gefühl von Stärke und Glück aus.

Mein Vater *Christian Lucas* ist mein größter Kritiker. Nur weil der Sohn etwas auf die Beine stellt, muss es nicht automatisch gut sein. Dass er mir am Ende so viele Dinge zutraut, sie kritisch verfolgt und mir in jeder Lebenslage mit Rat und Tat zur Seite steht, hilft mir ungemein und macht ihn mir zum größten Vorbild.

Carl Johannes Rummel war ein begnadeter Schriftsteller und hat mit seinem Werk »Kaiser, Gott und Reich« einen Bestseller geschrieben. Die Erzählungen meiner Mutter, wie es so war, wenn ihr Papa im Herrenzimmer seine Bücher entstehen ließ, haben mich schon als kleines Kind fasziniert. Mein Erstlingswerk »Die Furchtbaren und das verlassene Haus«, welches ich mit gerade einmal elf Jahren geschrieben habe, brachte ich voller Stolz noch unter dem Pseudonym »Carl Rummel« heraus. Das war damals nur der Anfang. Und den verdanke ich diesem großen Menschen.

Ich hätte nicht gedacht, dass ich im Wohnzimmer meiner Schwester *Anja Schubnell* und ihres Mannes *Frank Schubnell* derart inspiriert werden könnte. Kein Wunder. Die Wohnung befindet sich in meiner Heimatstadt Frankfurt, der schönsten Stadt der Welt. Die Räume waren in diesem Jahr frei. Durch eine riesige Fensterfront blickte ich für mehrere Wochen direkt auf den Main. Auch künftige Bücher möchte ich nirgendwo anders mehr schreiben als dort.

Kein Buch ohne Bühnenprogramm. Mein Bruder *Kristian Lucas* ist mein Regisseur. Die Programme, mit welchen ich meine Bücher begleite, probe ich größtenteils bei ihm und seinem Mann *Michael Schüler* auf deren kleiner Bühne im Keller. Beide sind großartige Schauspieler und Musicaldarsteller und kennen das Künstlerdasein in allen Facetten. Und mein Bruder kennt nicht zuletzt mich. Er weiß um manche Potenziale und vor allem um meine Grenzen.

»Du musst die Sätze tauschen, dann hast du den perfekten Titel.« So einfach wie genial war der Vorschlag meines Freundes *Mischa Duschl*. Seither heißt mein Buch »Täter und Opfer – der Rechtsanwalt über Verbrechen, die Leben zerstören«. Und nicht etwa »Verbrechen, die Leben zerstören – Der Rechtsanwalt über Täter und Opfer«. Da muss man erst mal draufkommen. Und das ist noch nicht alles. Obwohl vor allem großartiger Bergsteiger, Songwriter und Sänger, verdanke ich Mischa meinen Look auf dem Titelbild. An Bart und Haare lasse ich niemand anderen ran als ihn.

Christian Kaufmann hat sie schon alle fotografiert. Man merkt es an dem, was er kann. »Wir brauchen bestimmt keine eineinhalb Stunden«, hatte er mir vor dem Fotoshooting geschrieben. Am Ende haben wir mit viel Freude und Leidenschaft und ohne Blick auf die Uhr mehr als vier Stunden Gas gegeben. Was für ein tolles Kennenlernen und was für ein großer gemeinsamer Spaß.

Wie schon gesagt: kein Buch ohne Bühne. Das gilt auch für *Nadine Engelmann-Kistler* vom Konzertbüro Augsburg. Seit Jahren schickt sie mich in die schönsten Theaterhäuser des Landes, tüftelt mit mir Ideen aus und hat mit mir erfolgreich »True Crime« live auf die Bühne gebracht. Und das war schließlich die Initialzündung für dieses Buch.

Ich bin diesen tollen Menschen von Herzen dankbar.

Stephan Lucas,
im Januar 2022

Stephan Lucas

Auf der Seite des Bösen

Meine spektakulärsten Fälle als Strafverteidiger

Stephan Lucas steht auf der Seite des Bösen – denn er ist Strafverteidiger und verhilft Mördern, Vergewaltigern und anderen Straftätern vor Gericht zu ihrem Recht. Hier berichtet der aus dem TV bekannte Anwalt von seinem spannenden Alltag: Da wird ein unbescholtener Familienvater in einem harmlosen Streit zum Totschläger; eine Mutter steht vor Gericht, weil sie nicht verhindern konnte, dass ihr Kind totgefahren wird; ein Junge wird mit intimen Fotos erpresst, die er einer vermeintlichen Internet-Freundin geschickt hat.
Stephan Lucas erzählt nicht nur von dramatischen Schicksalen, sondern auch von emotionalen Herausforderungen: Wie fühlt es sich an, einem Mörder die Hand zu drücken, der zuvor eine junge Frau erwürgt hat? Wie geht man mit einem Mörder um, der einen Freispruch will? Muss man einen Vergewaltiger hassen?